AVANÇOS E POSSIBILIDADES
DO
DIREITO DO TRABALHO

LUIZ ALBERTO DE VARGAS
RICARDO CARVALHO FRAGA
Coordenadores

AVANÇOS E POSSIBILIDADES DO DIREITO DO TRABALHO

Dados Internacionais de Catalogação na Publicação (CIP)
(Câmara Brasileira do Livro, SP, Brasil)

Avanços e possibilidades do direito do trabalho / Luiz Alberto de Vargas, Ricardo Carvalho Fraga coordenadores. — São Paulo : LTr, 2005.

ISBN 85-361-0746-4

1. Direito do trabalho 2. Direito do trabalho — Brasil I. Vargas, Luiz Alberto. II. Fraga, Ricardo Carvalho.

05-4992 CDU-34:331(81)

Índices para catálogo sistemático:
1. Brasil : Direito do trabalho 34:331(81)
2. Direito do trabalho : Brasil 34:331(81)

Produção Gráfica, Editoração eletrônica e Revisão: **LINOTEC**
Capa: **ELIANA C. COSTA**
Impressão: **HR GRÁFICA E EDITORA**

(Cód. 3157.2)

©Todos os direitos reservados

EDITORA LTDA.

Rua Apa, 165 - CEP 01201-904 - Fone (11) 3826-2788 - Fax (11) 3826-9180
São Paulo, SP - Brasil - www.ltr.com.br

Setembro, 2005

ÍNDICE

Apresentação 7
    Francisco Rossal de Araújo — BRASIL

O Suicídio como Acidente de Trabalho 9
    José Fernando Lousada Arochena — ESPANHA

Os Direitos de Informação e Participação dos Trabalhadores 13
    Eva Garrido Pérez — ESPANHA

Similitudes e Diferenças entre os Contratos Comerciais e os Contratos Laborais 67
    Carlos A. Toselli e Alicia G. Ulla — ARGENTINA

A Internalização do Direito do Trabalho 95
    Raúl Alberto Fernández — ARGENTINA

Do Direito do Trabalho a um Direito de Inclusão Social 108
    Mario Elffman — ARGENTINA

Teletrabalho 137
    Enrique Ricardo Brandolino — ARGENTINA

A Nova Legislação Uruguaia Sobre Trabalho Cooperativo: entre a abertura à autonomia e o risco da hipossuficiência coletiva 151
    Hugo Barretto Ghione — URUGUAI

Para uma Proposta de Ética Complexa 168
    Hélio Sarthou — URUGUAI

Crise nos Elementos Estruturais do Ordenamento Justrabalhista Italiano: tendências evolutivas e aspectos críticos 174
    Giancarlo Perone — ITÁLIA

Quais Súmulas? 188
    Luiz Alberto de Vargas e Ricardo Carvalho Fraga — BRASIL

O Papel da Assistência Judiciária para a Eficácia dos Direitos Sociais ... 203
    Luiz Alberto de Vargas e Ricardo Carvalho Fraga — BRASIL

Hora-atividade: um Debate sobre o que é Legal e o que é Real 220
    Luiz Alberto de Vargas e Paulo Luiz Schmidt — BRASIL

Panorama da Flexibilização Laboral 224
    Luiz Alberto de Vargas — BRASIL

APRESENTAÇÃO

O Direito do Trabalho avança por novos rumos. Seja pelas modificações da vida social, seja pelas reformas legislativas, a forma de trabalhar e a regulamentação do trabalho vai evoluindo e se modificando. Nem sempre as modificações são para uma situação melhor, mas permanece a esperança de que o trabalho humano seja valorizado como um dos bens mais preciosos das relações sociais. O certo é que é preciso estudar com profundidade o fenômeno do trabalho e esse é o objetivo da presente obra.

A atuação dos juízes *Ricardo Carvalho Fraga* e *Luiz Alberto de Vargas*, coordenadores desse projeto, destaca-se em vários aspectos. A seriedade e a sensibilidade com que exercem a jurisdição é conhecida dos seus colegas, dos advogados e das partes nas várias comarcas trabalhistas onde atuaram do Rio Grande do Sul. No momento, o juiz *Fraga* atua na 3ª turma do TRT da 4ª Região e o juiz *Vargas* é o titular da 28ª Vara do Trabalho de Porto Alegre. Entretanto, se a atuação de ambos como membros do Poder Judiciário é reconhecidamente destacada, não menos importante é a sua atividade acadêmica e institucional. São inúmeros os cursos, palestras e congressos dos quais participam os juízes *Fraga* e *Vargas*, sempre se destacando pelas posições firmes e até mesmo polêmicas com as quais expõem os seus pontos de vista. Porém, duas notas se sobrepõem como fundamentais: a capacidade de diálogo e a lealdade com as opiniões divergentes.

O objetivo deste livro é exatamente este: propiciar ao leitor uma visão abrangente de diversos fenômenos relacionados ao Direito do Trabalho e expor posicionamentos diversos. No momento em que novos ventos sopram para a Justiça do Trabalho, reforçada institucionalmente pelo aumento de sua competência material, a expansão do debate científico proporcionada pela visão de diferentes experiências é imprescindível.

Não é comum o leitor encontrar no Brasil uma obra como a presente: plural e com opinião de autores de diferentes países. Nossa doutrina trabalhista costuma estar apegada demasiadamente ao seu próprio umbigo. Um livro que retrate a opinião de autores de várias nacionalidades é bem-vindo e se encaixa perfeitamente no momento atual da Justiça do Trabalho. Publicar tal obra somente é possível porque existem pessoas como os juízes *Fraga* e *Vargas*, que não medem esforços em reunir o material, fazer as traduções, providenciar a publicação, etc.

A comunidade jurídica precisa de pessoas e de obras assim. Pluralidade, lealdade e profundidade são fundamentais para o debate doutrinário.

Boa leitura.

Porto Alegre, 1º de julho de 2005

Francisco Rossal de Araújo
Juiz do Trabalho.
Mestre em Direito Público (UFRGS).
Doutorando em Direito do Trabalho.
(Universidade Pompeu Fabra – Barcelona).
Pesquisador do CETRA – Centro de Estudos do Trabalho.

O SUICÍDIO COMO ACIDENTE DE TRABALHO

Comentários ao Processo STSJ/Galicia
de 4 de abril de 2003

José Fernando Lousada Arochena (*)

O sr. Manoel suicidou-se em 17.2.1999, quando estava em alto mar, prestando serviços como lubrificador em um navio pesqueiro. Uma semana antes do fato, havia começado a dizer que "não era dono de si mesmo" e "que algo em sua casa estava acontecendo". Ao mesmo tempo, deixou de se alimentar. No dia da sua morte, o sr. Manoel quis chamar para a sua casa por meio de um telefone celular, por volta das 21:00 horas, mas não conseguiu ligação, uma vez que não havia cobertura. Dirigiu-se ao patrão, pedindo para chamar pelo rádio do navio, mas este respondeu-lhe que, àquela hora, havia muita interferência e que deixasse para tentar a chamada quando terminasse seu plantão, às 24:00 horas. Às 21:50 horas, começavam os preparativos para a pesca e, depois de chamar em vão repetidas vezes, um companheiro, alertado pelo barulho e aproximando-se do acesso à casa das máquinas, viu que a vítima havia se enforcado. O sr. Manoel tinha embarcado em 26.10.1998. O navio não tinha médico.

Tais são, em resumo, os fatos declarados como provados pela sentença de 6 de novembro de 1999, no Processo n. 482/1999, na Vara de Direito Social, número 2 de Pontevedra.[1] A sentença, que foi confirmada pelo Tribunal Superior de Justiça de Galícia, Turma de Direito Social (Relator José Elías López Paz), chega à seguinte conclusão: o suicídio do trabalhador é caracterizado como um acidente do trabalho.

(*) Magistrado no Tribunal Superior da Galícia, La Coruña. A tradução é de Carmen Sita Raugust e Luiz Alberto de Vargas, este Juiz do Trabalho em Porto Alegre, Rio Grande do Sul.

(1) Esta sentença está publicada em Actualidad Laboral, número 24/2000, com a referência 993/2000, sob o título "Suicídio e acidente de trabalho. Presunção legal. *Stress* laboral.

Os que argumentam em contrário à qualificação de um suicídio como acidente de trabalho têm a seu favor um poderoso argumento: não haveria nexo causal entre as condições laborais e o suicídio, pois este resulta de um ato de autolesão que, como ato doloso, está excluído da consideração de acidente de trabalho na letra b, da seção 4, do artigo 115, da lei geral do seguro social.

Não se pode, entretanto, equiparar o suicídio a um ato doloso. Ainda que a liberdade esteja submetida a determinismos, um ato doloso é sempre voluntário — ou essencialmente voluntário, ao prevalecer a vontade sobre os determinismos. Já no suicídio a vontade, como faculdade mental ligada à vida, foi submetida — diga-se redundantemente — a determinismos determinantes de uma intenção suicida, destruidora da vida e da própria vontade. Talvez estas razões ontológicas tenham levado a jurisprudência alemã a entender que a intenção de suicidar-se é um ato não voluntário.

Seguindo esta linha de argumentação, *Manoel Alonso Olea* e *José Luis Tortuero Plaza* afirmam que, diferentemente dos atos de autolesão, "o suicídio ou sua tentativa frustrada constitui-se um tema grave e de difícil solução, ante a tendência de se atribuir este a situações prévias de transtorno mental do suicida; porque, quando tais situações derivam do trabalho, direta ou indiretamente de um acidente de trabalho (...) o próprio suicídio deve ser entendido como acidente do trabalho".[2]

É comum, também, argumentar-se contra a qualificação do suicídio como acidente de trabalho mencionando a possibilidade de fraude, pois quem já estivesse decidido a suicidar-se o faria em local e horário de trabalho para favorecer os beneficiários de pensões por morte. Tal possibilidade dificulta, no caso do suicídio, a aplicação da presunção de que infortúnios ocorridos no local e horário de trabalho sejam acidentes de trabalho (artigo 115, inciso 3º da Lei Geral de Seguridade Social), mas não de todo, pois assim deveria ser considerado um suicídio em que estivesse descartada a hipótese de intenção fraudulenta.

Resultam, de uma perspectiva doutrinária, imprescindíveis as conclusões a que chega *Marcos Antônio Blanco Leira,*[3] depois de um amplo levantamento jurisprudencial: "a tendência da jurisprudência é admitir com caráter extremamente restritivo a origem laboral

---

(2) ALONSO OLEA, Manoel e PLAZA, José Luis Tortuero. *Instituciones de Seguridad Social*, 13ª edição revisada, Editorial Civitas, Madrid, 1992, pp. 78 e 79.

(3) LEIRIA, Marcos Antonio Blanco, "El suicidio como accidente de trabajo", en *El Derecho de la Seguridad Social*, Cuadernos de Derecho Judicial VIII, Consejo General de Poder Judicial, Madrid, 1993, pp. 409 a 426.

de um ato suicida. A jurisprudência vem experimentando uma lenta evolução — não isenta de retrocessos: a princípio, partindo de uma posição conservadora, a de negar que um ato suicida, por sua própria natureza, possa ter causa trabalhista; já, mais recentemente, tem admitido a possibilidade de caracterização do suicídio como acidente laboral, desde que exista um nexo de causalidade claramente provado, como, por exemplo, quando o suicídio decorre de um estado mental patológico produzido, por sua vez, por um acidente de trabalho anterior".

Muitas são as sentenças onde se alude esta questão,[4] ainda que, em sua quase totalidade, sejam improcedentes. Algumas delas — em menor número e mais antigas — excluem totalmente a possibilidade de caracterização do suicídio como acidente de trabalho. Outras — a maioria e mais recentes —, excluem tal possibilidade no caso concreto, mas não em geral.

Na própria decisão acima referida e que foi objeto de comentário cita-se enfaticamente um par de decisões de segunda instância que, por sua vez, se referiam às sentenças de primeira instância onde não se reconheceu, no caso concreto, a caracterização do suicídio como matéria laboral, mas não se excluiu esta possibilidade em todos os casos (sentenças de 28.1.1969, RJ 406, e de 29.10.1970 — mencionada na de 15.12.1972, RJ 5560 — da Turma de Direito Social do Tribunal Supremo). Também são citadas na sentença referida outras duas sentenças onde está qualificado o suicídio como acidente de trabalho — porém o suporte fático é peculiar, já que o suicídio decorreu de uma doença mental derivada de um acidente de trabalho (sentenças de 12.1.1978, RJ 68 e de 16.11.1983, RJ 9731, da Turma de Direito Social do Tribunal Supremo).

As citações judiciais podem ser atualizadas com a mais moderna doutrina de primeira instância, onde as sentenças de improcedência cada vez menos se fundamentam em afirmações de caráter geral e, cada vez mais, na análise concreta dos fatos, sem negar a possibilidade da qualificação laboral do suicídio. (STSJ/Euskadi de 29.2.2000, edj 2000/28998, STSJ/ARAGÓN de 30.10.2000, edj 2000/36359, o STSJ/CATALUÑA de 3.11.2000, edj 2000/55575, as 208/2001). "Em todo caso, se não é acidente do trabalho, o suicídio é acidente não trabalhista" (STSJ/Euskadi de 11.9.2001, edj 2001/51875).

---

(4) Um repertório completo, com comentários e data de publicação, em várias instâncias, pode ser encontrado na obra citada de *Marcos Antonio Blanco Leiria*.

Uma sentença do STSJ/Castilla-León (30.9.1997, as 2978/1997) qualificou de trabalhistas as seqüelas de uma intenção de suicídio como conseqüência do forte estresse do trabalhador — gerente da empresa — ocasionado pelo fracasso do projeto empresarial, sendo excluída a existência de ato doloso, já que, como causa da intenção suicida, se encontra a situação de forte estresse derivada do trabalho.

Pois bem, a sentença objeto do comentário é exemplo de um grupo minoritário de casos judiciais onde o suicídio foi qualificado como acidente do trabalho após a análise das particularidades do caso concreto:

"No presente caso, a sentença de primeiro grau relata que, já dias antes do suicídio, o trabalhador havia comentado que ele não era o dono de si, (e) que em sua casa algo estava acontecendo; que ele tinha deixado de se alimentar; apesar disto, ele teve que continuar trabalhando, fazendo os plantões, o que implicava uma acumulação de *estress* laboral; no mesmo dia do acidente ele tentou, sem sucesso, comunicação telefônica com sua casa; e a acumulação de todos estes fatores, pessoais e laborais, concomitantes ao seu sofrimento, influenciou decisivamente para o resultado mórbido. Sendo assim, tal desfecho tem uma evidente conexão causal com o trabalho."

Resumindo, parece evidente que, diante de cada caso concreto, dever-se-á analisar se há uma conexão razoável entre o trabalho e à determinação suicida. No caso judicial objeto de análise, a resposta foi afirmativa, considerando uma série de circunstâncias particulares, algumas derivadas das peculiaridades do trabalho em alto mar (separação do lar, comunicações difíceis, inexistência de assistência médica, jornadas prolongadas) como decisivas para tal resposta positiva. É preciso considerar que tal decisão está sujeita a recurso de unificação de jurisprudência a ser decidida pelo Tribunal Supremo. Entretanto, se é possível aventurar algum prognóstico, dificilmente este tribunal julgará com base nos antigos precedentes jurisprudenciais que excluíam, em geral, a possibilidade do suicídio por causa laboral.

OS DIREITOS DE INFORMAÇÃO
E PARTICIPAÇÃO DOS TRABALHADORES

Eva Garrido Pérez (*)

SUMÁRIO: *I. Fundamento da participação. A informação como instrumento de participação. II. As limitações do poder de informação. III. O tratamento nacional dos poderes de informação na empresa. IV. A incidência de outras referências internacionais em matéria de informação. V. A política comunitária em torno da participação e da informação na empresa. 1. Fundamento e antecedentes. 2. A contribuição da Carta Social Comunitária de 1989. 3. A Diretiva 94/45, sobre comitês de empresas europeus. 4. As implicações nacionais da Diretiva 94/45. A Lei n. 10, de 24 de abril de1997. VI. O marco protetor de um sistema de informação na empresa. 1. A tutela administrativa sancionadora. A tutela jurisdicional dos poderes informativos.*

I. FUNDAMENTO DA PARTICIPAÇÃO. A INFORMAÇÃO COMO INSTRUMENTO DE PARTICIPAÇÃO

É bastante conhecido o velho axioma pelo qual "informação é poder", bem como, em maior ou menor escala, suas conotações nas mais variadas e diversas situações ou âmbitos das relações sociais. Mas, quando se tenta pensar a informação como poder no âmbito das relações de trabalho, deve-se reconhecer que esta, se relativiza, dependendo de como a informação foi produzida; de como, na prática, se produzem seus tratamentos normativos e interpretativos; assim como de uma série de poderes jurídicos de informação no âmbito da empresa. Efetivamente, o reconhecimento de determinados direitos de informação aos trabalhadores na empresa, tradicionalmente, tem se amoldado dentro de uma orientação participativa dos trabalhadores na empresa, cujo fundamento ideológico é o de permitir aos trabalhadores a participação na gestão e direção da empresa como meio de atenuação do autoritarismo empresarial no exer-

---

(*) Professora titular da Universidade Pompeu Fabra, Barcelona, Espanha. Tradução de Márcia Medeiros de Fernandes, advogada, Colômbia e Luiz Alberto de Vargas, Juiz do Trabalho, Brasil.

cício do poder nas organizações produtivas, buscando obter uma certa "democracia" na empresa. Melhor explicando: a exigência de participação e de democratização das unidades técnicas de produção se justifica na tentativa de superar a separação existente no interior da empresa, entre os que têm o poder e o controle dos centros de decisões, e aqueles que, pelo contrário, ficam relegados à uma função passiva, a da mera execução material da produção.[1]

Trata-se de uma idéia de "democracia industrial", que recorre, inclusive, a princípios ideológicos, postulando que a igualdade de todos os cidadãos afirmada constitucionalmente não pode ser negada no nível do ordenamento das relações sociais de produção: se os trabalhadores estão investidos de direitos como cidadãos, a empresa, no seu interior, não pode desconhecer tais direitos.[2]

Posta assim tal idéia, a questão se transladava para sua articulação, ou seja, como instrumentalizar uma participação no plano concreto da empresa, sem que ocorresse uma destas duas situações: a) que tal participação ficasse assimilada a um férreo controle pelos trabalhadores (ou diretamente pelos sindicatos) das opções empresariais, o que era rejeitado, pelos empresários, que não abriam mão de preservar suas cotas de poder; b) que essa participação se entendesse, como uma colaboração do pessoal numa pretendida comunidade de interesses dentro da empresa — o que também era rejeitado, desta vez pelos sindicatos de trabalhadores, já que temiam que isso importasse em uma perda de autonomia. Em busca de um equilíbrio, entre um e outro plano de atuação, chegou-se à constatação de que a melhor resposta seria a articulação de certos instrumentos de participação que permitisse orientar o conflito a uma intervenção mais propositiva dos trabalhadores e que, ao mesmo tempo, possibilitasse uma política de controle (por assim dizer, externo) das decisões empresariais sem limitar a liberdade de opção gestora do empresário. Tal era a orientação finalista que rodeou o desenho e a conformação dos direitos de informação. Nasce assim, uma configuração dos mesmos como instrumentos de participação dos trabalhadores na empresa, pelos quais tais formas de participa-

---

(1) Cf. DE BLASIO, A . *La democrazia industriale in Europa*, Giuffrè, Milano, 1986, p. 37 e ss.
(2) Neste sentido, BAYÓN CHACÓN, G., "*Introducción al problema de la participación de los trabajadores en la empresa*", em AA.VV., *Diecisiete lecciones sobre participación de los trabajadores en la empresa*, Facultad de Derecho, Universidad de Madrid, 1967, p. 16, afirmava rotundamente, que "no terreno das idéias, resulta incoerente que, num mundo politicamente regido pelo sistema democrático, a empresa continue regida como uma monarquia absoluta". Em termos similares, RODRÍGUEZ SAHAGÚN, T., *Alternativa de poder en la empresa*, Ibérico europea de ediciones, Madrid, 1997, p. 85.

ção permaneciam ainda distantes das decisões centrais, mas que, pelo menos, permitiam aos trabalhadores conhecer e apreciar os acordos ou resoluções empresariais que lhes pudesse afetar, direta ou indiretamente. É precisamente esta consideração dos direitos de informação como instrumentos que, em si mesmo, não permitiam aos trabalhadores, intervir diretamente na conformação final das decisões empresariais — mesmo aquelas das quais poderiam ser destinatários —, e que somente possibilitavam o exercício de um controle externo dos processos das decisões, que consagrou o entendimento de que os direitos de informação seriam apenas meios de participação atenuada ou fraca, ou, mais exatamente, simples elementos primários para o desenvolvimento de mecanismos de intervenção mais incisiva dos trabalhadores na empresa, como poderiam ser a consulta, a negociação ou a co-gestão.

Porém não se deve esquecer que os direitos de informação não têm como titulares diretos os trabalhadores, nem o conjunto do empregados de uma empresa, mas sim, as instâncias representativas dos trabalhadores na empresa. Em suma, os poderes de informação não encontram como sua última finalidade a de permitir a participação do pessoal, mas sim, possibilitar o exercício dos direitos e competências de suas instâncias representativas. De fato, os poderes de informação unicamente encontram sua fundamentação jurídica quando exercidos por aqueles a quem se atribui normativamente plena capacidade de atuar representativamente, em nome e no interesse exclusivo dos trabalhadores na empresa; uma atuação que se desenvolve através de uma diversidade de direitos e de faculdades de ação e que podem requerer, para sua maior eficácia, que os sujeitos coletivos, obtenham do empresário certos dados e informações referentes à gestão econômica, produtiva e organizativa da empresa. Certamente que, com base no contrato de trabalho, e com vistas ao seu efetivo e eficaz cumprimento, o trabalhador ostenta certos poderes de informação oponíveis ao empresário. Este, por sua vez, tem o dever de aceitar tais poderes; dever esse derivado da exigência do regular cumprimento de suas prerrogativas contratuais.[3]

Entretanto, a par disso, existem alguns poderes de informação que gozam de importante natureza coletiva, pois dispostos e reconhecidos normativamente a determinados sujeitos para sua atua-

---

(3) Como tais e a título de exemplo, podem citar-se o dever do empresário e o correlativo direito do trabalhador de informar-lhe sobre causas de uma sanção ou terminação de contrato, ou sobre os riscos para a sua saúde e integridade que pudesse derivar-se da prestação de trabalho.

ção, mas que se situam em âmbito distinto do contratual. Ali é justamente onde os poderes do empresário encontram uma maior fonte de liberdade e discricionariedade, que se justificam pelos fins e interesses que ele representa e que, por isso, podem chegar, inclusive, a impossibilitar a própria tutela do trabalhador. Em conseqüência, é exatamente onde seria necessário arbitrar maiores e mais eficazes meios de defesa dos interesses dos trabalhadores na empresa diante do exercício daqueles poderes. Esse âmbito não é outro que o constituído pelo esquema de direção e organização da empresa como unidade econômica e produtiva, o que justifica a opção normativa de fazer recair o poder de exigir e obter informações, não em sujeitos individuais, e sim, em sujeitos coletivos, ou seja, nos órgãos de representação dos trabalhadores, pois estes são os interlocutores institucionalizados do empresário, que é quem ostenta a condição de titular dessa organização.[4]

Assim sendo, do jeito como está configurada (e a regulamentação oferecida a respeito pela lei espanhola, no caso, o Estatuto dos Trabalhadores (ET), é uma boa prova disso, dispondo extensas competências informativas, pelo menos desde o ponto de vista quantitativo, em favor da representação unitária do pessoal,[5] a informação não é um meio para fazer que os trabalhadores possam participar.

Se assim o fosse, os comitês de empresa e delegados de pessoal, agindo como estruturas de mediação que permitem a participação aos trabalhadores da empresa, deveriam repassar a estes toda informação que recebessem. Não obstante, somente se canaliza para os trabalhadores, uma parte da informação que o órgão possa receber, e isso devido ao dever dos representantes de dar informação a seus representados, em sua típica missão de mecanismo representativo. Além disso, esse dever de informação dos representantes aos representados ficaria mediatizado e limitado em atenção a outros e diversos interesses, que repercutem em fortes condicionamentos de reserva e sigilo em alguns casos e para certas

---

(4) Sobre os sujeitos dos poderes informativos, mais amplamente vide GARRIDO PEREZ, E., La información en la Empresa. Analisis jurídico de los poderes de información de los representante de los trabajadores, CES, Madrid 1995, pp. 95 e ss.

(5) Esta representação unitária (denominada assim porque seus membros são eleitos por e entre todos os trabalhadores da empresa ou centro de trabalho, com independência da categoria profissional, modalidade de contrato ou filiação sindical) está formada por dois tipos de órgãos de representação: os "delegados de pessoal" (em empresas ou centros de menos de 50 trabalhadores) e os "comitês de empresa" (em empresas ou centros de mais de 50 trabalhadores), tendo uns e outros as mesmas competências e funções.

matérias.⁽⁶⁾ Tais limitações pesam sobre os órgãos de representação, atuando como limites de um dever dos representantes — e não de um suposto direito dos trabalhadores à participação por meio da informação. Com base nestas considerações, dificilmente pode-se chegar à conclusão, de que a informação seja um instrumento que permita a participação direta dos trabalhadores como sujeito coletivo. Porém, com isso não se pretende afirmar que o exercício do poder de informação não interesse aos trabalhadores. Pelo contrário, se aquele está atribuído aos órgãos de representação, é por sua condição de mecanismo instrumental de tutela de direitos e interesses dos trabalhadores dentro do esquema organizativo empresarial. É em tal âmbito, onde os direitos dos trabalhadores podem ser mais incisivamente atacados, que os órgãos de representação podem encontrar maior efetividade no desempenho do poder de informação.

Em esta perspectiva funcional do poder de informação, diretamente ligada ao trabalho das instâncias coletivas de representação criadas normativamente para o cumprimento de suas atribuições de tutela e de representação dos interesses dos trabalhadores da empresa, é a própria norma que dá conteúdo a tal função, atribuindo aos órgãos representativos dos trabalhadores na empresa uma série de poderes para o cumprimento da mesma. Uma função que atua no interesse ou para benefício alheios, ou seja, os da coletividade representada, pois recaem sobre essa, finalmente, os efeitos jurídicos do exercício dos diversos poderes que compõem esta função. Um destes poderes seria, concretamente, o informativo, que fica individualizado, assim, como uma potestade funcional, própria dos representantes dos trabalhadores, que, na medida em que tem a sua origem em disposições normativas, se desenvolve à margem de qualquer técnica representativa voluntária. Os representantes dos trabalhadores exercitam tal poder, em princípio, com plena independência da vontade dos trabalhadores, pois os atos dos órgãos coletivos exercitados sobre a base do mencionado poder de informação se revestem de um alto grau de heteronomia. Entretanto, tais atos estão obrigatoriamente sujeitos às normas imperativas que ajustam e dispõem os limites acionáveis do poder de informação.

II. AS LIMITAÇÕES DO PODER DE INFORMAÇÃO

Efetivamente, o mesmo reconhecimento normativo desses poderes de informação e de sua titularidade através dos órgãos de

---

(6) De conformidade com o art. 65.2 do ET, os membros dos órgãos de representação unitária deverão observar sigilo profissional a respeito de um grande número de maté-

representação permitiu configurar em torno dos mesmos um tratamento com fortes limitações no âmbito do exercício de tais poderes. Tais limitações tiveram seu máximo expoente na doutrina jurisprudencial. O ponto de partida se constituiu no entendimento de que os poderes que concede o ordenamento devem ficar reduzidos e limitados estritamente à finalidade que determinou sua concessão, que por sua vez deve ter em conta a limitação que tais poderes possam implicar para o âmbito de liberdade de outras pessoas. Esta idéia, levada ao campo de atuação dos poderes informativos, traduziu-se numa concepção jurisprudencial, especificamente, a do Tribunal Central do Trabalho, que entendia que bastaria que a norma identificasse as esferas materiais por onde aqueles poderes se exercitavam para que restasse cumprida a função de defesa dos interesses dos trabalhadores. O Tribunal tem negado uma interpretação que vá além e estenda o poder informativo para âmbitos específicos de atuação não contemplados pela norma, rejeitando argumentos sobre a base da proteção do interesse dos trabalhadores por entender que "o direito de informação do comitê de empresa deve deter-se nos umbrais do direito empresarial, a organizar e planificar o trabalho e a não se interferir além do necessário naquilo que é de competência exclusiva de quem dá o emprego".[7] Além disso, deve-se, em qualquer caso, "evitar a intromissão do órgão de representação dos trabalhadores no exercício normal da faculdade de direção, atribuída ao titular da empresa",[8] de modo que "as comunicações obrigadas e periódicas que a empresa tenha de realizar aos órgãos de representação, previstas em lei ou introduzidas por outra via normativa, tenham sempre uma finalidade concreta que justifique o seu estabelecimento. A ausência de tal justificativa torna sem base sua imposição, desvirtuando o direito e anulando o dever da boa-fé contratual".[9]

---

rias relativas à informação que recebem, mencionadas no art. 64, "e em especial em todas aquelas matérias em que a direção assinale expressamente o caráter reservado. Em todo caso, nenhum tipo de documento entregue pela empresa ao Comitê poderá ser utilizado fora do estrito âmbito daquela e para fins distintos dos que motivaram sua entrega".

(7) Cf. Sentença do Tribunal Central de Trabajo (TCT) de 21 de julho de 1988 (art. 397).

(8) Cf. Sentença do TCT de 13 de fevereiro de 1986 (art. 1.321) Também nesta linha é paradigmática a sentença do TCT de 14 de junho de 1986 (art. 4.432), a qual, depois de declarar que a atribuição de competência se entende dirigida sempre ao cumprimento de sua missão que, como expressa o art. 63.1, ET, é a defesa dos interesses do conjunto dos trabalhadores representados pelo comitê da empresa, conclui que "é certo que a competência dos representantes dos trabalhadores, controlam e limitam o poder de direção e organização do empresário, mas como se vêm repetindo, ele se produzirá unicamente no que possa beneficiar a seus representados e nunca em quanto se tente controverter uma atuação empresarial que se repute favorável aos trabalhadores"...

(9) Cf. Sentença do TCT de 30 de janeiro de 1986 (art. 554).

Assim, dava-se origem a uma negação dos espaços de autonomia dos sujeitos coletivos no exercício do poder de informação e — o que é mais criticável — admitia-se um tratamento dos poderes informativos que desconhece, ao pé da letra, o critério eminentemente funcional que preside seu reconhecimento normativo. É em virtude de tal critério — a satisfação de determinados interesses — que se concedem os poderes informativos, sem que se possa pretender, aprioristicamente, que se possa atingir essa finalidade circunscrevendo o exercício dos poderes de informação aos limitados conteúdos materiais indicados pela norma. Seguindo esta linha, deve-se priorizar, antes de tudo, o aspecto funcional abstrato dos poderes de informação em relação ao puramente material, para, de tal modo, chegar a admitir uma ampliação dos conteúdos previstos na norma, que para tal efeito, atuaria como garantia de mínimos. Tal ocorreria quando se deduzissem que, com a aludida extensão, seriam obtidos os meios necessários para o exercício de certas atividades de defesa e representação, e com isso, o cumprimento da exigência funcional de atuação dos poderes de informação para o interesse dos trabalhadores.

Mas, ainda reconhecendo esta possibilidade, o poder de informação se depara com outro limite, muito mais intrínseco para seu próprio reconhecimento normativo, que é o da sua efetividade reduzida como limitação do pleno exercício dos poderes empresariais. De fato, os poderes informativos de nenhum modo ficam configurados juridicamente como limites efetivos de dito exercício. Isso decorre de sua posição no contexto do processo de tomada de decisões do empresário, já que estão predispostos normativamente para uma atuação, não dentro do dito processo, mas sim, fora do mesmo. Fica o empresário livre, preservado de qualquer interferência alheia exterior.

Somente num momento posterior à formação definitiva de uma determinada opção é que se situam as exigências informativas, sem que o não cumprimento destas por parte do empresário — exatamente por a informação ocorre *a posteriori* — possa levar à nulidade da opção adotada. Deste modo, a satisfação de ditos poderes pelo empresário, mediante o subministro da devida informação, não lhe impede o livre exercício de suas faculdades diretivas, isto é, não implica uma restrição efetiva de sua autonomia e de sua liberdade na hora de adotar certos atos de poder, pelo que os poderes informativos se configurem como meros requisitos externos, cuja existência não supõe de nenhum modo, um elemento limitativo de tal esfera.

Agora bem, retomando essa consideração em torno da funcionalidade da informação frente ao exercício pelos órgãos de representação de suas funções, é possível revalorizar sua efetividade, quando esta se conecta instrumentalmente com o exercício de outras atividades e direitos, dos quais são titulares igualmente tais órgãos, que, assim, dispõem de maiores possibilidades de uma incidência real e efetiva sobre o exercício de poderes empresariais. É certo que, mesmo cumprindo as normas de informação previstas, o empregador não fica de nenhuma maneira obrigado a justificar suas concretas atuações àqueles que são por elas afetados. Porém, pelo menos, possibilita-se que sejam desvendadas certas áreas de decisão e direção que, até então, eram reservadas e de exclusiva posse do empresário. Ademais, a informação que dessa maneira é prestada, com posterioridade e destinada a outros campos da ação empresarial, pode servir como fator ou pressuposto legitimador de certas decisões de gestão que são adotadas em processos nos quais é limitada a incidência dos representantes dos trabalhadores através de outros mecanismos de ação coletiva, como a consulta ou a negociação.[10]

Em conseqüência, apesar dos poderes de informação atribuídos aos representantes dos trabalhadores não estão configurados como autênticos limites procedimentais aos atos ou às decisões a que se referem, acabam por constituir instrumentos jurídicos propícios para a obtenção pelo empresário de determinadas garantias de legitimidade, e até certo ponto, para a aceitação de opções concretas adotadas por ele. Para os representantes dos trabalhadores, tais poderes importam na possibilidade de dispor de elementos técnicos de juízo e de valor que auxiliam no exercício de outras específicas prerrogativas que operam um controle externo, limitativas do livre exercício de poder do empresário em determinadas situações.

Assim se pode ver a fundamentação e a efetividade jurídica dos poderes de informação, conectados funcionalmente ao exercício de uma função de defesa e de representação dos interesses dos trabalhadores, exercidos por aqueles que são seus titulares, ou seja, as instâncias coletivas. O certo é que, ao nível interno, desde a experiência normativa espanhola e desde seu tratamento interpretati-

---

(10) Pensemos, por exemplo, de que tenha sido posto ao conhecimento dos representantes o balanço ou a memória da sociedade, como assim exige o art. 64, ET. Tal hipótese de jeito nenhum obriga o empresário a justificar sua conformação e ou seu resultado. Porém, esse conhecimento, *a posteriori*, pode legitimar decisões empresariais no seio de uma negociação coletiva ou num procedimento de regulação de emprego, onde a atividade representativa é uma limitante de uma liberdade de decisão do empregador.

vo, pouco se tem avançado nesta direção, algo que coloca a Espanha em condições de contraste em relação ao tratamento que a matéria tem recebido em sedes internacionais e especificamente na comunitária européia.

III. O TRATAMENTO NACIONAL DOS PODERES DE INFORMAÇÃO NA EMPRESA

Prova da escassa relevância que a nível normativo se tem dado aos poderes de informação, a atuação dos representantes do pessoal da empresa, é o fato da prática inalterabilidade dos conteúdos que a respeito apresenta o ET, desde sua originária redação de 1980. De fato, a ampla lista de competências informativas expressas no art. 64, significa uma reprodução quase literal daquela outra de funções reconhecidas aos comitês de empresa que se consagrava no Acordo Marco Interconfederal de 1980, documento que por sua vez, recolhia e dava continuidade a algumas das já reconhecidas, aos anteriores Júris de Empresa. Deste modo, ao transladar-se a comitês e delegados as competências dos júris de empresa quase na sua generalidade, caberia esperar que se reavivasse a ideologia finalística inerente às mesmas, que era a de sustentar relações entre empresa e trabalhadores presididas pela idéia da colaboração.[11] Ainda mais, o fato de que o ET tenha examinado isoladamente os poderes informativos dentro do quadro das competências dos órgãos de representação unitária induziu que se destacasse sua escassa, por não dizer nula, efetividade prática e direta, quando não entendendo que a atuação dos representantes unitários neste sentido é própria de uma participação colaboradora.[12] A origem deste tratamento interpreta-

---

(11) Os Júris da Empresa nasceram, durante a Ditadura de Franco, como entidades de harmonia trabalhista, com a finalidade de lograr uma convivência no seio da empresa, o aumento da produção e o desenvolvimento da economia nacional (art. 1 do Decreto de 18 de agosto de 1947). Configurados como órgãos que, longe de limitar ou controlar o poder empresarial, serviram para canalizar uma cooperação efetiva entre todos os elementos da produção, evidentemente as competências e funções que lhe foram destinadas tinham que ficar amoldadas dentro do cumprimento da citada finalidade. Efetivamente, tais competências ficavam limitadas essencialmente em poderes de informação que carecem, num primeiro momento, de qualquer funcionalidade. No máximo, certas informações se dispunham para o cumprimento de atividades de consulta de escassa incidência no núcleo de decisões do empresário e só posteriormente poderiam adquirir maior relevância instrumental quando se permite a intervenção de competência do Júri de Empresa na negociação das condições trabalhistas.

(12) Assim por exemplo, em razão às atribuições dos comitês e delegados se indicou que "o requentado mais ou menos exaustivo oferece uma longa lista de colaboração de aspectos participativos de pequena entidade classificável sob o rótulo de simples co-

tivo reside num exame estático dos poderes de informação, o que impede analisá-los desde o ponto de vista dinâmico como mecanismos instrumentais ao serviço de outras atribuições dos órgãos unitários de representação. Se fosse adotada esta última perspectiva, facilmente se constataria como a utilização efetiva dos poderes de informação, não só não os converte em instrumentos de colaboração dos representantes na empresa, como também sua colocação ao serviço de outros poderes, direitos e atribuições destes, em última instância, faz com que apareçam como meios de atuações eminentemente conflituosos, como a negociação coletiva ou o estabelecimento de conflitos coletivos. Por um lado, tendo em conta a prática sindicalização dos órgãos unitários[13] e, por outro, a efetiva atribuição normativa de poderes informativos aos representantes sindicais,[14] os poderes de informação recebem a especial característica trazida por uma tradicional atuação sindical de marcados matizes reivindicativos e conflituosos, inclusive, até o ponto de poder considerar tais poderes como meios de ação sindical, quer dizer, como premissas indispensáveis para qualquer tipo de ação dos representantes dos trabalhadores dentro de seu círculo de competências.

A qualificação inicial dos poderes de informação como mecanismos de colaboração empresarial, unido a uma parca iniciativa reivindicatória em prol de uma intervenção normativa que ampliara as decisões empresariais a respeito dos quais, exigir ao menos, o subministro de informação (salvando a incidência a respeito da Lei n. 2/1991, sobre direitos de informação dos representantes em matéria de contratação), foram dando forma a um tratamento dos poderes de informação, predominando a visão sobre sua escassa transcendência ideológica, assim como, de sua insignificância qualitativa, como elementos de intervenção ou de participação dos tra-

---

laboração em sentido estrito", ou melhor dizendo, de algum modo retificando a opinião que "a maior parte das competências de delegados e comitês se centram no aspecto informativo, que se bem ocupa um nível modesto na escala da participação na gestão da empresa, se tem demonstrado de uma relevância instrumental de primeira categoria pelo correto desenvolvimento das atuações básicas de reivindicações e negociação", Cf. OJEDA AVILÉS, A. *Derecho sindical*, 7ª ed. Tecnos, Madrid, 1995, p. 329 e 332.

(13) Como o ET permite que se apresentem candidaturas sindicais nas eleições a órgãos de representação unitária, provoca-se o efeito de que a totalidade ou grande parte de seus membros sejam trabalhadores filiados a um sindicato.

(14) Conforme o art. 10 da Ley Orgánica de Libertad Sindical de 1985, os delegados sindicais (eleitos por e entre trabalhadores filiados a um determinado sindicato que prestam serviços laborais em uma empresa ou centro de mais de 250 trabalhadores) têm direito a receber a mesma informação e documentação que a empresa ponha à disposição dos órgãos unitários de representação.

balhadores na empresa. Tratamento que tem igualmente seu reflexo em certa doutrina jurisprudencial e na sua concepção limitativa dos poderes de informação dos representantes dos trabalhadores, a ponto de considerar, perante demandas de uma maior ou mais precisa informação daqueles, o que não está expressa ou positivamente na norma, não pode demandar-se porque implicaria um poder excessivo do empresário, cuja exigência transgrediria o princípio da boa-fé contratual. Isso significa admitir que somente quando os dados informativos aparecem expressamente dispostos na norma, é porque o legislador os entendeu justificados e necessários para o fim proposto em seu reconhecimento, valor que não se poderia alegar em conseqüência, com relação a outros que se pudessem demandar e não estivessem consagrados de modo positivo na norma.[15]

Frente a isso, que consideramos como uma errônea interpretação da intencionalidade normativa no reconhecimento e atribuição de uns poderes de informação, a solução não está unicamente em propor *de lege ferenda*, uma maior concreção e precisão da norma, e sim, com isso, instar uma mudança efetiva de orientação para a compreensão da verdadeira razão do outorgamento aos representantes dos trabalhadores de determinados poderes informativos, da direta funcionalidade destes ao exercício das funções representativas, e em suma, que o art. 64, ET e outros preceitos legais que contemplam direitos de informação, não constituem uma listagem fechada, e sim, que a cobertura material de tais poderes na sua extensão deve ir paralela tanto ao próprio desenvolvimento e a crescente complexidade das relações produtivas (as quais originam cada vez, um maior número de dados e informações precisas), como no âmbito interventor dos representantes dos trabalhadores, que demanda por conseguinte, um acesso para aqueles, como instrumentos necessários e imprescindíveis para o exercício de suas tarefas representativas. Ainda assim, disso também depende, não somente, a própria tomada de consciência, não só das partes sociais no exercício e desenvolvimento dos direitos de informação na empresa (o que pode desempenhar-se basicamente através de negociação coletiva), como também, do próprio legislador em revalorizar os poderes informativos, concedendo novos âmbitos materiais de decisão e gestão empresarial onde aqueles atuem, e ao mesmo tempo,

---

(15) Entre outras, neste sentido, *vide* Sentenças do Tribunal Central de Trabajo de 30 de janeiro de 1986 (art. 11.630). Assim mesmo, as sentenças do Tribunal Supremo de 14 de junho de 1991 (art. 7.168) e 4 de março de 1991 (art. 2.103), onde chega-se a declarar expressamente que "o que o comitê de empresa tenha um interesse informativo por esses dados, não determina por si, correlativamente, uma obrigação do empresário de subministrá-los".

dotando dos instrumentos técnicos e jurídicos necessários para canalizar o subministro da devida informação. Esta última, é precisamente, a perspectiva na que se fez maior ênfase na dimensão comunitária, como agora, teremos a ocasião de ver, e possivelmente, através de seu impulso e desenvolvimento, dependa que se alcance entre nós, novas conquistas de poderes informativos, tanto, desde o ponto de vista qualitativo, como quantitativo.

IV. A INCIDÊNCIA DE OUTRAS REFERÊNCIAS INTERNACIONAIS EM MATERIA DE INFORMAÇÃO

Para entrar no tratamento que no âmbito comunitário se deu aos poderes de informação na empresa, previamente, talvez seja conveniente fazer uma breve referência a outros instrumentos internacionais que, em maior ou em menor medida, têm enfatizado mecanismos de intervenção dos trabalhadores na empresa através do exercício de direitos de informação, ao menos para destacar os pontos de convergência ou divergência da matéria no âmbito comunitário.

Assim, em primeiro lugar, pode-se encontrar algumas referências em textos emanados da OIT que, de nenhuma maneira, estabelecem obrigações de subministro informativo diferentes das que se possam deduzir da configuração normativa nacional, ainda mais tendo em conta, a muito limitada consideração jurídica com que é tratada a informação, aparecendo configurada, no geral, como um instrumento de colaboração entre empregados e trabalhadores e sem outro fim que não o de favorecer um clima de cooperação e confiança mútuas. Tal sucede com a Recomendação n. 129 (1967) sobre comunicações entre a direção e os trabalhadores dentro da empresa, cuja finalidade declarada é a de promover a conformação de uma política eficaz de comunicações entre empresa e os trabalhadores, diretamente ou através de seus representantes. Tal política é sustentada fundamentalmente num subministro de informações que não tem *a priori* nenhuma função instrumental a serviço de uma possível fiscalização sobre decisões empresariais ou, mesmo, a serviço da negociação coletiva. Quer dizer, se considera a difusão de dados ou informações como um valor próprio, sem qualquer consideração quanto isso possa representar para a melhoria das relações entre trabalhadores e empresários[16] na medida que possibili-

---

(16) É neste sentido, que a informação aparece configurada como elemento favorecedor de um clima de compreensão e confiança mútuas, por sua vez favorável tanto para a eficácia da empresa como para as aspirações dos trabalhadores (art. 2.2).

taria uma posterior atuação.⁽¹⁷⁾ Uma maior concreção aparece na Recomendação n.143, complementar ao Convênio n. 135 (1971) relativo à proteção e facilidades que se devem outorgar aos representantes dos trabalhadores na empresa, ao admitir-se a possibilidade de que os representantes entrem em comunicação com a direção, sempre que seja necessário ao exercício das suas funções. Alude-se, no geral, que a empresa coloca à disposição dos trabalhadores as facilidades materiais e a informação que sejam necessárias para tal exercício.

Sua importância reside em ter captado a instrumentalização da informação a serviço das funções dos representantes, em configurar a informação, já não como um elemento de colaboração e pacificação das relações entre as partes sociais como aparecia na Recomendação n.129, e sim, como um instrumento que facilita o exercício da atividade representativa e como conseqüência diretamente, funcionalizada. Esta mesma orientação se reflete na Recomendação n. 163 (1981) complementar ao Convênio n. 154 (1981) sobre o fomento da negociação, ao indicar a necessária adoção de medidas adequadas às condições nacionais, para que as partes disponham das informações necessárias para poder negociar com conhecimento de causa. É com esta finalidade que os empregadores, tanto públicos, como privados, "deveriam proporcionar as informações sobre a situação econômica e social da unidade de negociação e a empresa em seu conjunto ...". Outra atividade dos representantes dos trabalhadores para cujo exercício se dispõe a atribuição de certos poderes de informação é a constituída pela fiscalização em matéria de segurança, higiene e saúde dos trabalhadores. Concretamente, o Convênio n. 155 (1981) sobre segurança e saúde dos trabalhadores e meio ambiente de trabalho obriga a adoção de disposições ao nível de empresa, através das quais os representantes dos trabalhadores devem receber informação adequada sobre as medidas adotadas pelo empregador para garantir a segurança e a saúde.⁽¹⁸⁾

---

(17) Em concreto e na listagem dos dados que a direção deveria proporcionar "em especial", ainda que inclua matérias na sua maioria conectadas a sistemas de bem-estar, segurança e assistência social, também recolhe referências indicadas sobre a situação econômica geral da empresa, formação profissional ou as condições gerais de trabalho e emprego, algo que, em geral, vem a coincidir com a regulamentação mínima que a tal respeito, vem incluída no ET.

(18) Estabelecendo-se esta previsão, sua complementar Recomendação n. 164, faz dos representante dos trabalhadores titulares de alguns deveres informativos a cargo da empresa que recaem sobre qualquer questão que afete à segurança e higiene, admitindo inclusive sua funcionalidade com relação a uma atividade consultiva a desenvolver pelos representantes com caráter prévio à implantação de novas medidas a respeito ou qualquer mudança nas operações e processo de trabalho ou em sua organização que pudesse ter repercussões sobre segurança e higiene.

Finalmente e seguindo a mesma orientação de funcionalizar a informação a determinadas intervenções dos representantes dos trabalhadores, deve-se citar o Convênio n. 158 (1982) sobre a terminação da relação de trabalho por iniciativa do empregador e sua Recomendação n. 166. Por tal norma, em razão à atribuição aos sujeitos coletivos de certos direitos informativos (deixando, pois, de lado a informação individualizada ao trabalhador sobre a causa da extinção de seu contrato), impõe-se a obrigação de informar àqueles nas hipóteses de terminação da relação de trabalho por motivos econômicos, tecnológicos, estruturais ou análogos. A informação deve ser prestada sempre "em tempo oportuno", especificando-se os motivos das extinções previstas, o número e categorias dos trabalhadores afetados e o período em que esta se fará efetiva.

Junto à OIT, no seio do Conselho de Europa, merece destacar-se o Protocolo Adicional à Carta Social Européia adotado em 1987, cujos arts. 2 e 3 contemplam o direito à informação no seio da empresa, concedendo-lhes uma função instrumental a serviço de certas atividades de consulta. O reconhecimento de tal direito de informação se conecta somente à obrigação das partes contratantes de adotar quantas medidas sejam necessárias para que os trabalhadores sejam informados "em tempo oportuno e de uma maneira compreensível "sobre a situação econômica e financeira em torno ao subministro da informação da empresa (art. 2.1.a). Não obstante o protocolo apresenta como dado negativo, o fato de conter diversos limites e restrições ao subministro da informação,[19] inclusive, exclusões de seu âmbito de aplicação.[20] A exclusão mais destacada é a que afeta ao pessoal contratado a serviço da Administração Pública, exclusão esta que carece de toda justificação e abertamente oposta às próprias previsões da OIT e praticamente da totalidade dos Estados-membros do Conselho da Europa.

---

(19) Expressa-se, assim, a salvaguarda de não divulgar certas informações prejudiciais para a empresa, se bem possam subministrar-se sob o caráter de confidencialidade. Em conclusão, um direito de veto extremamente idôneo para ser objeto de discricionariedade enquanto ao seu exercício.

(20) O próprio art. 2º em seu § 2º, permite excluir da aplicação das obrigações de informação e consulta aquelas empresas cujos efetivos não alcancem um nível mínimo determinado pela legislação ou a prática nacional. Assim o indica RODRIGUEZ PIÑERO, M., *"El Primer Protocolo Adicional da Carta Social Européia* (y 11)", *Relaciones Laborales*, n. 24, 1988, p. 3, como esta precisão reflete certas práticas nacionais de exclusão de empresas ou centros de trabalho de reduzidas dimensões da possibilidade de exercitar instrumentos de participação dos trabalhadores. Igualmente, de acordo com o indicado no Anexo do Protocolo, as comunidades religiosas e suas instituições podem ser excluídas do campo de aplicação do art. 2º.

Por sua parte, na denominada Guia para Empresas Multinacionais[21] elaborada pela Organização para a Cooperação e Desenvolvimento Econômico, (OECD), se inclui um capítulo dedicado exclusivamente ao "subministro da informação", com o objetivo declarado de dar maior transparência às atividades das multinacionais através da publicação de um grande volume de informação.

Esse texto indica o dever das empresas de proporcionar informação sobre a estrutura, as atividades e as políticas das empresas em seu conjunto, assim como qualquer outra informação que for requerida pela lei nacional do particular país onde opere a empresa. Junto a isso, no capítulo dedicado ao Emprego e às Relações Industriais, se declara como elemento necessário para o fomento e desenvolvimento dos acordos coletivos o aporte de informação aos representantes dos trabalhadores, visando, no geral, à obtenção de negociações significativas sobre condições de emprego e, em particular, para que os representantes dos trabalhadores obtenham uma real e ampla visão do exercício da entidade ou da empresa em seu conjunto — onde se realizam os acordos, de acordo com a lei e a prática locais.[22] Dentro do mesmo capítulo, mas, à margem da estrita negociação coletiva, se alude à necessidade de que as entidades provejam os representantes dos trabalhadores de um razoável aviso, anúncio ou notícia *(reasonable notice)* sobre mudanças nas suas operações que possam ter efeito sobre os trabalhadores, particularmente no caso de fechamento de alguma entidade com conseqüentes demissões coletivas. Por último, se coloca igualmente nas Guias o delicado tema de acesso aos autênticos centros de decisão em empresas multinacionais. Tal tema tomou vulto depois que a OECD tomou consciência de que a atual estrutura centralizada das empresas multinacionais implica que decisões que afetam a trabalhadores de filiais afastadas do núcleo central de tais empresas sejam adotadas à revelia dos trabalhadores, que somente obteriam

---

(21) Recolhidas num Anexo a Declaração adotada pelos Governos membros na reunião do Conselho de Ministros da OECD celebrada em 1976. A natureza jurídica destas Guias fica circunscrita a constituir somente um conjunto de regras de conduta para as multinacionais cuja observância é meramente voluntária e carente de imposição legal, ainda que moralmente exigíveis. Desde o ponto de vista do ordenamento nacional, isso implica que este é o diretamente aplicável, impedindo que as empresas multinacionais contradigam aquele no cumprimento das Guias. Não obstante, dada a quase generalizada insuficiência das leis nacionais para regular o fato multinacional, as Guias aparecem como necessários complementos dos requerimentos legais de caracter nacional.

(22) Prevêem assim, as Guias certos deveres informativos funcionalizados diretamente ao desenvolvimento da negociação, mas, deixam aberta a questão da própria negociação coletiva nas empresas multinacionais, sua estrutura e exercício.

informação quando tais decisões já tivessem sido adotadas. Para evitar essa prática, na medida do possível, a Guia 9ª assinala o dever das empresas de prestar uma informação oportuna e um acesso ao centro de decisões. A informação se fornece por via indireta, através do empresário, filial ou local, a menos que a empresa principal prefira informar diretamente aos trabalhadores. A materialização prática dessa informação e esse acesso se traduz em possíveis acordos sobre temas próprios da negociação coletiva ou sobre relações trabalhistas entre empresa e trabalhadores, e nas que participariam representantes autorizados dos trabalhadores e representantes da empresa, por sua vez autorizados para tomar decisões sobre as matérias objeto de negociação.

Definitivamente, a prática geral destas Guias, ao menos no que se refere à informação e a sua instrumentalização para atividades de consulta e negociação, depende da própria vontade das multinacionais e dos esforços legislativos nacionais,[23] sendo provável que os resultados sejam mínimos ou nulos.[24] Ainda assim, estas Guias poderiam alcançar seu verdadeiro valor se fossem utilizadas como um primeiro passo, quer dizer, como dado de referência válido e objetivo para que desde um âmbito de cobertura internacional mais amplo, e com uma necessária carga de exigência jurídica coercitiva, se regulassem as relações de trabalho nas empresas multinacionais. Ponto de referência que, como posteriormente comprovaremos, é precisamente o que se adota nas iniciativas comunitárias a respeito do tratamento da informação em empresas de estruturas complexas, tanto nacionais, como de âmbito comunitário.

Em conclusão, e com referência ao espaço normativo internacional nesta matéria, pode-se observar como a informação esteve

---

(23) Em Espanha, as mais duras críticas dirigidas a estas Guias têm sido expressadas por PEREZ DEO RIO, T. *"La política social europea en materia de derechos de información de los trabajadores en empresas de estructuctura compleja"*, AA.VV., V *Jornadas Universitarias Andaluzas de Derecho del Trabajo y Relaciones Laborales, Ministerio do Trabalho e Segurança Social, Madrid, 1987*, pp. 541 e 542, assinalando a insuficiência de tais Guias para garantir tais direitos na medida em que não é mais que um tipo da denominada "legislação doce" ou *soft law*.

(24) De acordo com estudo realizado em 1977 em torno ao cumprimento da Guia sobre o subministro de informação por 190 empresas multinacionais que operavam em 16 países, entre os que não se encontrava Espanha, quase todas elas, entre uns 90 a 99%, proporcionaram total ou parcialmente tal informação. As razões alegadas para o não subministro foram justamente as reconhecidas e aceitadas pela própria Guia, quer dizer, a dimensão da empresa, os custos ou a confidencialidade, considerando-se, no referido estudo, que dar a informação por tais razões não poderia ser interpretado como incumprimento da Guia. *Vide*, este estudo e seus resultados parciais para cada matéria objeto de informação em BLANPAIN, R., *The OECD Guidelines for Multinationales, Kluwer*, 1977, pp. 90 e ss.

orientada ao cumprimento de diversos fins. Sua instrumentalização a serviço, ou de uma genérica presença interessada dos trabalhadores na marcha empresarial ou de uma intervenção na empresa desempenhada através dos representantes do pessoal, coincide, em essência, com aquelas orientações finalistas da informação que podem detectar-se igualmente no ordenamento jurídico espanhol. Assim, neste sistema nacional não pode ser mais acomodado nas pautas desenhadas desde os níveis internacionais, uma vez que existe uma coincidência nos esteios formais da instrumentalização da informação, basicamente a participação e a representação, de onde as tendências internacionais na matéria não aportam nenhum aspecto inovador desde a perspectiva nacional espanhola. Se tal é a conclusão, em seguida se deve provar até que ponto esta pode ser também a que se deduza do tratamento comunitário em matéria de informação, quer dizer, se o mesmo coincide, ou não, com o oferecido pelos citados textos internacionais de referência; reproduzem-se ou não, as mesmas características de orientação finalística que se podem observar na ordenação espanhola e se, em alguma medida, se pode esperar dos esforços comunitários sobre o particular uma nova orientação que amplie os espaços materiais e funcionais da informação.

V. A POLÍTICA COMUNITÁRIA EM TORNO DA PARTICIPAÇÃO E DA INFORMAÇÃO NA EMPRESA

1. Fundamentos e antecedentes

Se quiséssemos situar o ponto de partida do interesse, ao nível comunitário, pelo reconhecimento e disposição de determinados poderes de informação na empresa, teríamos que retroagir precisamente àquele momento em que começa uma decisiva intervenção comunitária nos temas sociais e que se reflete no Primeiro Programa de Ação Social elaborado em 1974. Neste, entre outros objetivos, se menciona, por um lado, a melhoria das condições de vida e de trabalho, e pelo outro, o da participação na empresa.[25] Não

---

(25) A outra vertente mencionada pelo outro programa era a participação social a nível comunitário, dando seus frutos através da dinamização de estruturas participativas, como o Comitê Econômico e Social, assim como uma participação informal por meio de práticas de conferências e grupos de trabalho comunitários de caracter tripartite, com intervenção de representantes empresariais e sindicais ,e que vai-se configurando o que se determinou chamar de "diálogo social". Sobre o tema, MONEREO PEREZ I. L., "La Participación de los agentes sociales en la construcción de la Comunidad Europea y el dialogo social", Actualidad Laboral, n. 29, 1989, esp. p. 379 y ss.

obstante e, como teremos a ocasião de comprovar, foi no bojo da primeira dessas vertentes que ganha corpo uma primeira e desenvolvida linha evolutiva no reconhecimento e regulamentação dos poderes informativos. Já o objetivo da participação dos trabalhadores na empresa tem estado durante anos num alto grau de estagnação, como evidencia a sucessão de iniciativas sobre esquemas participativos que não passaram do estágio de projetos, apesar de sofrer processos de revisão e modificação, sempre menos ambiciosos do que as previsões originais.

De fato, graças ao impulso desse Primeiro Programa de Ação Social, ditou-se uma série de instrumentos de regulamentação em matérias sociais, em que se incluem referências parciais à informação na empresa. Nestas a informação aparece com um claro caráter instrumental ou auxiliar a serviço das faculdades de ação dos órgãos de representação a se desenvolver nos respectivos âmbitos regulamentados por tais instrumentos. Concretamente, tratam-se das já conhecidas Diretiva 75/129 CEE, de 17 de fevereiro de 1975, referente à aproximação dos Estados-membros quanto a despedidas coletivas, com as modificações operadas pela Diretiva 92/56/CEE, de 24 de junho; Diretiva 77/187/CEE, de 14 de fevereiro de 1977, sobre a aproximação das legislações dos Estados-membros relativos à manutenção dos direitos dos trabalhadores no caso de transferência de empresas, dos centros de atividade ou de parte desses centros de atividade; e a Diretiva 89/391 CEE, de 12 de junho de 1989, relativa à aplicação de medidas para promover a melhoria da segurança e da saúde dos trabalhadores no trabalho ("Diretiva Marco"). Todas elas apresentam como traço comum essa contemplação da informação a serviço das atividades de consulta que os representantes dos trabalhadores irão desenvolver nos respectivos âmbitos materiais de afetação das Diretivas, e sem que por isso apresentem neste ponto, novidades de interesse em relação à ordenação normativa espanhola, ainda mais depois das últimas incorporações legislativas que têm sua origem na necessária acomodação às Diretivas comunitárias (especialmente, a reforma do art. 51 do ET em matéria de despedidas coletivas, e na Lei n. 31/1995 de prevenção de Riscos Trabalhistas).

Pelo contrário, e como se apontava, o pretendido avanço na empresa tem esbarrado justamente em tentativas frustradas de se levar adiante esquemas participativos, sobretudo num entorno, que em si mesmo, apresenta problemas de identificação e de regulamentação. É o caso dos grupos empresariais, sendo este talvez o motivo que explique as dificuldades na adoção de três projetos específicos, nos quais, em maior ou menor medida, se prevêem poderes de informação a favor dos representantes dos trabalhadores na empresa. São elas as conhecidas propostas Vredeling-Richard, sobre procedimentos de informação e consulta dos trabalhadores em empresas de estrutura complexa;[26] a Proposta da V Diretiva, sobre estrutura e órgãos das sociedades anônimas;[27] e a Proposta do Regulamento, referente ao Estatuto de Sociedade Anônima Européia.[28] Talvez extraindo alguns pontos-chave contidos nestas Propostas, se possa compreender porque seguem nesse estado latente de projetos e com isso, sua impossibilidade de culminar com êxito uma vertente de participação dos trabalhadores que possibilitasse sua presença e intervenção ao nível de empresa societária.

A primeira delas, a Proposta *Vredeling-Richard*, já definitivamente congelada, tratava de superar as limitações territoriais dos procedimentos de informação e consulta previstos em inadequadas e insuficientes regulamentações nacionais, procurando dar conta do fenômeno das empresas de estrutura complexa, pelo oferecimento de um mesmo marco jurídico para que tais procedimentos se canalizassem e se exercitassem ainda quando os trabalhadores se encontrassem longe do centro das decisões de sua entidade matriz. Com este objetivo vinha impor as mesmas obrigações de informação e consulta em todas as empresas que atuassem no âmbito da Comunidade Européia com a estrutura relativamente complexa e com um número considerável de trabalhadores. As informações seriam prestadas aos trabalhadores afetados pelas decisões empresariais independentemente do Estado-membro onde as empresas prestem seus serviços, ou seja, sejam os trabalhadores afetados empregados no país onde se encontrasse a sede da empresa ou em outro país, desde que dentro da Comunidade Européia.

Basicamente, os principais pontos de seu conteúdo se reduziam, por um lado, a impor às direções filiais um dever de facilitar aos representantes de seus respectivos trabalhadores uma lista de informações, remetida pela direção da matriz, incluindo dados acerca do grupo empresarial e com a possibilidade de acesso direto à matriz, no caso de que a filial se negasse a facilitar uma informação.

---

(26) Apresentada inicialmente o 35 *(sic)* de outubro de 1980, sofreu novas redações em 1983 e em 1985.

(27) Proposição fundamentada no art. 54.3, *g* do Tratado, foi apresentada pela Comissão em 9 de outubro de 1972 e modificada sucessivamente em 19 de março de 1983, em 13 de dezembro de 1990 e em 20 de novembro de 1991.

(28) Proposta configurada sobre a base do art. 235 do Tratado, submetida pela Comissão ao Conselho em 30 de junho de 1970, modificada em 13 de maio de 1975, nova proposta em 25 de agosto de 1989 e uma última de 6 de abril de 1991.

Havia, por outro lado, uma obrigação de consulta prévia no caso de decisões propostas pela Direção que pudessem ter conseqüências graves para os trabalhadores das sociedades filiais.[29]

Por sua parte, a Proposta de V Diretiva cobria toda empresa de estrutura societária que atuasse dentro da Comunidade, desde que, como sociedades cotizadas, empregassem direta ou indiretamente ao menos mil trabalhadores na Comunidade. Estas estariam obrigadas a adotar um sistema de participação dos trabalhadores, não de sua livre eleição, mas, sim, aquele que o Estado-membro optou dentro do território de sua atuação. Para isso, a Proposta oferecia até quatro opções:

1) a eleição pelos trabalhadores de uma parte (como mínimo um terço e como máximo a metade) dos membros do órgão de fiscalização ou dos membros não gerentes do órgão de administração, quando se tratasse de um sistema dualista ou unitário respectivamente;[30]

2) direito de impugnação a favor do pessoal no caso de serem nomeados conselheiros pelo próprio conselho, somente no sistema dualista, denominando-se assim, procedimento de "cooptação";

3) participação através de um órgão de representação específico, independente dos societários, que possuísse a mesma informação e documentação que um órgão de direção subministrasse ao de fiscalização (sistema dualista) ou que o órgão de administração transmitisse aos membros não gerentes do mesmo (sistema monista); [31] e

4) a participação através de sistemas acordados em convênios coletivos celebrados entre a sociedade e as organizações que representam a seus trabalhadores, convênios que preveriam, pelo menos, a participação dos trabalhadores no órgão de fiscalização, ou no de administração, de acordo ao sistema, ou através de um

---

(29) Em geral, sobre esta proposta pode consultar-se RODRIGUEZ PIÑERO, M., "La participación de los trabajadores en empresas de estructuras complejas" *Relaciones Laborales*, n. 11.1990, p. 4 y ss."; PÉREZ DEL RIO, T., *"La política social europea en materia de derechos de información y consulta de los trabajadores en empresas de estructuras complejas"*, op. cit., p. 539 y ss.

(30) Basicamente, no sistema unitário ou monista, a sociedade é regida por um órgão de administração, enquanto que no sistema dualista a sociedade é conduzida por um Conselho de Administração e um órgão supervisor ou de vigilância.

(31) Essencialmente, as competências informativas se referiam, por um lado, à recepção de certos informes econômicos emitidos pelo órgão de direção ou de administração, e, de outro lado, à possibilidade de solicitar, a qualquer momento, informes especiais acerca dos negócios da sociedade ou determinados aspectos das mesmas, assim como toda a informação e documentos necessários para o exercício de seu trabalho de controle.

órgão representativo, garantindo-se os mesmos poderes de informação aos representantes dos trabalhadores partícipes nas sociedades anônimas conforme o estabelecido nos mencionados convênios.[32] Finalmente, pelo que se refere à Proposta de Regulamentação relativa a um Estatuto de Sociedade Anônima Européia, depois da sua revisão de 1989, se extraiu do mesmo, tudo o que fosse relativo à participação dos trabalhadores, constituindo uma proposta de Diretiva complementar do Regulamento,[33] de modo que, se o objetivo geral perseguido com o Regulamento de Estatuto era o de possibilitar a constituição de Sociedades Européias criando uma estrutura comum, a proposta de Diretiva perseguia especificamente, garantir a participação dos trabalhadores na fiscalização e desenvolvimento da estratégia das Sociedades Européias como um dos pontos-chave da mencionada estrutura. Seu âmbito de cobertura alcança a toda empresa de estrutura societária com sede em um país comunitário que opere em vários países-membros da EU, abarcando pois, aos grupos multinacionais da Comunidade que adotem a forma jurídica da Sociedade Anônima e admitindo, igualmente, a dupla modalidade de direção de uma sociedade, ou seja, a monista e a dualista. Assim mesmo, impõe a obrigação para toda Sociedade Européia, de adotar algum dos três modelos previstos de participação dos trabalhadores: 1) indicação pelos trabalhadores da Sociedade ou seus representantes de membros de órgãos societários, no mínimo um terço, por eleição ou por cooptação;[34] 2) formação de um órgão específico e separado de representação com funções de informa-

---

(32) Tratava-se, pois, de uma modalidade que liberava os Estados-membros que optassem por ela, tanto que deixava às próprias sociedades anônimas convir com as organizações representativas dos trabalhadores aquele sistema de participação mais adequado a suas peculiaridades, adotando a forma que vier a ser acordada, respeitadas as disposições mínimas previstas no projeto relativamente a cada modalidade.

(33) Considerava-se, assim, que definitivamente se havia optado por uma melhor solução, frente à aprovação de uma e outra proposta, dado que a Diretiva, como instrumento jurídico, se acomodava melhor àqueles aspectos que têm como base um ordenamento jurídico a nível nacional muito diferente, permitindo-se assim aos Estados-membros, regular os modelos de participação do modo mais conforme aos sistemas nacionais. Neste sentido, ORTIZ LALLANA, M. C., "Libertad de establecimiento y empresas multinacionles (III)", *Actualidad Laboral,* n. 12, 1990, p.145; RODRIGUEZ PIÑERO, M., *"El "lugar" de los trabajadores en la Sociedad Anonima Europea, Relaciones Laborales,* n. 10, 1990, p. 7.

(34) Sendo assim, poderiam entrar no conhecimento de todos informes, documentos e informações facilitadas aos órgãos societários em relação à gestão e à marcha da sociedade, sua situação presente, sua previsível evolução e todo assunto importante ou acontecimento produzido na sociedade ou em suas empresas (64 e 67 da proposta de Regulamento).

ção e consulta;⁽³⁵⁾ e 3) outro modo que seja estabelecido mediante convênio entre o órgão societário e os trabalhadores e seus representantes, sempre e quando se garantam, ao menos, as mesmas competências de informação e consulta previstas nos modelos de participação regulamentados pela própria proposta.⁽³⁶⁾

Como se verá, tanto a proposta de V Diretiva, como a relativa a um Estatuto de Sociedade Anônima Européia, partem de similares premissas com vistas a articular sistemas de participação dos trabalhadores em empresas societárias, apontando modelos em todo um leque de opções que, sem negar ou impossibilitar as preferências empresariais, pelo menos obriga as empresas a adotar algum mecanismo que garanta a participação dos trabalhadores na empresa societária. É certo que, desde o ponto de vista do ordenamento espanhol, a hipotética adoção de alguma de ditas propostas implicaria um enorme esforço regulador à vista da total falta de regulação normativa espanhola que preveja tais mecanismos de participação em empresas de tal natureza. De fato, resulta que as empresas são obrigadas a providenciar, em cada caso, as adequadas transformações de índole orgânica e funcional dentro dos esquemas societários para dar entrada aos modelos participativos previstos. Tais transformações e sua inata complexidade dentro de uma estrutura societária resistente a inovações ou alterações que tenham uma origem normativa impositiva e externa, ainda mais quando a iniciativa consiste em inserir representantes de trabalhadores em órgãos societários, são, talvez, os elementos-chave que explicam precisamente as reticências com as que se topam os órgãos comunitários para iniciar um avanço no plano; ou, antes bem, no objetivo da participação.⁽³⁷⁾

---

(35) Tal órgão teria direito a uma informação trimestral subministrada pelos órgãos societários sobre a marcha dos assuntos da sociedade e sua previsível evolução. Assim mesmo, poderia solicitar quaisquer informes sobre determinados assuntos da sociedade, e inclusive haveria de subministrar-se-lhe a informação oportuna e adequada para o exercício de uma atividade consultiva em torno a decisões a adotar sobre operações tais como o fechamento ou translado de estabelecimento, criação de filiais ou sociedades *holding*, modificações importantes na atividade da Sociedade, em suas organizações etc.

(36) Em qualquer caso, sua formalização resulta muito mais flexível que a adotada na proposta da V Diretiva, pois nesta era obrigado que o convênio estipulasse necessariamente um dos modelos previstos, enquanto que no presente projeto de Diretiva se possibilita que esse acordo preveja e regule um modelo de participação diferente dos contemplados nele.

(37) *Nota do tradutor por indicação da autora: Alguns anos depois da redação deste artigo (1977) aprovou-se finalmente o Estatuto da Sociedade Européia (Regulamento 2157/2001, de 8 de outubro) e a Diretiva 2001/86/CE, de 8 de outubro de 2001, que o complementa no que diz respeito à implicação dos trabalhadores. Ainda que apresente algumas modificações em relação com a última proposta, no essencial a Diretiva conce-*

2. A contribuição da Carta Social Comunitária de 1989

Depois de várias tentativas comunitárias no mesmo sentido, o reconhecimento e a regulamentação de uma série de poderes de informação seguiam sendo um objetivo de interesse para os órgãos da Comunidade, e boa prova disso foi o impulso dado a respeito pela Carta Social Comunitária de Direitos Sociais e o Programa de Ação relativo à sua aplicação. Em si mesma, a Carta Social não foi mais que o significativo resultado duma etapa que, iniciada com a aprovação da Ata Única Européia em 17 de fevereiro de 1986, e coincidindo com a segunda metade do decênio, não deixou de experimentar logros e avanços no terreno social, ao menos desde o ponto de vista das declarações das intenções e objetivos. Como tais, merece destacar o denominado Documento Marín, de 14 de setembro de 1988, sobre dimensão social do Mercado Interior, enumerando-se uma série de objetivos de política social e algumas medidas de atuação concretas. Entre uns e outros se podem encontrar alusões, por um lado, à informação como condição necessária para a proteção dos trabalhadores em matéria de segurança e higiene do trabalho (ponto 77); e pelo outro, "à regulamentação da obrigação de informação e consulta aos trabalhadores no caso de mudanças importantes que afetem à empresa" (ponto 78); e finalmente, a alusão dentro do aparte IV, referente ao "desenvolvimento do diálogo social", ao próximo exame pela Comissão de um Projeto de Diretiva referente à informação e consulta dos trabalhadores, sobre a base de um acordo já existente, adotado entre as partes sociais. Esta última alusão, que pode ser a origem do que posteriormente seria a Diretiva sobre comitês de empresa europeus.

Porém, até esse momento, o último antecedente da própria Carta se situa na Opinião adotada em fevereiro de 1989, pelo Comitê Econômico e Social sobre um possível conteúdo da mesma. Sua sin-

---

de às partes negociadoras plena autonomia na hora de formalizar um acordo implicando trabalhadores na Sociedade Européia que contemple algumas destas possibilidades: a) o estabelecimento de um órgão de representação do pessoal que atue como o interlocutor do órgão central da Sociedade Européia no marco das disposições relativas à informação e consulta dos trabalhadores da Sociedade e de suas filiais e estabelecimentos; b) estabelecer um ou mais procedimentos de informação e consulta, fixando neste caso as modalidades de aplicação de tais procedimentos; ou c) estabelecer normas de participação, reconhecendo seja o direito a eleger ou de designar determinados membros do órgão de administração ou de vigilância, ou seja o direito de recomendar ou se opor à designação de uma parte ou da totalidade dos membros dos referidos órgãos. Em especial, sobre o tema, GARRIDO PEREZ, E., "*La Sociedad Europea: un nuevo impulso y una nueva posibilidad para la participación de los trabajadores en las empresas*", en AA.VV. "*La dimensión europea y transnacional de la autonomía colectiva*", Editorial Bomarzo 2003, pp. 233 e seguintes.

gularidade provém do fato de que faz uma enumeração de direitos sociais básicos, estabelecidos e reconhecidos já em outros instrumentos internacionais, assinaladamente na ONU, OIT, OECD e Conselho de Europa. Entre os direitos básicos relativos às relações industriais, mercado de trabalho e condições de trabalho, se faz referência, por um lado, ao direito a participar na formulação de condições de trabalho e pelo outro, ao direito dos trabalhadores de serem informados e consultados nos níveis em que se tomam as decisões, particularmente, quando a inovação ou mudança tecnológica tenha um impacto sobre o emprego. Definitivamente, o Comitê pretendia consolidar instrumentos sobre direitos sociais já existentes em lugar de conformar novas regulamentações.

De fato, essencialmente, o projeto inicial da Carta Social aparecia dividido em dois títulos, cobrindo o primeiro deles os direitos sociais fundamentais, e o segundo,[38] as previsões relativas à sua implantação. Nessa enumeração inicial dos direitos, se citam no oitavo lugar, "a informação, consulta e participação", tudo em um mesmo título, e desenvolvido em dois parágrafos, dos quais o segundo, o parágrafo 23, enumerava os supostos nos que especialmente devem aplicar-se os citados direitos de informação, consulta e participação: quando se introduzam mudanças tecnológicas, ou se produzam reestruturações ou fusões de empresa com efeitos sobre o emprego e condições laborais dos trabalhadores; igualmente quando estes sejam transfronteiriços e se vejam afetados por políticas de emprego adotadas por suas empresas. Ainda que se trate de uma previsão excessivamente ampla, quase um cheque em branco em quanto à regulamentação de tais direitos refere, com possibilidade de cobrir diferentes âmbitos, níveis e conteúdos, ao fim das contas, a informação aparecia como um dos "direitos sociais básicos" dos trabalhadores.

Em 27 de novembro de 1989, se publica o programa de Ação elaborado pela Comissão Européia sob o título de "Comunicação da Comissão" concernente ao Programa de Ação relativo à aplicação da Carta Comunitária de Direitos Sociais Básicos dos Trabalhadores" sobre a base de competência do art. 155 do Tratado. Independentemente de que existam diferenças notórias de conteúdo entre o

---

(38) O primeiro, o número 22, é uma declaração de intenções em torno ao incremento de tais práticas através das disposições legais, as convencionais e as práticas de cada Estado-membro, especialmente a respeito daquelas empresas ou grupos que tenham estabelecimentos em vários Estados da Comunidade, temática esta, de evidentes e estritas conexões com a proposta *Vredeling*.

programa e a Carta,[39] o verdadeiramente importante é que o Programa prioriza alguns direitos como sendo os que considera de mais urgente desenvolvimento. Assim, no seu Capítulo 7º se prevê a articulação de um "instrumento comunitário", sem especificar, sobre procedimentos de informação, consulta e participação dos trabalhadores em empresas de escala européia. Cobriria em conseqüência a área tanto da proposta Vredeling como a proposta da V Diretiva, dando assim a impressão de estar perante uma amálgama de elementos derivados de uma e outra. Daí, talvez, a dificuldade de dar rápida resposta a duas questões: a determinação desse "instrumento comunitário" e a de seu previsível conteúdo, que lhe dê coerência e aceitação; e o que logo apontaremos quando se fizer referência à Diretiva sobre Comitês de Empresa Europeus.

Porém, previamente deve-se destacar como, nas previsões contidas no Programa sobre a informação, consulta e participação já não se lhes considera como direitos sociais fundamentais. Por isso, em seu conteúdo não se menciona a palavra "direito", fazendo referência somente a "procedimentos de informação e consulta" ou à "questão da participação dos trabalhadores".

Mais significativo, ainda, resulta o parágrafo seguinte: "tendo em conta a diversidade existente entre os estados-membros nesta área, a comissão considera necessário propor apropriados instrumentos com o fim de assegurar a generalização de tais princípios a nível comunitário".

A informação, junto com a consulta e a participação, aparece assim configurada como objetivo de política social, não como autênticos direitos sociais básicos, tal e como apareciam no primeiro projeto da Carta. Sob tal premissa, a intervenção da comunidade vai ser de mínimos, deixando sua aplicação, desenvolvimento e garantia aos Estados-membros através de regulamentações legislativas ou convencionais. Legislação de mínimos que é a contemplada e a prevista no novo art. 118.1 do Tratado.

Em qualquer caso, essa intervenção comunitária se justifica no fato de trato desigual que sofreriam os trabalhadores a serviço de uma empresa de estrutura complexa, distante da tomada de decisões que lhes podem afetar e sem previsões legislativas nacionais para um adequado sistema de informação basicamente funcional a

---

(39) Exemplo disso é o fato de que tivessem retirado a palavra "direito" em alguma ocasião, de que tivessem adicionado um novo capítulo, o do mercado de trabalho, ou se tivessem incluído propostas nas áreas não contempladas na Carta, como o pagamento das férias.

atividades de consulta. Bastou que isso pudesse ter efeitos negativos sobre processos de reestruturação empresarial e conseqüentemente sobre o logro do mercado interior para que a Comissão Européia considerasse totalmente aconselhável melhorar os nível de informação e consulta dos trabalhadores deste tipo de empresas. Em certa medida, se tratava de uma necessidade prioritária, dado que tal proposta foi situada no programa de Trabalho da Comissão para 1990, entre aquelas matérias que esta considerava como de urgente realização, se bem continuava sem especificar-se qual seria o instrumento a utilizar e mais ainda, sobre que base legal se adotaria tal instrumento.

Pelo que se refere à primeira das perguntas, sem dúvida, a Diretiva aparece como o instrumento comunitário mais adequado aos objetivos de harmonia e aproximação das legislações nacionais com diferente tratamento sobre uma matéria concreta, como a relativa à informação e à consulta em grandes empresas. Maiores inconvenientes mostrava a resposta à segunda pergunta, e não tanto pela identificação do próprio fundamento em si, mas sim, pelos efeitos que se extraíam do mesmo. Efetivamente, na apresentação do Programa ao Parlamento, o Presidente à época da Comissão Européia, Sr. Delors, mencionava que a Comissão tentava usar plenamente os arts. 100A e 118A do Tratado, o que permitiria o voto da maioria qualificada no Conselho de Ministros, mas, sempre que se tratasse de Diretivas que tivessem como objeto o estabelecimento e funcionamento do mercado interior — o que não abarcaria, por muito que se estendesse este conceito, a regulamentação de um sistema de informação na empresa que teria cabimento dentro das Decisões do Conselho "relativos aos direitos e interesses dos trabalhadores assalariados" em razão das quais se mantinha a regra da unanimidade, de acordo com a expressa previsão contida no parágrafo segundo do art. 100A. Devido a isso, e em virtude fundamentalmente da postura opositora do Reino Unido, originou-se um bloco institucional, um verdadeiro "ferrolho jurídico", que em resumo, vinha impossibilitando a adoção de qualquer Diretiva que tratasse sobre o reconhecimento e a regulamentação de um sistema de informação na empresa.

O final do citado "ferrolho" ocorreu quando da aprovação do Tratado da União Européia, conhecido como Tratado de Maastrich, que, num notório impulso da ação comunitária em matéria social, incorpora como Anexo um "Acordo relativo à política social", e, apesar de não ter sido assinado por todos os Estados-membros, aceita-se sua incorporação ao acervo comunitário como texto realmente vinculante e não como meramente programático de intenções. A importância do mencionado Acordo, entre outras questões, reside no fato de que o sistema de aprovação por maioria qualificada se estende a conteúdos substanciais da legislação trabalhista, incluindo expressamente a informação e a consulta dos trabalhadores, e sua importância mais se destaca ao se ter em conta que, em função do Tratado de Maastrich, a ação comunitária se submete mais fortemente que nunca ao princípio de subsidiariedade. Conforme tal princípio, a intervenção da Comunidade em matéria de política social se estenderia somente naqueles campos estritamente imprescindíveis, quer dizer, naqueles aonde não foram suficientes os esforços nacionais para conseguir os objetivos próprios da Comunidade. A localização da informação na empresa entre tais campos, o esforço por situá-la entre esses conteúdos substanciais que passariam pela maioria qualificada para seu garantido desenvolvimento através dos oportunos instrumentos normativos demonstra suficientemente que a ação comunitária em tal sentido se coloca como um objetivo de primeira ordem diante do avanço da política social e que só mediante o impulso dado desde o âmbito comunitário poderia alcançar sua consecução.

Definitivamente, é o Acordo sobre política social o que abre a via para que a ação comunitária sobre a "informação e consulta dos trabalhadores" se adotasse através de Diretivas, adotando as disposições mínimas que se aplicariam progressivamente, tendo em conta as peculiaridades de cada Estado-membro, mediante o procedimento previsto no art. 189C do Tratado (art. 2 do acordo), que é precisamente o que articula a aprovação dos atos comunitários pela maioria qualificada. Esta via aberta é a que permitiu finalmente, a adoção do último esforço comunitário na década de 90 de dar desenvolvimento ao objetivo de estabelecer procedimentos de informação e consulta dos trabalhadores em empresas de dimensão comunitária: a Diretiva 94/45/CE, do Conselho, de 22 de setembro de 1994, sobre a constituição de um comitê de empresa europeu e procedimentos de informação e consulta aos trabalhadores nas empresas e grupos de empresas de dimensão comunitária.

3. A Diretiva 94/45 sobre comitês de empresas europeus

O principal valor desta Diretiva se encontra precisamente em ser o reflexo de um marcante interesse comunitário na ordenação de um adequado sistema de informação naqueles âmbitos empresariais que, apesar de sua crescente profusão e importância, escapam da contemplação das legislações trabalhistas: as agrupações ou concentrações empresariais. De fato, a ausência de uma cobertura legal unitária destes fenômenos se faz sentir com especial notoriedade e evidência no âmbito trabalhista, e, deixando de um lado a problemática que representa a correta identificação do empresário real nas relações individuais de trabalho, devem-se destacar, aqui, as notórias quebras funcionais que sofrem os esquemas representativos dos interesses dos trabalhadores no seio das agrupações das empresas, mais ainda, se estas têm caráter multinacional. Tal ocorre, principalmente, pelo efeito do que se assinala como uma das suas notas configuradoras, ou seja, a dependência econômica, e mais concretamente, uma direção unitária, como manifestação externa dessa dependência que submete uma empresa a uma direção que está fora de sua própria organização.

Do ponto de vista das instâncias representativas dos trabalhadores, esta direção unitária se traduz na existência de diretrizes superiores que podem condicionar a organização e funcionamento próprios e individuais de cada empresa agrupada, o que, por sua vez, vai condicionar igualmente e de modo limitativo a atuação representativa, já que tais diretrizes provêm de outros centros de decisões aos quais os trabalhadores não têm acesso imediato e direto. A própria efetividade de uma função de defesa e representação dos interesses dos trabalhadores de uma empresa concreta se põe em dificuldades quando estes podem vir alterados por decisões ou atuações que têm sua origem em outros âmbitos superiores e sua justificativa em alguns interesses que já não são os de um empresário individual, mas sim, os de todo um grupo, e frente aos quais os representantes dos trabalhadores, circunscritos em sua atuação a um limitado âmbito empresarial, se encontram totalmente alheios.

Estar alheio, indubitavelmente vai afetar, entre outros direitos e faculdades dos representantes,[40] alguns poderes informativos de que estes são titulares, enquanto que se exercitam no geral numa

---

(40) Assim por exemplo, em tema de negociação coletiva, a existência de um grupo colocaria a evidente problemática de uma negociação com qualquer empregador aparente que não conta sempre com suficiente poder de decisão. Daí que as apelações a uma negociação de grupo que, não obstante, topam com múltiplos problemas operativos e de aplicação, que aumentam perante um âmbito multinacional, como são a determinação da capacidade de negociação das partes contratantes, sua representatividade, tanto dos trabalhadores como do grupo, a concorrência de convênios locais ou nacionais com os elaborados dentro do grupo etc. Referências a esta problemática podem ver-se em MONTOYA MELGAR, A., " Empresas multinacionales y relaciones de trabajo", *Revista Española de Derecho del Trabajo*, n. 16, 1983, p. 497/500; CABERO MORÁN, E., "Negociación colectiva y representación de los trabajadores en los grupos de empresas nacionales y multinacionales", *Actualidad Laboral*, n. 32, 1990, p. 379/380; CRUZ VILLALÓN, J., "La negociación colectiva en los grupos de empresas", en AA.VV., *Grupos de empresas y Derecho del Trabajo (ed. Baylos y L. Collado)*, Trotta, Madrid, 1994, p. 273.

área empresarial concreta, e diante de que é o seu responsável direto. Assim sendo, perante decisões adotadas em âmbitos de decisões distantes, física e/ou funcionalmente, surgem interrogantes sobre quem assume as responsabilidades informativas, como garantir uma informação real quando provém dos dirigentes da empresa, filial ou sociedade afetada, como aceder ao núcleo decisório daquela etc.

Definitivamente, o problema consiste em que, à falta de uma total autonomia funcional e de decisões dos empresários dentro do grupo se corresponde a uma falta de intervenção dos representantes justamente naquelas esferas de atuação empresarial onde se manifesta ou se exterioriza essa dependência de uma direção única. Completar esta falta é o objetivo da Diretiva 94/45.

Enquanto isso, vale ressaltar que a Diretiva assemelha as agrupações empresariais com aquelas supostas empresas que contam com mais de um centro de trabalho ou atividade, na medida em que também nestas se produz idêntica problemática de acesso ao núcleo das decisões pelos representantes de cada um deles. Depreende-se que o âmbito de cobertura da Diretiva abarca tanto a empresas, como a grupos de empresas,[41] umas e outras de dimensão comunitária, que empregam mil trabalhadores ou mais, nos Estados-membros, compreendendo ao menos, dois centros ou empresas em diferentes Estados-membros, e empregando cento e cinqüenta ou mais trabalhadores em cada um deles.[42] A Diretiva persegue que em tais âmbitos e mediante um acordo entre a direção

---

(41) De acordo com o art. 2.1.b) da Diretiva, para os efeitos da mesma, se entende por grupos de empresas "a empresa que exerce o controle e as empresas controladas", e conforme o art. 3, aquela primeira seria uma empresa que bem possui a maioria do capital subscrito da empresa, bem dispõe da maioria dos votos, ou bem possa nomear mais da metade dos membros dos órgãos da empresa. Contudo, e como assinala MONEREO PÉREZ, J. L., *"Los derechos de información de los representante de los trabajadores, Civitas, Madri,* 1992, p. 21/212, " a partir daqui, poder-se-á dizer, que se há institucionalizado a figura do grupo de empresas no âmbito comunitário somente enquanto a seus efeitos, pelo momento limitados, dos direitos de informação e consulta dos trabalhadores nos grupos de empresas de dimensão comunitária. Mas, não se pode ignorar, a influência que esta institucionalização específica terá nos sistemas nacionais e ulteriores iniciativas da Comunidade Européia".

(42) Ao contar os efetivos por Estados-membros, entrariam dentro da cobertura da Diretiva aqueles centros de uma empresa ou grupo num Estado que, individualmente, não empreguem mais de 150 trabalhadores, mas que alcançariam este número pela sua contabilização global como empregados no dito Estado. Em todo caso, os umbrais de efetivos são sempre objeto de crítica pelo efeito que produzem de trato desigual para aqueles trabalhadores que ainda que pertençam a empresas ou grupos de dimensão comunitária, não alcancem esses umbrais mínimos exigidos, vendo-se assim desprovidos de toda possibilidade de acesso aos centros de poder e informação.

central da empresa e um órgão de negociação especial, integrado e eleito pelos representantes dos trabalhadores da empresa ou grupo, se constitua um Comitê de Empresa Europeu (de agora em diante, CEU) com a composição, atribuições e duração de seu mandato que o mesmo acordo estabeleça. De forma alternativa, permite que os interessados optem por estabelecer, um ou mais procedimentos de informação e consulta, em lugar de criar um comitê de empresa europeu (art. 6.3). Não obstante isso, a Diretiva incentiva de forma clara a criação do CEU e a quem dirige o grosso das suas disposições; porém, sempre deixando uma ampla margem de atuação para as partes sociais na conformação e funcionamento do mesmo. De fato, as competências e forma de funcionamento do CEU poderão fixar-se livremente nesse acordo entre direção e representantes dos trabalhadores, sem que tenham que se submeter necessariamente às disposições subsidiárias estabelecidas no Anexo da diretiva, e, entre elas, as que se refiram aos conteúdos materiais da informação, salvo disposição em contrário estabelecido no mesmo acordo. Em conseqüência, se possibilita que este último preveja poderes informativos de conteúdos mais gerais ou mais específicos que os previstos no Anexo, que unicamente serão exigidos pela sua natureza subsidiária, para os casos em que não se alcance um acordo sobre constituição de um CEU ou de procedimentos de informação ou consulta (art. 7 da Diretiva).

Concretamente, o Anexo mencionado contempla um extenso leque de conteúdo material a respeito da informação que deve ser transmitida aos membros do CEU nas reuniões que estes celebrem com a direção central.[43] Tenta cobrir todas aquelas questões que interessam ao conjunto da empresa ou do grupo de empresas de dimensão comunitária: estrutura, situação econômica e financeira, evolução provável das atividades de produção, produção e vendas, situação e evolução provável do emprego, investimentos, mudanças substanciais que afetam à organização, introdução de novos métodos de trabalho, de novos métodos de produção, traslados de produção, fusões, redução do tamanho ou fechamento de empresas, de estabelecimentos ou de partes importantes destes e despedidas coletivas (Disposição 2ª do Anexo). Uma informação que não parece deter-se nos membros do CEU para o cumprimento eficaz de

---

(43) Inicialmente se contempla uma reunião no mínimo anual, ainda que se preveja igualmente o direito do CEU de reunir-se, a requerimento próprio, com a direção central cada vez que se produzam circunstâncias excepcionais que afetem consideravelmente aos interesses dos trabalhadores a fim de que se lhes informe e consulte oportunamente (Disposição 3ª do Anexo).

suas funções de defesa e representação dos interesses dos trabalhadores da empresa ou do grupo de empresas de dimensão comunitária, enquanto se contempla expressamente que aqueles informarão aos representantes dos trabalhadores dos estabelecimentos ou empresas que pertencem ao grupo ou à falta destes, ao conjunto de trabalhadores, sobre o conteúdo e o resultado dos processos de informação e consulta dos que têm sido sujeitos (Disposição 5ª do Anexo) donde aparece que se contempla uma cadeia de transmissão informativa desde o CEU aos singulares representantes dos trabalhadores, com o fim de facilitar também a estes, no seu concreto âmbito de representação, o cumprimento eficaz de suas funções.[44]

Juntamente com essa ampla margem de manobras concedida às partes sociais na configuração posta em marcha no funcionamento de um CEU, a Diretiva faz dos Estados-membros os responsáveis na concreção, através das oportunas disposições legislativas de âmbito nacional, de um grande número de questões que resultam necessárias para perfilar e para completar o entorno da criação de um CEU. Do cumprimento pelos Estados-membros de tais remissões, e de modo em que se dê forma às mesmas, dependerá, definitivamente, o real e eficaz funcionamento de um CEU e, com isso, o possível êxito desta iniciativa comunitária. Apontaremos quais são essas remissões para com posterioridade comprovar o nível de observância e desenvolvimento que se poderá ter na ordenação espanhola diante da aprovação da Lei n. 10, de 24 de abril de 1997, sobre os direitos de informação e consulta dos trabalhadores nas empresas e grupos de empresas de dimensão comunitária (Boletim Oficial da Espanha, de 25 de abril) que aparece como a transposição ao ordenamento jurídico espanhol da Diretiva 94/45.

Concretizando, se remete aos Estados-membros, o seguinte:

1 — A possibilidade de que as Disposições da Diretiva não se apliquem ao pessoal que preste seus serviços a bordo dos navios da marinha mercante (art. 1.5).

2 — O cálculo da média de trabalhadores contratados durante os dois anos precedentes, para efeitos de fixação do número mínimo de empregados nas empresas ou grupos de empresas de dimensão comunitária que constituem o âmbito de cobertura da Diretiva (art. 2.2).

---

(44) Precisamente, este era o fim de uma emenda apresentada pelo parlamento Europeu ao texto da proposta da Diretiva, que finalmente, não teve cabida no texto definitivo, e que adicionava um novo parágrafo ao art. 1.2: "A criação do CEU tende a completar a missão dos órgãos similares existentes a nível nacional. Em nenhum caso, o CEU poderá substituir, nem prejudicar aos diferentes direitos dos assalariados e de seus representantes, em cada um dos países de que se trate".

3 — A determinação da forma de eleição ou designação dos membros da comissão negociadora (que houvesse de adotar o acordo, em seu caso, de criação do CEU) que tenham que ser eleitos ou designados no território do Estado-membro, assim como a previsão de que os trabalhadores de empresas e/ou estabelecimentos nos que não existam representantes dos trabalhadores, tenham direito a eleger ou designar aos membros da Comissão negociadora (art. 5.2.a).

4 — A possibilidade de fixar normas relativas ao financiamento do funcionamento da comissão negociadora (art. 5.6)

5 — A proibição aos membros da comissão negociadora e do CEU, assim como aos expertos que no seu caso o assistam, de revelar a terceiros a informação que lhes tenha sido expressamente comunicada com caráter confidencial (art. 8.1)

6 — A faculdade concedida à direção central que se encontre no Estado-membro de não comunicar determinada informação, estabelecendo os casos, condições e limites para a mesma, assim como a possibilidade de que tal dispensa fique sob condição de uma autorização prévia de caráter administrativo ou judicial (art. 8.2)

7 — A possibilidade de estabelecer disposições especiais em favor da direção central das empresas e estabelecimentos situados no territorial do Estado-membro que persigam, direta ou substancialmente, um objetivo de orientação ideológica relativo à informação e à expressão de opiniões (art. 8.3).

8 — A garantia de proteção dos membros da comissão negociadora e do CEU, no exercício de suas funções, de forma similar à prevista para os representantes dos trabalhadores na legislação nacional (art. 10).

9 — A obrigação de velar pela observância das obrigações estabelecidas na Diretiva, dispondo medidas adequadas em caso de não cumprimento, particularmente velando pela existência de procedimentos administrativos ou judiciais que permitam a execução das obrigações derivadas da Diretiva, assim como prevendo as vias de recurso administrativo ou judicial, às que possam recorrer os representantes dos trabalhadores quando a direção central exija a confidencialidade ou não facilite a devida informação (art. 11).

Como se pode observar, se trata de um grande número de questões, sumamente importantes, com relação à efetividade de um CEU, como também para garantia de seu funcionamento e a última salvaguarda das disposições da Diretiva. Sua transposição ao ordenamento jurídico espanhol através da Lei n. 10/1997, e os termos nos que se expressa, constitui o seguinte e imprescindível ponto da análise.

4. As implicações nacionais da Diretiva 94/45. A Lei n. 10, de 24 de abril de 1997

Com certeza, a postergação analítica que sofreu a temática da representação dos trabalhadores ao serviço das concentrações empresariais foge das nossas mãos, não se sabe bem, se como causa ou como efeito, do escasso avanço legislativo que a mesma encontrou ao nível nacional. De fato, são contados os ordenamentos jurídicos que previram e regulamentaram sistemas de representação nas concretas agrupações de empresas que atuam dentro de suas fronteiras de aplicação, entre os que, na atualidade, não se encontra o nosso. Ainda mais, o ordenamento jurídico trabalhista espanhol não contempla a figura dos grupos de empresa como interlocutor coletivo frente aos representantes dos trabalhadores e sindicatos, apesar do trabalho fundamentalmente doutrinário que, numa re-interpretação teleológica do art. 1.2 ET, postula a inclusão dos grupos de empresa,[45] agregando inclusive, certo esforço jurisprudencial por adequar o campo de intervenção dos representantes ao âmbito empresarial no seu conjunto.[46] Ao que parece que a ausência de uma normatização interna que contemplasse e regulamentasse o fenômeno das concentrações empresariais, assim como previsse sistemas de intervenções e a presença dos trabalhadores nas mesmas, manter-se-ia enquanto não existisse um impulso decisivo de regulamentação desde a União Européia. E a Diretiva 94/45 oferece uma excelente ocasião para o legislador espanhol contemplar normativamente, no âmbito da informação e a consulta, o fenômeno das agrupações empresariais.

Então, se observamos o texto da Lei n. 10/1997 sobre direitos de informação e consulta dos trabalhadores nas empresas e grupos de empresas de dimensão comunitária (de agora em diante, LIC), aparece como singularidade, a opção que realiza o legislador espanhol para acolher, sem mais nem menos, com reprodução absolutamen-

---

(45) De conformidade com este art. 1.2 do ET "para efeitos desta Lei, serão empresários todas as pessoas, físicas ou jurídicas ou comunidades de bens que recebam a prestação de serviços das pessoas referidas no artigo anterior ...".

(46) Como por exemplo, no que corresponde diretamente ao exercício de poderes informativos, pode citar-se a Sentença da Audiência Territorial de Bilbao de 9 de abril de 1985 (A Lei n. 1985-11, ref. 5616) que estima que o dever de informação aos trabalhadores contidos nos arts. 64.1, arts. 1 e 2 do ET não pode ficar reduzido, quando se trate de diversos centros da empresa, a um informe único, globalizado e efetuado não no lugar onde o comitê está radicado e sim na sede central, "informe que em tal caso, não cumpriria, por inadequação, a finalidade para a qual está previsto ... de colocar no conhecimento dos trabalhadores, uma série de dados pontuais sobre a marcha ou estado da empresa em que trabalham".

te literal, as disposições da Diretiva sobre definição de um grupo de empresa, e mais concretamente, os critérios contidos na mesma para a individualização daquela empresa que exerce o controle e que aparece como direção central.[47]

Embora esta recepção fosse obrigatória devido a um âmbito de cobertura da Diretiva que o legislador espanhol não podia de nenhum modo alterar, o certo é, que isso permite em si mesmo, acolher tais critérios como elementos de referência, para posteriores elaborações interpretativas e legislativas relativamente às agrupações empresariais.

Mas, esta não é a única reprodução de disposições da Diretiva que se inclui na LIC. Junto a ela, aparecem referências basicamente ao procedimento de negociação entre a direção central e a comissão negociadora especial formada por representantes dos trabalhadores com vistas a alcançar um acordo de criação do CEU, e mais concretamente, às condições requeridas para o início do procedimento, a constituição da comissão negociadora, sua composição, funções, regime de funcionamento, e o conteúdo do acordo.[48] Em todo caso, e para os efeitos que nos ocupam, merecem ser destacadas, aqui, aquelas inovações ou adições incluídas na LIC que são devidas em decorrência tanto dessas remissões da Diretiva aos Estados-membros em concreção normativa de certos aspectos de ordenação do CEU, como da adaptação do sistema instaurado pela Diretiva a determinados institutos jurídicos próprios do ordenamento jurídico trabalhista espanhol. Entende-se que umas e outras podem ter diferentes alcances e âmbitos de aplicação. Quer dizer, a LIC contém uma série de disposições que ordenam a aplicação da Diretiva com relação às empresas e grupos de empresas, cuja direção central se encontra situada em território espanhol (Título I), e junto a elas outras que dão cumprimento a certas exigências de ordenação que competem ao legislador nacional desde que se situem na Espanha centros de trabalho de uma empresa ou grupo, em qualquer lugar que se encontre radicada sua direção central, e portanto submetida a outra legislação (Título II).

---

(47) Efetivamente, o art. 4 da LIC, reproduz o art. 3 da Diretiva, acolhendo os critérios expressados para poder presumir que uma empresa exerce o controle sobre outras quando: a) possua a maioria do capital subscrito da empresa; b) possua a maioria dos direitos de voto correspondentes às ações emitidas pela empresa; c) tenha a facilidade de nomear a maioria dos membros do órgão de administração, ou de direção ou controle da empresa.

(48) Arts. 6 a 12 da LIC que transpõem os conteúdos gerais dos arts. 4 a 6 da Diretriz.

Concretamente, as principais disposições, sejam complementares (por remissão) ou sejam inovadoras (por adaptação), são as seguintes:

1 — A previsão daqueles casos em que a direção central poderá negar-se ao início de negociações que conduzem a um possível acordo (art. 7.2 da LIC), reproduzindo o esquema procedimental da negociação de convênios coletivos contidos no ET, vem assumir aqui uma certa obrigação de boa-fé de iniciar por parte da direção central dita negociação, unicamente excepcionada nos casos de solicitações ou petições de início de procedimento por parte dos trabalhadores, ou seus representantes, nas que não concorreram os requisitos exigidos para o início da negociação.[49]

2 — O estabelecimento de uma série de regras para a eleição de membros suplementares do CEU. Concretamente, de acordo com a disposição contida na Diretiva e reiterada na LIC, a comissão negociadora que pretendesse pactuar com a direção da empresa a respeito da criação de um CEU teria de estar composta, por um lado, por um membro em representação dos trabalhadores de cada Estado da Comunidade em que a empresa de dimensão comunitária tenha um ou mais centros de trabalho ou no que se encontre a empresa que exerce o controle de um grupo de empresa de dimensão comunitária; e pelo outro lado, de uns membros suplementares na proporção ao número de trabalhadores que a empresa ou grupo nos Estados-membros tenha empregado e que se estabelecerá "com arranjo ao disposto na legislação do Estado-membro cujo território esteja situada a direção central" (art. 5.2.c *in fine* da Diretiva). Conforme esta remissão, tratando-se da Direção central de uma empresa ou grupo de dimensão comunitária situada no território nacional, o legislador espanhol fixa os critérios para determinar o número desses membros complementares da comissão negociadora de acordo com determinados percentuais do total de trabalhadores da empresa ou grupo.[50] Estes critérios terão força vinculante com respeito

---

(49) Concretamente, que se tratasse de uma empresa ou grupo que não reúne o número de trabalhadores exigido para a constituição de um CEU ou de um procedimento alternativo de informação e consulta; que a petição não estivesse assinada por no mínimo 100 trabalhadores ou seus representantes que pertencessem pelo menos a dois centros de trabalho ou empresa do grupo situados em Estados-membros diferentes; que não tivesse transcorrido ao menos um ano desde o anterior acordo adotado pela maioria de dois terços pela Comissão negociadora de não iniciar as negociações com a direção ou de anular as que estivessem em curso; ou que ainda estivesse vigente um acordo previamente adotado sobre constituição e competência de um CEU ou sobre outro procedimento alternativo de informação e consulta.

(50) Concretizando, o art. 9.1.b) da LIC prevê as seguintes regras: um membro em representação dos trabalhadores de cada Estado-membro em que se encontrem em-

aos Estados-membros onde se alcance tais percentuais, se bem, cada um destes é livre de determinar a forma de eleição ou designação daqueles que lhes corresponda eleger ou designar (art. 9.2). Agora bem, com tais regras, se podem designar um certo número de representantes, tanto os diretos, como os complementares, e para os quais, a LIC não indica limitação alguma, ainda quando neste ponto, teria que ser respeitada em qualquer caso, a indicação contida na Diretiva (art. 5.2.b) com relação ao mínimo de três membros e ao máximo de dezessete.

Não obstante, tratando-se da eleição daqueles membros da comissão negociadora (assim como os membros, nesse caso do CEU) que tivessem que tratar com a direção central quando esta não residir na Espanha e sim, noutro Estado-membro, em conseqüência deveriam ser designados ou eleitos conforme a legislação nacional espanhola; a LIC simplesmente acolhe a regra do acordo adotado pelos representantes dos trabalhadores, considerando, como tais, tanto as representações sindicais, como as unitárias, de modo que a LIC deixa em aberto que o acordo, sem predeterminar seu procedimento, possa ser adotado bem pelas representações sindicais que em seu conjunto somem a maioria dos membros dos órgãos unitários, ou bem, por decisão majoritária dos membros dos comitês de empresa ou delegados do pessoal (art. 27.1). A previsão desta alternativa relativamente aos sujeitos legitimados para a adoção do acordo (uns e outros) aponta assim, para uma clara intenção de favorecer sempre à constituição da Comissão negociadora e do CEU, obviando situações tanto de inexistência no centro ou empresa de representantes de uma ou outra natureza, como de veto à eleição de seus membros nacionais, provenientes de quaisquer das mencionadas representações no caso de coexistência no mesmo centro ou empresa. A eleição dos representantes nacionais na comissão negociadora pode recair em qualquer trabalhador da empresa ou centro situado no território nacional, tenham ou não, a condição de representante sindical ou unitário, posto que somente para o caso do comitê de empresa europeu se exige na LIC que o representante nacional ostente em si próprio, a condição de delegado de pessoal, membro do comitê de empresa ou delegado sindical (art. 27.2)

Junto a isso, para o fim de obter uma exata e igualmente representativa composição da comissão negociadora, são atraídas ao texto

---

pregados desde 25% até 50% do total dos trabalhadores da empresa ou grupo; dos membros em representação dos trabalhadores do Estado-membro em que se encontre empregados mais do 50% e até 75% do total de trabalhadores da empresa ou grupo; três membros em representação dos trabalhadores do Estado-membro em que se encontrem empregados mais do 75% do total de trabalhadores da empresa ou grupo.

da LIC duas previsões que recordam as contempladas no ET em relação à composição dos comitês de empresa. A primeira delas é a possibilidade de proceder a uma renovação total ou parcial da comissão negociadora em função de modificações na estrutura da empresa ou grupos de empresa de dimensão comunitária ou na composição dos órgãos nacionais de representação dos trabalhadores sempre que tais modificações afetem significativamente a representatividade da comissão negociadora (art. 23).[51] A segunda se refere às regras para calcular o número de trabalhadores dos centros de trabalho e empresas, tendo em conta a média de trabalhadores empregados, incluídos os contratados a tempo parcial, durante os dois anos anteriores à data do início do procedimento da negociação, com vistas à adoção de um acordo. Tais regras acolhem os critérios já conhecidos em Espanha para computar aos trabalhadores não fixos no quadro de pessoal da empresa, para efeitos de estabelecer o número de representantes a serem eleitos nas eleições dos órgãos unitários (art. 27, ET). Além disso, com a variação exigida pela Diretiva do período computável, de um a dois anos, a LIC computa como trabalhadores fixos da planta os que estiverem vinculados por contrato de duração determinada superior a dois anos, enquanto que os trabalhadores contratados por termo de até dois anos computariam de acordo com o número de dias trabalhados nos dois anos anteriores, de modo que, para cada 400 dias trabalhados ou fração (ampliando assim, consideravelmente o percentual estabelecido no ET que se refere a 200 dias) computariam como um trabalhador mais (art. 25, LIC). [52]

3 — A determinação particular de que os gastos derivados do funcionamento da comissão negociadora serão suportados pela direção central. Cumprindo assim faculdade que a Diretiva concedia aos Estados-membros (art. 5.6), a LIC fixa certas normas relativas

---

(51) Disposição esta igualmente aplicável para garantir a responsabilidade do próprio CEU que se constitui e que apresenta a mesma finalidade com a que se contempla no art. 67.1 *in fine,* ET, a acomodação da representação dos trabalhadores às diminuições significativas do número de empregados que possam ter lugar na empresa, através dos convênios coletivos ou de acordos entre empresa e representantes dos trabalhadores.

(52) Assim mesmo, este preceito acolhe as regras contidas no art. 9.4 do RD 1.844/ 1944, de 9 de setembro, que aprova o Regulamento de eleições a órgãos de representação dos trabalhadores na empresa, referente à contabilização, para efeito do cômputo dos dias trabalhados, dos correspondentes ao descanso semanal, dias festivos e férias anuais, e ainda outra que prevê a possibilidade de que o quociente que resulte de dividir por quatrocentos (duzentos neste Regulamento) o número de dias trabalhados no citado período de dois anos seja superior ao número de trabalhadores que se computam. Nesse caso, ter-se-ia em conta, como máximo, o total de ditos trabalhadores.

a tal financiamento, concretizando esse dever geral da direção central de suportar os gastos da comissão negociadora, para que esta possa cumprir sua missão efetiva e adequadamente, assim como prevê a Diretiva, que limita o financiamento dos gastos derivados de um experto, exclusivamente designado pela comissão negociadora para assisti-la nas suas funções (art. 11.4 da LIC).[53]

4 — A aplicação de determinadas regras próprias de negociação coletiva estatutária (quer dizer, a desenvolvida conforme as normas do ET) ao conteúdo e eficácia do acordo adotado entre comissão negociadora e a direção central. É neste ponto donde mais notoriamente pode-se observar o grau de adaptação da diretiva a instituições particulares do ordenamento jurídico trabalhista espanhol através de um novo texto legislativo no que resultam facilmente reconhecíveis disposições contidas no ET em torno ao procedimento, forma, conteúdo e eficácia dos convênios coletivos. Assim, a referencia de um dever de negociar de boa-fé entre a direção central e a comissão negociadora com vista à obtenção de um acordo (art. 10.1), a necessária identificação das partes que tratam sobre o acordo como conteúdo do mesmo, assim como as condições para sua denúncia e prorrogação (art. 12.1);[54] sua aplicação supletiva, em caso de omissões da norma pactuada, de uma série de normas sobre prorrogações, denúncia e renegociação do acordo estabelecidas na LIC (art. 14);[55] a entrada em vigor do acordo na data que disponha as partes (art. 12.3); e, fundamentalmente, a outorga ao acordo de uma eficácia geral e vinculante para todos os centros da empresa

---

(53) Junto a isso, no mesmo preceito da LIC, se expressam como gastos particulares que a direção deve suportar os derivados da eleição ou designação de membros da comissão negociadora e aqueles derivados da organização das reuniões da mesma, incluindo os gastos de interpretação, manutenção, hospedagem e viagem de seus membros.

(54) Indicações estas não incluídas na lista de referências que conforme especificava a Diretiva (art. 6.2) teriam de expressar-se no acordo adotado no seu caso. O resto das expressadas são reproduzidas literalmente pelo art. 12 da LIC: a determinação dos centros de trabalho da empresa de dimensão comunitária ou das empresas do campo de dimensão comunitária afetadas pelo acordo: a composição do CEU, o número de seus membros, sua distribuição e a duração do seu mandato; as atribuições do CEU e o procedimento de informação e consulta ao mesmo, o lugar, a freqüência e a duração das reuniões do CEU; os recursos materiais e financeiros assinalado ao CEU; a duração do acordo e as condições da renegociação.

(55) Tais regras são também devedoras, com caráter geral, das previsões contidas a respeito no ET: a presunção da vigência indefinida do acordo, a denúncia com uma antecipação mínima de seis meses à data da expiração, a prorrogação por um novo período de duração igual à de sua vigência inicial se vencido o prazo desta não tivesse denúncia expressa, e a "ultra-atividade" do acordo uma vez denunciado e vencido, mantendo-se em vigor até tanto se alcance um novo convênio.

de dimensão comunitária ou das empresas do grupo incluídos dentro de seu âmbito de aplicação, assim como, para seus trabalhadores respectivos, durante todo o tempo de vigência (art. 13.1), eficácia que também vem respaldada pela exigência da formalização por escrito do acordo, sob pena de nulidade, bem como seu necessário registro, depósito e publicação oficial,[56] conforme está disposto nos apartes 2 e 3 do art. 90 do ET.

Configura-se, assim, um acordo cuja eficácia, se não é idêntica àquela que é própria de um convênio coletivo estatutário elaborado conforme as normas do ET (já que carece fundamentalmente da eficácia normativa que se concede a este em função de sua procedimentalização, dos sujeitos envolvidos e do conteúdo trabalhista), ao menos garante seu caráter vinculante e a exigência de seu respeito e de seu cumprimento, inclusive pelos caminhos previstos para a tutela dos convênios coletivos, como teremos a ocasião de comprovar.

5 — A extensão aos membros da Comissão negociadora e do CEU do sistema de proteção e garantias estabelecidas no art. 68 do ET para os membros dos órgãos unitários de representação,[57] com a ressalva da concessão de um crédito de sessenta horas anuais retribuídas para o exercício de suas funções que se adicionam às que já tiverem direito na condição de representantes nacionais dos trabalhadores e, também, à margem da outorga de um direito às licenças remuneradas necessárias para a assistência das reuniões que celebrem com a direção central, ou as, que com caráter prévio celebrem os mencionados representantes no seio do correspondente órgão (art. 28 da LIC).

6 — A proteção da confidencialidade da informação, mediante o estabelecimento tanto de um dever de sigilo imposto aos que ace-

---

(56) A exigência do depósito, registro e publicação do acordo foi incorporada ao texto da LIC, com base na proposta consagrada no Ditame do Conselho Econômico e Social de Espanha ao anteprojeto, precisamente, com a finalidade, de que tais requisitos reforcem os efeitos da validade jurídica dos acordos e proporcionem maior segurança jurídica às partes e a terceiros.

(57) As garantias em favor dos representantes de pessoal que se expressam no dito preceito são as seguintes: a) abertura de expediente em que se assegure o contraditório na hipótese de sanções por faltas graves ou muito graves, em que serão ouvidos, além do interessado, o comitê de empresa ou os restantes delegados de pessoal; b) prioridade de permanência na empresa ou centro, em relação aos demais trabalhadores, nas hipóteses de suspensão ou extinção do contrato por causas tecnológicas ou econômicas; c) não ser despedido ou sancionado, por causa de ação representativa, durante o exercício de suas funções ou durante o ano seguinte à expiração de seu mandato; d) liberdade de expressão nas matérias concernentes à esfera de representação; e e) dispor cada representante de um crédito de horas mensais atribuídas para o exercício de suas funções de representação.

dem à informação, como de uma dispensa à direção central de sua obrigação de informar, em decorrência da natureza de determinados dados. No que refere ao primeiro, a LIC, só acolhe o mandato expresso na Diretiva e dirige aos Estados-membros a tarefa de preservar informações confidenciais do conhecimento de terceiros impondo assim, aos membros da comissão negociadora, do CEU, e aos expertos que os assistam a obrigação de não revelar a terceiros aquela informação que lhes tivesse sido expressamente comunicada a título confidencial — inclusive depois da expiração do seu mandato (art. 22.1).

Por um lado, a conexão da mencionada obrigação de confidencialidade com aquele outro, que têm os membros do CEU de informar aos representantes dos trabalhadores das empresas e centros de trabalho, ou na sua falta, ao conjunto dos trabalhadores, sobre o conteúdo e resultado dos procedimentos de informação e consulta, tal e como se expressa no art. 19.6 da LIC (reprodução, a sua vez, da Disposição 5a do Anexo da Diretiva). De fato este preceito contempla dita obrigação informativa "sem prejuízo do disposto no art. 22", e como este fala desse sigilo ou não revelação da informação confidencial a "terceiros", pareceria que, como tais, haveria que considerar qualquer pessoa diferente dos membros da comissão negociadora, do CEU, ou que não fosse um experto que lhes assistisse em suas funções. Por isso "terceiros" também seriam os representantes dos trabalhadores ou os próprios trabalhadores em cada centro ou empresa. Estes últimos se encontrariam pois, perante uma clara limitação material da informação que lhes pudesse transmitir os membros do CEU, excluindo aquela considerada como confidencial, por muito decisiva ou importante que a mesma pudesse resultar para a defesa dos interesses dos trabalhadores do concreto centro ou empresa à que tal informação pudesse ficar afetada.[58]

Por outro lado, se situa a questão da discricionariedade empresarial na determinação de que informação ou dado que se subministra aos representantes goza do caráter de confidencial. Quer dizer, na medida que isso se configura como um condicionamento limitativo

---

(58) A conclusão teria sido bem diferente se fosse mantida a previsão contida no texto originário da Diretiva, conforme à qual, diante de informações recebidas como confidenciais, não se impunha uma obrigação de discrição somente aos membros do CEU, e sim que se estendesse também àqueles "trabalhadores que informem", expressão que permitiria incluir tanto o pessoal em seu conjunto, como suas concretas instâncias de representação, de onde estes, por sua vez, poderiam ter chegado a conhecer, sem nenhuma limitação, as informações dadas como confidenciais aos membros do CEU. A supressão desta concreta previsão do texto definitivo, foi devida à admissão parcial de uma emenda do parlamento europeu, que capitulava o que constitui agora o conteúdo do art. 8.1 da Diretiva e que assume literalmente o art. 22.1 da LIC.

sobre a liberdade de informação dos representantes, deveria ter sido exigida uma garantia adicional sobre a necessidade de preservar certos dados do conhecimento alheio, exterior. Admitir como suficiente uma declaração de confidencialidade por parte da direção central, sem exigir garantias de que a informação oferecida tenha efetivamente um caráter reservado, não significa mais que lhe reconhecer um direito de veto quase discricional, sem poder evitar os possíveis problemas de abuso ou arbitrariedade à hora de imprimir tal caráter. Com isso, permite-se que seja o mero desejo da direção central, não contrastado ou objetivado, o que impeça o livre exercício dos poderes de informação dos representantes. Frente a isso, e reiterando o exposto noutro lugar,[59] poderia apontar-se como procedimento idôneo para dilucidar interpretações diversas sobre o caráter confidencial ou não, de uma determinada informação, um acordo entre direção central e os membros do CEU sobre a necessidade de guardar informação reservada, com possibilidade de recurso a um árbitro. A vantagem é que isso poderia permitir uma determinação, caso por caso, de um caráter reservado a informações individualizadas e concretas. Uma possibilidade, que inclusive, poderia ter cabimento dentro de uma genérica remissão feita pela LIC ao direito das partes de acudir aos procedimentos de solução extrajudiciais dos conflitos (art. 41) e com isso a faculdade de adotar um procedimento arbitrário diante situações conflituosas em torno à natureza confidencial de uma determinada informação.

Em relação à dispensa concedida à direção central para que não comuniquem determinadas informações aos membros do CEU se reiteram os problemas que surgem da necessidade de garantia de objetividade e justificação da dita dispensa. Efetivamente, ainda que o art. 22.2 da LIC aluda à mesma como excepcional, a dispensa se refere à não comunicação de determinadas informações relacionadas com segredos industriais, financeiros ou comerciais, cuja divulgação possa, de acordo com "critérios objetivos", obstacularizar o funcionamento da empresa ou ocasionar graves prejuízos na sua estabilidade econômica. Assim, a alusão a segredos de natureza industrial, financeira ou comercial aparece como um agregado ao texto de referência da Diretiva que serve para delimitar o campo material da não obrigação de transmitir informação que, como dispensa, se concede à direção central. Então, mais importante que tal delimitação é a justificação dos motivos que não devem transmitir

---

(59) GARRIDO PÉREZ, E., *La información en la empresa. Análisis jurídico de los poderes de información de los representantes de los trabajadores*, op. cit., p. 352-353.

as informações ao CEU. A LIC (assim como a Diretiva) aponta o prejuízo empresarial que arrastaria sua divulgação; mas é um prejuízo que se valoriza de acordo com "critérios objetivos", sem aportar nenhum outro elemento que permita definir quais seriam tais critérios, de que natureza ou conforme a que tipo de valorização objetiva teria que ser adotada. Em última instância, serve apenas para reforçar uma permissão a discricionariedade e possíveis arbitrariedades da direção em relação ao que não quiser o CEU, tudo sem que haja cláusulas ou previsões de instâncias arbitrais para a solução de possíveis controvérsias a respeito. Nem sequer a LIC faz uso da faculdade concedida pela Diretiva, de superditar essa dispensa a uma autorização prévia de caráter administrativo ou judicial, com o que implicitamente, está privilegiando em maior medida, o interesse empresarial de não comunicar informação em detrimento dos interesses dos membros do CEU em obtê-las em prol de um mais eficaz exercício de suas funções representativas. Mais ainda: preserva-se o interesse empresarial sem submetê-lo a qualquer instância que estabeleça algum controle sobre a real justificativa do não subministro informativo. Sendo assim, as situações conflituosas que pudessem originar-se entre o CEU e a direção central em torno ao exercício por esta, de tal dispensa, independentemente da possibilidade de acudir a esses meios de solução extrajudicial ficariam remitidos às vias processuais oportunas.

7 — Finalmente, como novidade de notória importância, se articulam na LIC as diversas vias de atuação para a defesa e tutela dos direitos de informação, tanto de ordem administrativa, como fundamentalmente de ordem judicial, sobre a base de uma ampla capacidade reconhecida ao CEU para exercer ações administrativas ou judiciais, em tudo o que for relativo ao âmbito de suas competências (art. 20), algo que é, igualmente, reconhecido a respeito dos órgãos unitários de representação do pessoal com base no Estatuto dos Trabalhadores. O tratamento do sistema protetor do efetivo exercício dos poderes de informação e consulta previstos na LIC, reflete, mais que outro aspecto, o grau de importância e interesse que, na dimensão normativa, se concede a esta matéria, tema que, por sua relevância, merece uma análise diferenciada e mais minuciosa.

VI. O MARCO PROTETOR DE UM SISTEMA DE INFORMAÇÃO NA EMPRESA

Como bem se sabe, a efetividade de uma ordem normativa depende em grande medida da predisposição de um sistema idôneo para que se cumpra o que naquele se dispõe, ou em outros termos, de nada vale ordenar certos direitos e obrigações se não se conta com mecanismos eficazes para impor seu respeito e cumprimento. Deste modo, em concreto, perante a constatação de uma transgressão a poderes ou a direitos de informação reconhecidos pela norma,[60] o ordenamento jurídico teria que reagir articulando as oportunas vias de defesa e tutela, combinando medidas sancionadoras e reparadoras. As primeiras são de efeito meramente punitivos e, ao mesmo tempo, preventivo de futuros descumprimentos pela força coativa, ainda que indireta, pela via da sanção imposta basicamente através da tutela administrativa sancionatória; as segundas, com efeitos de restituição e satisfação daquilo que se há lesionado, articuladas fundamentalmente por mecanismos de tutela jurisdicional. E este é, precisamente, o esquema protetor de base, com o que se conta no ordenamento jurídico espanhol para a tutela geral dos poderes de informação reconhecidos aos representantes do pessoal na empresa, sobre o que vem a incidir mais significativamente a LIC.

1. A tutela administrativa sancionadora

Algum setor doutrinal apontou que o fundamento e a justificação do poder sancionador da administração em matéria trabalhista ficam ligados ao papel repressivo que adota o Direito do Trabalho diante da idéia de que "não basta a tutela judicial para assegurar o cumprimento pelo empregador das obrigações que as normas trabalhistas lhe impõe". Por isso a necessidade de contar com outras vias que reforcem a proteção da ordem social geral.[61] Assim que, quando se trata de tutelar os poderes de informação na empresa diante de casos de transgressão ou descumprimento dos mesmos, tal consideração deve ficar matizada pois a sanção administrativa não teria como finalidade a correção da conduta empresarial, ou em outros termos, a exigência do efetivo cumprimento daquele que se lesionou, mas somente uma natureza estritamente punitiva, com efeitos repressores da conduta e inibidores da situação criada pela lesão. A sanção administrativa se traduz unicamente em termos pecuniários, recaindo sobre a responsabilidade patrimonial do autor da violação, mas sem que, conjunta ou adicionalmente, implique o cumprimento efetivo do que normalmente se impõe e que foi lesio-

---

(60) Como tal transgressão o descumprimento pode se apontar desde uma ausência total de um devido subministro informativo, até uma deficiência dos termos requeridos, ou uma alteração nos mesmos com o fim de provocar o erro ou o engano, passando, inclusive, por impor obstáculos ao exercício eficaz dos poderes de informação, como impedir o recurso a expertos, o abuso da confidencialidade da informação etc.

(61) Cf. RODRIGUEZ- PIÑERO, M., "Potestad sancionadora y non bis in idem", *Relaciones Laborales,* n. 20, 1990, p. 2.

nado. Por isso, pode-se ao menos duvidar da eficácia protetora de uma sanção administrativa que se imponha por transgressão de poderes ou direitos de informação. Isso não desmerece, de nenhum modo, o valor que deve dar-se a seu acolhimento como tipificação de infração trabalhista. Concretamente, no art. 7.7 da *Lisos*[62] se qualifica como infração grave a transgressão de alguns direitos de informação, audiência e consulta "nos termos em que legal ou convencionalmente estiveram estabelecidos". Trata-se de uma amplitude tipificadora que permite sancionar a transgressão de todo poder informativo de cobertura normativa, qualquer que seja a disposição legal onde se expresse, e, mais ainda, daquelas que tiverem cobertura convencional através dos convênios coletivos, ou seja, quando os representantes dos trabalhadores forem beneficiados com a titularidade de poderes diversos dos já reconhecidos na mesma norma legal.

Ao lado disso, ainda é possível agravar desde o ponto de vista sancionador, uma conduta de transgressão a poderes informativos quando reunidas determinadas notas tipificadoras, caracterizadas tanto na especial condição dos sujeitos titulares de poderes de informação, como na particular cobertura que destes se fazem por meio da negociação coletiva. Efetivamente, o art. 8.8 da *Lisos* tipifica como infração muito grave "a transgressão das cláusulas normativas sobre matéria sindical estabelecidas nos convênios coletivos". Como se sabe, dentro do amplo campo que se possa dar ao conteúdo "sindical" normativo dos convênios coletivos, vêm-se incluindo as disposições relativas aos poderes de atuação interventora dos representantes, sejam unitários, sejam estritamente sindicais, na medida em que tanto uns como outros vêm exercendo o que se tem dado a entender como "ação sindical", conforme a conhecida e ampla concepção da mesma, operada pela doutrina do Tribunal Constitucional.[63] E efetivamente, os convênios coletivos vêm recolhendo, em seu texto, poderes de informação a favor da representação do pessoal nos mesmos ou em diferentes âmbitos materiais aos contemplados na norma legal, podendo, assim, formar parte desse conteúdo sindical.

Não obstante, o critério delimitador para diferenciar quando uma infração a um direito de informação teria ou não cobertura pelo art. 7.7 ou pelo art. 8.8, *Lisos* não pode se instalar no simples acolhimento pelos convênios coletivos de direitos e obrigações informati-

---

(62) Ley de Infracciones y Sanciones en el Orden Social (RD legislativo 5/2000, de 4 de agosto).
(63) Por todas , SSTC 37/1983, 11 de maio, e 118/1983, de 13 de dezembro.

vas. Corre-se o risco de deixar sem conteúdo o art. 7.7, ou de entender-se que o exercício de tais direitos somente possa funcionar no desenvolvimento de uma genérica ação sindical. Um elemento interpretativo adicional que justificasse uma maior gravidade na tipificação de certas condutas empresariais na infração de poderes informativos poderia vir acompanhado de uma maior concreção dessa ação sindical, de forma que os poderes de informação estivessem funcionalizados e conectados com a própria liberdade sindical. Conforme esta conexão, é possível individualizar as hipóteses em que os poderes informativos recolhidos nos convênios coletivos estejam relacionados funcionalmente com competências e faculdades próprias dos sujeitos sindicais, quer dizer, todas aquelas que compõem o conteúdo da liberdade sindical no sentido amplo. De tal modo, uma transgressão ou uma violação de tais poderes de informação poderia implicar a impossibilidade do exercício efetivo de tais competências e faculdades por seus titulares e, por isso, a qualificação de uma estrita conduta anti-sindical por parte do empresário justificaria, em conseqüência, uma tipificação de maior gravidade (conforme previsto no art. 8.8) do que aquelas previstas nas demais hipóteses de infrações contidas no ordenamento jurídico relativamente aos poderes de informação.[64] Pela via do art. 7.7 poderiam ser sancionadas essas outras hipóteses, quer dizer, tanto aquelas violações dos direitos de informação não funcionalizados a competências concretas, como as que não estivessem conectadas diretamente com a liberdade sindical ou não implicassem uma negação do exercício desta.

Não obstante, este esquema de sancionabilidade das condutas infratoras dos poderes de informação não pode ser reproduzido, assim, frente às hipóteses de transgressão dos direitos de informação e consulta contemplados na LIC, uma vez que seu art. 33.3 já qualifica como infração muito grave (e sancionando-se conforme procedimento, critérios e autoridade competente definidos pela *Lisos*) "as ações ou omissões que impedem o efetivo exercício dos direitos de informação e consulta dos representantes dos trabalhadores". E isso com independência da cobertura normativa ou convencional de tais direitos, já que o art. 30 da LIC considera como

---

(64) Definitivamente, tratar-se-ia de um caso em que será caracterizado como "fatores de agravação", em virtude dos quais uma determinada conduta que tem, em princípio, uma menor qualificação, pode merecer uma maior por sua recondução a tipos de nível mais grave. Cf. DEL REY GUANTER, S., "La Potestad sancionadora de la administración en el orden social", *VIII Jornadas Universitarias Andaluzas de Derecho del Trabajo y Relaciones Laborales* (coord. J. Cabrera), Junta de Andalucia, 1991, p. 130-131.

infrações administrativas ações ou omissões contra as disposições contidas na mesma, em acordos celebrados sob seu amparo, assim como "nas cláusulas normativas dos convênios coletivos que completem os direitos reconhecidos". Ademais, merece especial destaque pela sua relevância, o fato de que o mesmo art. 33.3 da LIC prevê particularmente como lesão aos direitos de informação o abuso tanto "no estabelecimento da obrigação de confidencialidade na informação proporcionada", como "no recurso à dispensa da obrigação de comunicar aquelas informações de caráter secreto".

A LIC resolve o problema colocado inicialmente pela *Lisos* na hora de individualizar aqueles que podem ser os sujeitos responsáveis administrativamente pelo descumprimento ou transgressão dos poderes informativos. Efetivamente, a posição neutra adotada pelo art. 7.5, *Lisos*, acolhendo somente o fato da transgressão qualquer que fosse seu autor, força uma remissão ao art. 2 da *Lisos*, em sua primitiva redação, donde se identificava como sujeitos responsáveis "o empresário da relação trabalhista" em termos tão gerais, que deixava indeterminada a questão da individualização do responsável administrativo, quando são vários os empresários implicados na relação trabalhista, como sucede precisamente em empresas ou agrupações de empresas com mais de um ente de direção.[65] Neste sentido, se a essência da sanção administrativa está na sua capacidade de coerção sobre a vontade dos sujeitos obrigados pelas normas em prevenção de descumprimento futuros, não cabe admitir alternâncias ou substituições na responsabilidade daqueles que os sejam, sob risco de distorção desta intencionalidade. Daí que todo sujeito obrigado por um dever informativo, pelo simples fato de sê-lo, tem que ser sujeito imputável da sanção administrativa, independentemente de qual seja sua posição jurídica numa relação trabalhista. Neste sentido, ainda quando em algo colabora a previsão expressa no art. 31 da LIC, não pode ir além na sancionabilidade das condutas quando estas provêm de sujeitos que não são alcançáveis pelo princípio de territorialidade da sanção administrativa. Efetivamente, o mencionado preceito faz sujeitos responsáveis da infração as pessoas físicas ou jurídicas ou as comunidades de bens titulares dos centros de trabalho e empresas situadas em território espanhol que incorram nas ações ou omissões tipificadas como infrações em

---

(65) Nota do tradutor por indicação da autora: A posterior modificação da *Lisos* no ano de 2000 permitiu retificar seu art. 2 para incluir também expressamente como sujeitos responsáveis da infração "as pessoas físicas ou jurídicas e as comunidades de bens titulares dos centros de trabalho e empresas de dimensão comunitária situadas no território espanhol, a respeito dos direitos de informação e consulta dos trabalhadores nos termos estabelecidos em sua legislação específica".

dito texto, quer dizer, aquelas direções empresariais que, por sua localização em território nacional, estejam submetidas à legislação interna, e com ela ao poder sancionador da Administração no caso de descumprimento da mesma, ficando em conseqüência excluídos os supostos em que a direção central, obrigada principal ao aporte informativo ao CEU se encontre localizada em Estado-membro diferente. Em conseqüência, unicamente será possível sancionar as condutas infratoras dos poderes de informação do CEU que venham da direção central de uma empresa ou agrupação situada na Espanha, assim como daquelas atuadas por outros níveis de direção da empresa ou grupo e com competência para adotar decisões, com residência em território nacional, na medida que a tais níveis faz que sejam igualmente sujeitos de um dever de subministrar informação conforme as previsões contidas na LIC.[66]

Definitivamente, e apesar da ampla acolhida dos poderes de informação como campo material de descumprimentos empresariais sancionáveis, o certo é que uma constatada transgressão àqueles unicamente comprometerá a responsabilidade patrimonial do empresário autor da mesma, mas poderá deixar intacta a situação lesiva que tenha podido ocasionar. Como se indicava a natureza da sanção administrativa impede que se dê satisfação efetiva a um poder informativo que tenha sido transgredido pelo empresário, descumprindo os deveres que lhe incumbem. Daí, a necessidade de outras vias de tutela que sejam destinadas, não somente à paralisação da conduta infratora, repondo a situação ao momento prévio à lesão, mas, também, para proporcionar maiores garantias de efetividade e cumprimento para aqueles que foram lesados. Esta é a orientação que devemos proclamar, pelo menos inicialmente da tutela judicial.

2. A tutela jurisdicional dos poderes informativos

Efetivamente, tratando-se de poderes atribuídos normativamente através de medidas reparadoras do interesse lesionado, sua satisfação plena deve ser objeto da correspondente tutela jurisdicional, sob a proteção de direito fundamental, proclamado pelo art. 24 Constituição Espanhola. Definitivamente, trata-se de reclamar a efetividade daquilo que a própria norma tem reconhecido e atribuído

---

(66) Concretamente, no art. 18.3 prevê que à margem da reunião anual que como mínimo possa ter o CEU com a direção central, aquele tem direito a reunir-se, por solicitação própria com a mencionada direção ou "com qualquer outro nível de direção da empresa ou grupo mais adequado", com o objetivo de receber a informação adequada e de ser consultado com a devida antecedência perante circunstâncias excepcionais que afetem consideravelmente os interesses dos trabalhadores.

aos representantes dos trabalhadores, sendo esta titularidade dos poderes informativos a que lhes permite obter uma reação diante de qualquer transgressão dos mesmos por parte do empresário, reclamando através da ordem jurisdicional trabalhista com caráter geral[67] a efetiva proteção e satisfação de tais poderes. Tal pode ocorrer não somente por meio de uma sentença declaratória de simples reconhecimento do direito ou interesse lesionado, mas, também, conforme estiver a demanda formulada, com uma sentença declaratória que inste o empresário a efetuar a conduta omissiva ou comissiva necessária para dar satisfação a que estiver obrigado. Este resultado depende essencialmente da concreta via procedimental em que se atue para a defesa dos poderes de informação. De fato, não é só a especial natureza da pretensão, mas a diferente caracterização dos titulares dos poderes informativos que podem ser lesionados que admite a tutela por diversos caminhos procedimentais. Alguns caminhos, que deduzidos com caráter geral para a tutela de tais poderes quando têm como titulares os órgãos de representação do pessoal, vão encontrar certa confirmação pela obra da LIC.

Assim por um lado, a via do processo de conflitos coletivos pode aparecer mais que adequada para a tutela dos poderes informativos. Como bem se sabe, e em virtude do art. 151.I *Ley de Procedimiento Laboral*, através de dito processo poderão tramitar as demandas que versem sobre a aplicação e interpretação de uma norma estatal, disposição convencional, ou de uma decisão ou prática de empresa; premissa processual que admitiria, em princípio, cobrir reclamações colocadas pelos representantes dos trabalhadores acerca do descumprimento empresarial de um poder informativo do que sejam titulares por indicação normativa ou em virtude do disposto num convênio coletivo. Certamente, com isso se exige igualmente a afetação de "interesses gerais de um grupo genérico de trabalhadores". Não se deve esquecer que deriva da própria natureza do poder de informação que seu exercício persiga a satisfação dos interesses dos trabalhadores na empresa, daí que, seu des-

---

(67) Evidentemente, os poderes de informação encontram sua sede natural de atuação e exercício no seio das relações trabalhistas empresariais, daí que o conhecimento das controvérsias e conflitos em torno de seu cumprimento corresponde por competência à jurisdição do trabalho. Excepcionalmente, poderia pensar-se em hipóteses nas quais os poderes informativos fossem lesionados por determinadas atuações dos órgãos da Administração trabalhista, se bem se tratasse mais exatamente de simples transgressões de normas ou trâmites administrativos de caráter procedimental, que de descumprimentos de deveres informativos, dos que carecem da condição de sujeitos obrigados, desde o ponto de vista normativo, diante do exercício de tais poderes de informação. Não obstante, em tais supostos litigiosos, seu conhecimento corresponderia à jurisdição contenciosa-administrativa.

cumprimento diretamente lesione a atividade representativa e indiretamente aos interesses daqueles para quem tal atividade aconteça.[68] Desde o ponto de vista da legitimação processual, não estamos certamente, diante um suposto de discordância entre titularidade do direito material e titularidade da ação processual. Pelo contrário, é pelo efeito direto desse mecanismo representativo que se observa uma plena coincidência entre aqueles que estão legitimados para estabelecer tal procedimento e aqueles que são os titulares dos poderes informativos.

Definitivamente, a primordial atenção ao critério da afetação aos interesses e direitos dos trabalhadores é a que permitiria atuar pela via do procedimento de conflitos coletivos diante de uma violação omissiva ou comissiva de um poder de informação que tivesse como autor o empresário obrigado, quando precisamente tal poder vai destinado funcionalmente à defesa dos interesses e direitos dos trabalhadores.[69] Assim, parece reconhecê-lo a LIC quando ordena a tramitação por este processo de conflitos coletivos das impugnações contra as decisões da direção central de atribuir caráter confidencial ou de não comunicar determinadas informações aos membros da comissão negociadora, do CEU e, no seu caso, aos representantes dos trabalhadores no marco de um procedimento alternativo de informação e consulta, assim como também se tramitariam pelo referido processo os litígios relativos ao cumprimento pelos representantes dos trabalhadores e pelos expertos que lhes assistam, de sua obrigação de confidencialidade (art. 38.5).[70] Assim pois, todo o cam-

---

(68) Coincide-se, assim, com BAYLOS GRAU, A.; CRUZ VILLALÓN, J.; e FERNANDEZ LOPEZ, M. F., *Instituciones de Derecho Procesal Laboral,* 2ª ed., Trotta, Madrid, 1995, p. 238, quando consideram que "não parece que existe uma vontade legislativa de restringir o processo de conflitos coletivos a direitos e deveres derivados do contrato de trabalho, e sim, que se quis referir a todo âmbito das relações trabalhistas. A expressão trabalhador a estes efeitos tem que ser interpretada em termos da afetação a seus interesses, diretos ou indiretos, incluindo, os conflitos de natureza sindical. Diríamos que em tais casos, o representante sindical, ao atuar na defesa de seus direitos, o faz também na defesa do coletivo que representa.

(69) Portanto e desde o ponto de vista procedimental, ressarcir rapidamente as possíveis afetações lesivas provocadas por descumprimentos dos poderes informativos, estaria garantida por essa celeridade acentuada que é própria do processo do conflito coletivo, e que se manifesta essencialmente no caráter urgente de sua substância para todos os efeitos, e na sua preferência absoluta sobre outros assuntos, à exceção do processo especial para a tutela da liberdade sindical e dos demais direitos fundamentais.

(70) Conforme dispõe o art. 38.1 LIC, também se tramitariam pelo processo de conflitos coletivos os litígios relativos à negociação para a constituição de um CEU, assim como os relativos à constituição tanto do órgão de negociação como do próprio CEU, e os relacionados com os direitos e garantias dos representantes dos trabalhadores nos mesmos.

po relativo aos poderes de informação a exercitar no âmbito empresarial de dimensão comunitária, as controvérsias ou litígios que pudessem colocar-se, pela não transmissão informativa, já seja por simples descumprimento da direção, já seja pelo uso abusivo por esta, de dispensa, ou de nota da confidencialidade, teriam que se resolver pelo caminho do processo de conflitos coletivos, garantindo-se ainda — e aqui reside o autêntico valor do reconhecimento feito neste ponto pela LIC —, que a sentença ditada em tal processo, à margem ou não da declaração da lesão do direito, possa ordenar, conforme o caso, a cessação do ato lesivo, a reposição da situação no momento prévio a ela, e a condenação em indenização, ordenando precisamente a aplicação da disposição infringida e, com isso, o cumprimento efetivo do poder de informação que se tivesse lesionado com a conduta comissiva ou omissiva da empresa (art. 39).

Isto é, se está atraindo à sentença de um processo de conflitos coletivos os efeitos próprios de uma sentença ditada no processo especial de tutela da liberdade sindical, como se enuncia no art. 180.I da LPL. Em resumo, a sentença de conflitos coletivos se converte numa sentença condenatória — e não simplesmente em declarativa[71] —, o que, obviamente, para os efeitos que nos ocupam, oferece mais garantias de defesa e tutela para os poderes de informação.

Porém, ao lado desse leito de procedimento especial que daria cobertura geral aos casos de descumprimentos de deveres informativos (que se pode assim entender como o "ordinário" para a defesa de poderes de informação), se pode acudir a outro procedimento igualmente especial, o de tutela de liberdade sindical e demais direitos fundamentais, como via para colocar reclamações diante lesões

---

(71) A respeito, o processo dos conflitos coletivos vem-se considerando como caso emblemático de uma modalidade processual de natureza "declarativa", embora a doutrina e jurisprudência tenham admitido a existência de rupturas ao modelo geral "declarativo" do mencionado processo. Concretamente, a Sentença do Tribunal Constitucional 92/1988 de 23 de maio, partia da consideração de "que não·todos os procedimentos de conflitos coletivos apresentam os mesmos caracteres, pois nem todos eles perseguem o mesmo objeto", reconhecendo pois, que em ocasiões se satisfazem por esta via pretensões nas que o aspecto objetivo do conflito (o interesse geral ou coletivo) cede, em importância, diante do elemento subjetivo e nas que, em conseqüência, não se reclama tanto a interpretação de uma norma de alcance geral como o cumprimento de uma obrigação que afeta a um grupo de trabalhadores. Do mesmo modo, a doutrina vem reconhecendo a possibilidade de agregar uma petição de condenação, refletida no pronunciamento judicial, portanto, susceptível de execução, ainda nos casos de conflitos coletivos. Neste sentido, por todos, ALARCON CARACUEL, M. R. *"Un proceso de conflicto colectivo sin sentencia normativa"*, em AA.VV., *Estudios sobre Ley de procedimiento laboral de 1990* (coord. M. R. Alarcón), Marcial Pons, Madrid, 1991, p. 197 e ss.

de determinados poderes de informação. Concretamente, aqueles que precisamente podem encontrar cobertura dentro do âmbito de proteção da liberdade sindical, quer dizer, daqueles que estiveram funcionalizados a quaisquer dos direitos que integram tal liberdade sindical (por exemplo, o direito de greve) e inclusive, aqueles que atuam como instrumentos de uma genérica ação sindical que o Tribunal Constitucional vem considerando como conteúdo acessório ou adicional à liberdade sindical,[72] de tal modo, que atraía para os poderes informativos a proteção dispensada aos direitos integrantes desta. O certo é que somente os sujeitos sindicais *stricto sensu* estão legitimados para procurar a tutela dos direitos de liberdade sindical pela via do Recurso de Amparo, mas sem que disso se deva extrair um efeito de bloqueio de outras vias jurisdicionais para a proteção dos direitos conectados à liberdade sindical, cujos titulares são "sujeitos sindicais" numa ampla concepção já tradicional do mesmo Tribunal Constitucional que não pode entender-se deslocada por essa posterior delimitação subjetiva dos legitimados para recorrer em Recurso de Amparo.

Essencialmente, pode estar mais ou menos justificado que somente entes sindicais acedam a esta via. Entretanto, não é justificável que, tratando-se dos mesmos direitos atribuídos normativamente tanto para as entidades sindicais como para as instâncias unitárias de representação, se impeça a estas últimas de seguir procurando sua proteção por caminhos ordinários, ainda quando não possam chegar a utilizar a via do amparo constitucional quando careçam de uma estrita natureza sindical. É assim, também, para outros órgãos de representação, não estritamente sindicais, para aos quais teria de ficar ativo o caminho da tutela de liberdade sindical regulamentado na LPL. Assim, em relação aos efeitos procedimentais das lesões aos poderes de informação, quando estes aparecem como instrumentos de uma ação sindical ou de uma negociação coletiva que pode ser exercitada tanto pela representação unitária como pela entidade sindical, como titulares de direitos conectados com a liberdade sindical,[73] deve-se admitir que a representação unitária possa reivindicar a tutela efetiva de seus poderes de informação pela via do procedimento especial tal como as entidades sindicais.[74]

---

(72) Entre outras, SSTC 51/1988, de 22 de março; 9/1988, de 25 de janeiro; 127/1989, de 13 de julho.

(73) Lembre-se mais uma vez neste ponto, a ampla noção do TC em torno da ação sindical, entendida enquanto atividade dirigida à representação e defesa dos interesses dos trabalhadores, que pode ser exercida (...) tanto pelo sindicato, como pelo comitê de empresa ..., STC 118/1983, de 14 de dezembro (FJ 4).

(74) Certo setor doutrinal vem igualmente apoiando a legitimação ativa dos representantes unitários em tal processo, baseando-se por exemplo, em uma "interpretação inte-

Em qualquer caso, sempre deve ser atendida, principalmente, à magnitude da transgressão do poder informativo e a real possibilidade de ocasionar uma lesão à liberdade sindical, posto que nem todo comportamento ilícito pelo empresário em tal sentido se entenderá, em si mesmo, como lesivo à liberdade sindical desde o ponto de vista jurídico e da tutela jurisdicional. Corresponde, pois, ao juiz, apreciar com base nas circunstâncias concorrentes em cada caso, a gravidade lesiva da conduta e seu grau de possibilidade objetiva de originar um prejuízo antijurídico aos direitos de liberdade sindical. Em conseqüência, ao apreciar-se que as transgressões aos poderes informativos trazem como conseqüência a negação dos direitos aos que estiverem funcionalizados (por provocar uma real impossibilidade de seu exercício, e não sua simples dificuldade ou obstaculização), tais violações têm que ser objeto de pretensão através do processo de tutela da liberdade sindical. Caso assim não seja, estando estas fora do âmbito do processo de tutela da liberdade sindical, ainda assim poderiam ser conhecidas pelos procedimentos próprios dos conflitos coletivos.

Agora bem, tais considerações não podem transladar-se integralmente ao âmbito do exercício de poderes informativos por um órgão como é o CEU, constituído à margem de nosso esquema representativo do pessoal e do qual não é uma prolongação orgânica — ainda que pudesse ser desde o ponto de vista funcional. Quer dizer, o CEU e todos seus membros conjuntamente desempenham uma função representativa na defesa dos direitos e interesses dos trabalhadores do conjunto da empresa ou do grupo de dimensão comunitária e para o exercício da referida função ficam instrumentalizadas as únicas competências que ostentam: a informação e a consulta. Em conseqüência, tal órgão não conta com outros direitos de ação representativa — e menos ainda com aqueles que, entre nós, se qualificam como direitos de ação próprios da liberdade sindical. No restante, sua composição "comunitária" — isto é, o fato de ser formada por representantes nacionais de diferentes Estados-membros onde se estabelecem centros ou empresas de dimensão comunitária —, impede sua consideração unitária como grupo aos efeitos da titularidade de direitos de liberdade sindical que somente podem ser ostentados, particularmente, seus membros de acordo com as suas respectivas legislações nacionais.

---

gral do ordenamento positivo" que defende MARTÍNEZ EMPERADOR, R., "Tutela de la libertad sindical", em AA.VV., *Estudios sobre la nueva Ley de Procedimiento Laboral"*, CGPJ, Madrid,1991, p. 259-260, aludindo concretamente aos artigos 61.1.8, a) e 65 do ET, em que se reconhece ao comitê de empresa capacidade para o exercício de ações judiciais. Do mesmo modo, defendendo a legitimação da representação unitária, ALONSO OLEA, M. y MIÑAMBRES, C., *Derecho Procesal del Trabajo*, 7ª ed., Civitas, Madrid, 1994, p. 275 (nota 145).

Em conseqüência, somente seria possível a ação individual pelos seus membros nas hipóteses de lesão a seus direitos de liberdade sindical e unicamente na medida em que assim estes estiverem reconhecido. Esta seria precisamente a orientação pretendida pela LIC ao contemplar o processo de tutela dos direitos de liberdade sindical como via para as demandas em que se invoque lesão da liberdade sindical ou outro direito fundamental. Inclui-se aí a proibição de tratamento discriminatório (art. 38.4), isto é, a permissão de que aqueles representantes nacionais que façam parte do CEU possam exercer, a título individual, a defesa de seus direitos de liberdade sindical conforme procedimento especial (inclusive a tutela de seus poderes informativos diante de hipóteses de descumprimentos dos mesmos).

Em geral, a tutela jurisdicional prestada pelos tribunais espanhóis e conforme aos procedimentos consagrados na LPL (aos que expressamente se remete ao previsto na LIC) para toda questão litigiosa suscitada na aplicação do previsto no LIC não teria de limitar-se só ao que pudessem colocar os membros nacionais do CEU (ou da comissão negociadora) mas, poderia estender-se ao conjunto de seus membros (ainda quando fossem nacionais de outros Estados-membros) sempre e quando o órgão ao que eles pertençam exercesse suas competências ou funções no território nacional, precisamente por estabelecer neste a direção central da empresa ou grupo de dimensão comunitária. Para tal efeito aponta o art. 36 da LIC, ao declarar que os órgãos jurisdicionais espanhóis de ordem social serão competentes (conforme ao art. 2.p da LPL) para conhecer todas as questões litigiosas suscitadas na aplicação do previsto na LIC, "quando as partes tenham se submetido expressa ou tacitamente aos mesmos, ou, nos casos em que o demandado tiver seu domicílio na Espanha ou quando a obrigação que serve de base à demanda for ou deva ser cumprida no território espanhol".[75] Em conseqüência, formulando casos concretos, os tribunais espanhóis devem conhecer, não somente as questões litigiosas suscitadas em torno da eleição dos representantes nacionais da comissão negociadora ou do CEU, como também as derivadas, como por exemplo: a negativa da direção central domiciliada na Espanha em reunir-se com a comissão negociadora ou com o CEU; ou quando a direção central se negue a dar a informação devida ou abuse da dispensa ou do caráter confidencial da informação para não fornecê-la; e, no geral,

---

(75) Para tais efeitos, o art. 36.2 da LIC afirma que "na ausência de acordo de determinação expressa a respeito entender-se-á que o domicílio da comissão negociadora e do comitê de empresa europeu é o da direção central".

demandas por despedidas, sanções, ou qualquer decisão ou prática discriminatória, de que podem ser objeto os representantes nacionais (tanto da comissão negociadora, como do CEU), em seus respectivos centros de trabalho, em razão do exercício de suas funções.

Ainda mais, na medida em que já previamente a LIC havia declarado a capacidade da comissão negociadora e do CEU para exercer ações administrativas e judiciais em tudo o que for relativo ao âmbito de suas competências (art. 20), a mesma LIC não pode, ademais, deixar de apoiar, em conseqüência, a legitimidade para promover litígios contra os empresários (e conforme as vias de procedimento expressamente previstas) dos representantes dos trabalhadores, da comissão negociadora e do comitê de empresa europeu, sem diferenças em quanto à sua nacionalidade, sempre e quando se cumpra o requisito anterior de submissão à jurisdição espanhola, por pacto expresso ou por domicílio no território nacional.

Baseando-se em todas estas previsões contidas na LIC, não cabe a menor dúvida de que a sua adoção pode aparecer como o ponto de partida para iniciar uma notória mudança de orientação na forma com que se devem contemplar os direitos de informação na empresa, revalorizando sua importância na mesma, desde o ponto de vista da intervenção ativa do pessoal na gestão empresarial, assim como da necessidade de uma adequada tutela que garanta sua efetividade e o correto cumprimento das funções e objetivos aos que estiverem funcionalizados. Talvez a mudança que, neste ponto, coloca a Diretiva, e a própria LIC, em torno dos poderes de informação nos âmbitos empresariais de dimensão comunitária permita completar os vazios de um tratamento nacional para os direitos de informação exercidos em níveis muito mais reduzidos, mas, não por isso, menos eficazes para uma intervenção dos trabalhadores na empresa que, pelo menos, atue para o devido subministro informativo naquelas situações ou nas decisões empresariais que lhe afetam, direta ou indiretamente.

SIMILITUDES E DIFERENÇAS ENTRE OS CONTRATOS COMERCIAIS E OS CONTRATOS LABORAIS(*)

Carlos A. Toselli e Alicia G. Ulla (**)

I. ORIGENS

Conforme o Dr. *Mario Deveali* a aparição do direito do trabalho como um ramo diferenciado do Direito se deve principalmente ao desenvolvimento da indústria manufatureira — o que, por sua vez, foi conseqüência do aproveitamento industrial das máquinas. Surge o proletariado integrado por uma generalidade de pessoas que dependem unicamente do salário que lhes paga o empresário (que oferece a possibilidade de trabalho) para obter os meios necessários à sua subsistência. Esta etapa se caracteriza por um empregador monopolista que fixa conforme seu arbítrio as condições de trabalho e o valor do salário, e, ao mesmo tempo, por uma acentuada competição entre os trabalhadores na busca pelo trabalho. Por outra parte, a mecanização, especialmente entre as primeiras aplicações, agrava os riscos a que se expõe a integridade física dos trabalhadores e exige a adoção de algumas normas protetoras.

Respondendo a esta exigência, surgem as primeiras leis laborais, consideradas como uma manifestação do "poder de polícia". Em um segundo momento, especialmente em países de origem latina, a legislação evolui, ditando-se normas reguladoras das condições de trabalho, que fixam mínimos inderrogáveis pelas partes. Aparece, então, um novo grupo de normas que modificam ou integram as contidas nos códigos civis e comerciais em relação aos contratos tradicionais. Este Direito do Trabalho propõe outorgar um amparo aos

---

(*) Trabalho apresentado no XVI Congreso Mundial de Derecho del Trabajo y Seguridad Social, Jerusalém, Israel, em setembro de 2000.
(**) Juiz do Trabalho em Córdoba, Argentina. Tradução de Luiz Alberto de Vargas, Juiz do Trabalho em Porto Alegre, Brasil.

trabalhadores mediante a aplicação extensiva dos princípios do direito tradicional, pondo especial ênfase na reduzida liberdade contratual dos trabalhadores, já que a possibilidade de trabalho depende da vontade do empregador que contrata seus serviços. Assim, a intervenção do legislador ocorre para efeitos de garantir condições dignas de trabalho, uma relativa estabilidade no emprego, o regime de proteção contra enfermidades, o direito a férias, o descanso semanal etc. Tem-se adotado, nos países anglo-saxões, um caminho distinto, baseado na idéia de que os riscos aos quais estão expostos os trabalhadores não podem ser imputados sempre ao empregador, por exceder ao âmbito da responsabilidade contratual, propondo-se que os riscos sejam cobertos mediante um sistema de seguros sociais. O seguro social se propõe a cobrir, além dos já aludidos riscos, os decorrentes do desemprego, da morte, da invalidez e da velhice, da maternidade e, não raras vezes, estende seu amparo à família do trabalhador. Toma como seu encargo, também, os subsídios familiares, a retribuição de férias e a complementação dos salários que se pagam por um trabalho reduzido durante os períodos de desemprego. Inicialmente, os seguros amparavam somente aos trabalhadores subordinados, sendo custeados principalmente por contribuições patronais, mas, sucessivamente, se estende a alguns países a cobertura também de trabalhadores autônomos.

No campo do direito coletivo o desenvolvimento da indústria manufatureira, ao concentrar uma massa de trabalhadores que tem idênticas necessidades e aspirações facilita a formação de associações obreiras que se propõem opor à situação monopolista do empregador uma frente única dos trabalhadores que dele dependem. Nascem, assim, as primeiras associações obreiras, as quais procuram substituir o contrato individual de trabalho por contratos coletivos, utilizando, como meio de pressão, a greve. Em um segundo momento, são fortalecidos os sindicatos por ramo de atividade, caracterizados por categorias rígidas em que se organizam os trabalhadores. Dita época coincide com o chamado "Estado de Bem-Estar Social" que se caracterizara por uma forte intervenção estatal na legislação protetora, sustentada no conceito de solidariedade.

II. FONTES

Conforme diversos autores (*Mario de La Cueva, Francisco de Ferrari, Perez Botija, Ernesto Krotoschin*) se podem classificar as fontes em dois grupos: a) reais ou materiais; e b) formais. As primeiras se caracterizam com as necessidades da classe trabalhadora e o fato social da organização profissional como elemento gerador das normas jurídicas de trabalho. Integram o segundo grupo: as constituições, os tratados internacionais, os convênios internacionais de trabalho, as recomendações e declarações internacionais, as leis, as convenções coletivas de trabalho, os laudos arbitrais, a jurisprudência, a doutrina e os usos e costumes.

A Lei de Contrato de Trabalho em seu artigo 1º estabelece que o contrato de trabalho e a relação de trabalho[1] se regem: a) por esta lei; b) pelas leis e estatutos profissionais; c) pelas convenções coletivas ou laudos com força vinculante; d) pela vontade das partes e e) pelos usos e costumes.

Algumas das fontes são compartilhadas com o direito mercantil, outras são específicas do direito do trabalho. Em relação aos usos e costumes se adverte que se poderia discutir sua natureza formal, já que a legislação positiva recorre a eles e os menciona expressamente, assinalando-lhes características similares às das fontes formais. A legislação positiva argentina tem encarado de diversos modos a incidência do costume no quadro de relações jurídicas. No art. 17 do Código Civil se estabelece que "o uso, o costume ou a prática não podem criar direitos, exceto quando as leis se referem a eles". A LCT os prevê expressamente como fonte. Em contrário, o Código de Comércio, para os fins da interpretação das cláusulas do contrato consigna, no art. 218, que "o uso e a prática geralmente observados no comércio, em caso de igual natureza, e especialmente o costume do lugar de onde se deve executar o contrato ... prevelecerão sobre qualquer inteligência em contrário que se pretenda dar às palavras". Em matéria laboral, os usos suprem as lacunas da regulamentação convencional ou legal (função supletiva ou subsidiária da lei) e sempre que se respeitem as disposições legais que fixam condições mínimas, se admite que estes mínimos possam ser superados, de comum acordo pelas partes.

III. O CONTEXTO ATUAL

Dentro da realidade social em que nos toca viver, podemos assinalar que se produziu o "fim do Estado de Bem-Estar Social" e que, através de terminologias como "flexibilização", "desregulação" e "globalização" se produziu um notório avanço das posturas neoliberais, em desfavor dos princípios protetores do Direito Labo-

---

(1) Nota de tradução: O autor utiliza o conceito de "contrato de trabalho" como expresso tanto na legislação brasileira como argentina, ou seja, como sinônimo de contrato de emprego. Da mesma forma, quando há referência à relação de trabalho, esta é apresentada como restrita à relação de emprego.

ral. Estancou-se definitivamente a teoria do "eterno progresso" em matéria laboral e, na atualidade, se constata uma notável deterioração dos princípios básicos de organização das sociedades modernas ocidentais e uma volta massiva à pobreza.

A sociedade atual concebe o mercado como "grande regulador da vida econômica e social". Seus preceitos fundamentais são: 1) a mundialização dos capitais, mercados e empresas; 2) a inovação tecnológica como fator de redução dos gastos; 3) a liberalização de todos os mercados; 4) a desregulação como signo de que é o mercado que detém o poder; 5) a privatização generalizada, o que deixa para a empresa privada o governo da sociedade; e 6) a competitividade que restabelece como regra a primazia do mais forte.

Todos estes fatores conduzem a uma perda de poder do Estado, que anuncia sua retirada do sistema sob o efeito das idéias neoliberais. O novo rol do Estado se materializa na aprovação de uma série de normas, cujo principal objetivo é a flexibilização do mercado laboral e a privatização da seguridade social. Frente a um marcado individualismo exarcerbado pela competitividade se debilita o princípio de solidariedade que caracterizava a seguridade social tradicional. Por outra parte, o impacto das mutações no sistema de relações laborais sobre as organizações sindicais tem sido violento, como conseqüência das novas regras de mercado que têm obrigado à reestruturação da empresa tradicional, o que tem levado a drásticas reduções de pessoal, com o conseqüente debilitamento da organização sindical.

IV. INTRODUÇÃO AO TEMA ELEITO

Sendo por todos conhecidas as características essenciais de um contrato de trabalho típico e de um contrato comercial típico, bem como suas claras diferenciações, não nos parece necessário reiterar conceitos nesta direção, nem parece tampouco um tema que mereça a atenção do Congresso Mundial da especialidade. Eis por que entendemos que o tema somente resultará de interesse na medida que o mesmo trate sobre o que se denominam as *"zonas cinzentas"* existentes entre ambos contratos, quer dizer encontrar aqueles elementos que caracterizam, além de sua denominação, a existência de um contrato de trabalho ou da configuração de um contrato comercial.

Naturalmente que quando falamos neste tipo de situações, estamos falando de relações nas que aparece configurada a fraude laboral ou, pelo menos, o intento de iludir a configuração de figuras laborais, razão pela qual a jurisprudência lhe dedica (nos casos que serão analisados de contratos específicos) a descobrir o velo da aparência e visualizar a verdadeira relação existente.

V. TRABALHO SUBORDINADO E TRABALHO AUTÔNOMO

O Direito do Trabalho em sentido estrito não tem como objeto todas as relações de trabalho, mas apenas as que implicam uma situação de dependência do trabalhador em relação a quem utiliza seus serviços, ficando excluídas as relações em que o trabalhador goza de autonomia. Esta limitação tem principalmente uma justificativa histórica, qual seja a situação de debilidade do trabalhador frente ao empregador, que foi invocada para justificar a intervenção do Estado nas relações contratuais entre empregado e empregador. Mas o substrato dessa debilidade não se constitui tanto na subordinação jurídica, mas na situação econômica do trabalhador obrigado, em geral, a aceitar as condições impostas pelo empregador por conta do tempo de não encontrar outro trabalho. Igualmente essa preocupação pode induzir o trabalhador a aceitar modificações injustificadas nas condições pactuadas inicialmente e a renunciar aos direitos que lhe outorgam as leis laborais. Isso explica por que, uma vez admitida a intervenção do Estado na regulação de numerosas formas de contratos privados, a legislação laboral tenda a estender seu amparo a algumas relações nas quais, ainda que não exista uma típica subordinação jurídica, existe uma manifesta subordinação econômica, similar à que é própria dos trabalhadores subordinados. O Dr. *Deveali* já expressava a conveniência de adotar um conceito amplo de relação de trabalho que compreenda ambas as figuras, do trabalho subordinado e do trabalho autônomo.

Estes trabalhadores autônomos ou independentes constituem uma alta porcentagem da população e vivem de seu trabalho, sem estar ligados a um ou a vários patrões em virtude de uma situação de subordinação jurídica, mas sim, em virtude de uma situação econômica.

Conforme o Dr. *Juan Raso Delgue*, em épocas de globalização e alta competitividade, o trabalho autônomo se torna "competitivo" e mais barato que o trabalho subordinado. O trabalho se torna um serviço que o trabalhador presta ao empregador em um regime de livre competição. Nesta modalidade, o trabalhador assume todos os riscos e o empregador se torna seu cliente. A natureza civil/comercial do contrato exclui a competência da Justiça do Trabalho por entender que estas ações, exceto quando se trata de hipóteses de fraude. Por outra parte, a falta da necessária organização corporativa evita ao empresário confrontar-se com uma contraparte sindicalmente forte. Paralelamente se desenvolve um falso trabalho autônomo, que busca baratear os custos laborais, maior flexibilidade na organização do trabalho e redução da presença sindical.

A conclusão na análise desta temática nos leva a refletir se o trabalho autônomo responde a uma exigência real do mercado ou se, pelo contrário, resulta ser um instrumento para a fraude das normas de ordem pública em matéria laboral.

Surge claro que a dificuldade se produz quando se forma o conflito, seja quando surge algum impedimento para a continuidade do vínculo contratual (em tal caso, um lado reclamará como trabalhador dependente e o outro lado sustentará veementemente a tese da autonomia) ou quando se modifiquem as condições de cumprimento do contrato (redução de comissões, eliminação ou diminuição de zonas de trabalho) ou por contingências alheias à vontade das partes (acidentes ou enfermidades de trabalho e a possibilidade de seu ressarcimento).

Existem outras variantes de trabalho humano que não entram nessa diferenciação entre contratantes de índole comercial ou laboral, mas que são "totalmente informais" ao sistema, seja por decisão própria (artesãos por livre opção, não adaptados ao sistema — *establishment)* e outros que, pela modalidade de prestação de trabalho, não alcançarem a cobertura mínima do trabalho dependente (biscateiros, abre portas de táxis, "flanelinhas" guardadores de veículos e toda a gama de vendedores ambulantes de quinquilharias não produzidas por eles).

VI . *CONTRATO DE TRABALHO E RELAÇÃO DE TRABALHO*

Nossas leis de trabalho, embora mencionem o contrato de trabalho, contemplam a relação de trabalho como situação de fato, independentemente de sua origem contratual. O princípio geralmente se sustenta no fato de que as normas contratuais somente se aplicam quando fixam condições mais favoráveis para o trabalhador que as previstas nas leis laborais e nas convenções coletivas de trabalho. Apesar disso, nos casos jurisprudenciais que analisaremos, uma parte invoca a existência de uma relação de dependência laboral e a outra nega, sustentando que há uma relação comercial. Nesses casos, encontramos contratos escritos cujas cláusulas são válidas conforme o princípio da boa-fé e a teoria dos atos próprios, o que exige provar, no caso concreto, a fraude a normas de ordem pública.

VII. CONTRATO DE TRABALHO E CONTRATO COMERCIAL

O Tribunal Superior de Justiça de Córdoba tem sustentado que o art. 23 da LCT estabelece a presunção de existência de um contrato de trabalho quando se verifique o fato da prestação de serviços. Este dispositivo deve ser entendido como vinculado com os artigos 21 e 22, nos quais se delimita o contrato e a relação de trabalho, caracterizado em torno do conceito de "dependência". Entende-se esta como sendo o *status* jurídico em que se encontra o trabalhador incorporado a uma empresa (total ou parcialmente alheia) que aporta sua energia ou capacidade de trabalho para alcançar os fins desta, cedendo, de antemão, a disposição do produto final obtido, pelo que se faz alheio aos riscos e em virtude do qual recebe uma remuneração e se compromete a acatar as ordens e instruções que se lhe determine em prol do plano de trabalho e da organização de trabalho definida pelo empresário.

A contrario sensu haverá uma relação de caráter comercial quando existir independência ou autonomia, quando se trate de uma vinculação entre empresários ou comerciantes, inscritos nos órgãos respectivos, que assumem o risco empresarial, perseguem um fim próprio de lucro, contam com uma organização própria, estrutura administrativa independente, independência funcional, autonomia de gestão, capital de envergadura e pessoal próprio e, ainda que possa existir um controle rígido do empresário principal sobre o autor, isto não implica sujeição a um regime disciplinar.

VIII. TIPOLOGIA DE CONTRATOS ANALISADOS

1) Contrato de distribuição comercial e repartidor laboral.

2) Contrato de transporte de mercadorias comercial e de freteiro laboral.

3) Contrato de representação de viajante de comércio laboral e de agente de comércio.

4) Contrato de sociedade comercial (capital e indústria) e sócio empregado laboral.

5) Contrato de concessão.

6) Contrato de franquia.

7) Outros contratos grises: produtores de seguros — promotores vários.

8) Trabalho informal.

VIII-a) Diferenciações para poder estabelecer se existe uma sociedade ou vínculo comercial ou um contrato de trabalho

A. Pagamento de natureza salarial. Pautas: remuneração mensal fixa, reajuste da mesma à semelhança do salário, durante um período prolongado. A Jurisprudência não dá lugar à postulação de salários quando não há reclamação dos mesmos por largos períodos de tempo, tendo em conta o caráter alimentar do salário. Em troca, se há admitido postulações salariais quando se outorgam aumentos salariais conforme critérios de atividade subordinada, por exemplo, utilização dos mesmos índices que se aplicam aos aumentos salariais. Pagamento de benefícios laborais (tais como a inclusão como empregado na previdência social) ou de gratificações periódicas (suspeitamente parecidas em valor e período de pagamento à gratificação de natal).

B. Fixação de horários e/ou jornadas, por exemplo, rotina predeterminada, marcação de cartão, preenchimento de planilhas de ingresso e de saída.

C. Realização de atividades em locais da empresa.

D. Pagamento de gastos de alojamento e traslado.

E. Condição de estar aguardando ordens e à disposição do tomador dos serviços.

F. Exclusividade na prestação de serviços para um único empregador (com o pluriemprego esta pauta tem perdido bastante eficácia).

G. Entrega de ferramentas e máquinas, uniformes.

H. Não assunção dos riscos econômicos.

I. Regime disciplinar direto ou encoberto.

VIII-b) Características tipificadoras destas novas formas jurídicas que, de acordo com a análise probatória, determinarão a existência ou não de um contrato comercial

1. Existência de instrumentos formais de constituição do vínculo entre supostos empresários, diferentemente do contrato típico laboral (que é eminentemente informal).

2. Nível de remuneração superior aos dos trabalhadores assalariados comuns ou tradicionais, geralmente através de comissiona-

mento ou repartição de produtos. Em contrapartida, inexistência dos benefícios próprios de um contrato remunerado, limitação de jornada, carência de regime de férias à custa da empresa.

3. Autopercepção de independência funcional, em relação à autonomia de organização de sua própria atividade individual e de eleição dos mecanismos necessários para o cumprimento da atividade desenvolvida. Isso se aplica mais cabalmente quando existe determinada prestação de tarefas (distribuição, transporte) — e menos quando se trata de produtos finais (franquias ou concessões).

4. Inexistência formal de regime disciplinar, ainda que exista sujeição a pautas rígidas em que os fatos determinam por parte do principal o exercício de tais faculdades (ainda que, às vezes, elas estejam dissimuladas na relação cliente-produtor ou, inversamente, fornecedor-distribuidor) com o cancelamento ou restrições de contratos, ordens de compra ou entrega de produtos.

5. Inscrição formal nos organismos de seguridade social e fiscais, de natureza independente e autônoma do principal, inclusive como requisito *sine qua non* para a celebração do contrato.

6. Possibilidade de estabelecer vínculos associativos em câmaras ou entidades similares, com outras pessoas em identidade de situações fáticas ou de interesses.

7. Confusão da figura do empregador e do trabalhador em uma só pessoa.

8. Debilitamento dos sistemas de contenção social ante à inexistência de subsídios por desemprego ou outras medidas estatais para situação de crise.

9. Afetação dos sistemas de seguridade social pela diminuição de aportes (previdência social, aposentadorias).

10. Aumento das situações de informalidade, com resolução dos conflitos com base em questões de poder.

11. Marcado individualismo destes trabalhadores-empresários, com abandono total das normas de solidariedade social e incremento de um competitivismo feroz.

VIII-c) Indicadores que, a princípio, excluiriam a subordinação e, conseqüentemente, a existência de relação laboral

1) Inexistência de uma contraprestação de tipo salarial.

2) Assunção do próprio risco pelo empreendimento e manutenção e conservação dos elementos e ferramentas utilizadas.

3) Possibilidade de determinar livremente o preço final de venda do produto e de modificar o mesmo segundo o nível de compradores ou condições de compra.

4) Falta de reclamação por tempo prolongado de benefícios laborais, especificamente daqueles que, segundo a jurisprudência, lhes dão a característica de alimentares e derivados da contraprestação laboral.

5) Prolongamento de sua situação como empresa independente por extenso período temporal, com atos próprios realizados que justificam tal classificação (por exemplo, tributação periódica e registros documentais e contábeis que demonstram independência funcional).

6) Inexistência de exclusividade (esclarecendo que, com o avanço do pluriemprego, esta nota cada vez mais entra em zona *gris* e dependerá de prova específica).

7) Carência de ordens, fiscalização e supervisão na execução de suas tarefas.

VIII-d) Benefícios obtidos pela empresa principal em decorrência dessas figuras jurídicas

1. Diminuição de custos laborais e de seguridade social, por meio da redução de pessoal, ao segmentar processos originalmente assumidos como próprios.

2. Requerimento de estrutura de funcionamento mínima, com um alto componente tecnológico.

3. Identidade do produto, em todos os centros de expedição com a conseqüente diminuição dos custos, o que pode afetar o nível de venda dos produto (algo que pode beneficiar o consumidor final), sem que isso necessariamente se reflita em uma melhor distribuição dos ganhos finais nas etapas intermediárias.

IX. ANÁLISE JURISPRUDENCIAL

A seguir, analisam-se diversos casos jurisprudenciais que ressaltam as notas tipificadores de uma ou outra relação.

Igualmente, deve-se destacar que a Administração Nacional de Seguridade Social argentina editou a Resolução n. 445/92 para fins de "dotar tanto os contribuintes como os setores encarregados da fiscalização daqueles elementos de juízo apropriados para precisar, em cada caso concreto, a existência de relações dependentes

AVANÇOS E POSSIBILIDADES DO DIREITO DO TRABALHO 77

sujeitas à tributação previdenciária". Efetua, então, uma enumeração de pautas de caráter enunciativo a respeito de: Profissionais, Vendedores Ambulantes, Sócios-Gerentes de Sociedades de Responsabilidade Limitada, Artistas, Viajantes de Comércio, Sócio-Empregado, Produtores de Seguros.

Cabe ressaltar como traços comuns aos casos jurisprudenciais analisados:

1) Existência de contratos escritos cujas cláusulas são válidas conforme o princípio da boa-fé e a teoria dos atos próprios, o que exige provar a fraude às normas de ordem pública. Deve-se recordar que, às vezes, não é somente o empregador o único responsável dessa evasão, mas que o próprio trabalhador é colaborador da mesma para evitar seus próprios custos sociais e receber uma retribuição bruta mais elevada, resultando de tal modo prejudicados os organismos da seguridade social, os sindicatos, as obras sociais etc.

Uma pauta interessante a fim de elucidar estas reclamatórias trabalhistas onde se invoca simulação de figuras contratuais por fraude à lei laboral radica na "teoria das lesões". O Dr. *Luis Moisset de Espanés* em sua obra "A lesão nos atos jurídicos" expressa: "existe lesão quando uma pessoa aproveita a necessidade, debilidade ou inexperiência de outra para obter uma prestação que esteja em desproporção chocante com sua contraprestação", e agrega que se requer que haja dois elementos subjetivos e um objetivo que integram a lesão: objetivo, que haja uma grande desproporção entre as prestações das partes; os elementos subjetivos são: que a vítima do ato lesivo se encontre em situação de tal inferioridade que justifique a intervenção do direito, brindando-lhe proteção; e o segundo, se refere ao ânimo que impulsiona a pessoa que se beneficia com o ato. Para que se configure a figura da lesão é mister que exista de sua parte "aproveitamento" ou "exploração" da necessidade, debilidade ou inexperiência da vítima.

2) Também se observa: situação de subordinação e quase dependência de um dos contratantes em relação ao outro. Em geral se trata da vinculação entre empresários grandes e pequenos, podendo haver enormes diferenças econômicas, mas tal fato, por si mesmo, não determina a existência de relação ou contrato de trabalho.

IX-a) Contrato de distribuição comercial e figura laboral de repartidor

Notas tipificadoras da relação laboral:

— desempenho pessoal diário em uma atividade inserta em uma organização empresarial alheia, por uma remuneração ou bonificação indiferenciada como comissão calculada sobre o preço de venda de cada produto.

— atua e opera conforme um sistema preestabelecido.

— zona fixada pela firma por razões organizativas.

— distribuidor exclusivo de produtos da empresa principal.

— sem pessoal próprio (pode tê-los como auxiliares, conforme art. 28, LCT)

— não tem qualificação de sócio.

— realiza uma atividade em benefício de outro, inserindo-se em uma organização de trabalho alheia, sem perseguir fins próprios de lucro. Somente pondo à disposição do principal sua capacidade de trabalho.

— comissão fixa pela venda de cada produto, o que se traduz em uma remuneração que varia segundo o rendimento das vendas.

— veículo próprio (no caso comprado com um crédito facilitado pela empresa principal) pintado com as cores emblema-logo da empresa principal. Tem a seu cargo os gastos de manutenção normal do mesmo.

— uniforme com emblema da empresa principal.

— vendas a um preço imposto em cada produto conforme uma lista emitida pela empresa principal.

— estar alheio ao risco empresarial (recebe devolução de recipientes e de mercadorias)

— prestação de contas (entrega do dinheiro recolhido e das notas dos pedidos de cada cliente)

— empresa principal exerce o controle em resguardo de sua "imagem comercial" através de supervisores que instruem o repartidor nas modalidades de trabalho e inspecionam a higiene do veículo.

— atendimento de clientes da empresa principal.

— inscrição posterior ao início da vinculação como trabalhador autônomo nos organismos previdenciários ou obrigatórios, o que faz presumir fraude às leis laborais.

Notas tipificadoras e Distribuição comercial:

— organização própria para a venda dos produtos.

— independência funcional, liberdade de organização de rotas, zonas e na planificação da atividade.

— assume risco empresarial pela venda dos produtos com defeitos, porque persegue um fim próprio de lucro. Suporta as perdas, a *alea* de não poder negociar os produtos ou fazê-lo em forma desvantajosa, assim como a insolvência dos clientes. Determina para quais clientes fará vendas e para quais não venderá.

— liberdade na fixação dos preços de venda de cada produto.

— ausência de poder de direção e de poder disciplinar por parte da empresa principal.

— nível remuneratório que justifica a retribuição de uma gestão de corte comercial.

IX-b) Contrato de transporte comercial e figura laboral do freteiro

Notas tipificadoras da relação laboral:

— prestação personalíssima e não fungível, não pode ser substituída por outro freteiro.

— sem pessoal próprio (pode ter auxiliares, conforme o art. 28, LCT)

— realiza uma atividade em benefício de outro, inserindo-se em uma organização de trabalho alheia sem perseguir fins próprio de lucro, somente pondo à disposição do principal sua capacidade de trabalho.

— estar "à disposição" do principal.

— sujeito a regime disciplinar.

Notas tipificadoras do contrato de transporte comercial:

— liberdade de ação que possibilita aceitar ou não o transporte — o que leva à diluição de outra nota típica da relação laboral, qual seja, a prestação personalíssima dos serviços, uma vez que pode ser substituído por outra pessoa designada pelo próprio transportista.

— estrutura administrativa independente da empresa principal (o veículo não pode ser tomado como um capital importante, mas apenas como uma ferramenta de trabalho).

— independência funcional, liberdade de organização de rotas, zonas e na planificação da atividade.

— vínculo ocasional, falta de habitualidade ou vocação de permanência, não há compromisso de continuidade nem de preferência (A demandada tinha sua frota de veículos de entrega próprios, os quais tinham prioridade de carga. Somente quando completava sua capacidade de transporte e restava mercadoria para entregar é que intervinham os freteiros).

— ausência de controle ou supervisões ainda que seja dissimulada como trabalho de controle de qualidade e apoio aos clientes, o que indica que não havia sujeição a um poder disciplinar.

— não existe proibição de contratar pessoal.

— exclusividade em benefício da atividade.

— nível remuneratório que indica tratar-se de uma retribuição por uma gestão de tipo comercial.

IX-c) Viajante laboral — Representação comercial — Agente de comércio

Notas tipificadoras da figura laboral de viajante (Lei n. 14.546, art. 1º):

— prestação pessoal *intuitu personae* (o principal tem à sua disposição a força de trabalho do subordinado).

— fora do âmbito do local do empregador.

— realiza negócios por conta ou representação de um ou mais comerciantes e/ou industriais: a) vende em nome de seu representado; b) aos preços fixados pela empresa que representa).

— remuneração consistente de: salário, diárias, comissão.

— habitualidade no desempenho da atividade.

— risco a cargo do empregador.

— contribuições aos organismos previdenciários como empregado.

— sujeito a controle e poderes disciplinares.

— realiza sua atividade dentro de uma zona ou de um raio de ação determinados ou determináveis.

— o art. 2 da lei do Viajante dispõe que se encontram compreendidos nesta atividade os distintos nomes com que se costuma denominar este tipo de trabalhador.

— recibos de pagamento em nome de quem se diz viajante.

— declarações de término de serviços.

— faturas ou cheques em nome da empresa principal.

— listas de preços em timbre da principal.

— exclusividade na venda de produtos da principal (ao menos no que consiste sua atividade específica, pela proibição de concorrência).

Notas tipificadoras do contrato de representação comercial:

— organização de vendas com capital de envergadura e pessoa a seu encargo (estrutura comercial com sede própria, titular de comércio, imóvel de sua propriedade, empregados próprios tanto na área de vendas como na área administrativa).

— inscrição como sociedade nos registros próprios com subsistência operativa prolongada no tempo, com anterioridade à relação.

— inscrição nos organismos obrigatórios (recolhia contribuições fiscais, como ICMS, em seu nome). Nesse aspecto vale recordar o que foi dito anteriormente quanto às relações dependentes sujeitas à tributação.

— representação outorgada pela firma principal à representante para a venda de forma direta ou indireta e cobranças através de comissionamento em uma zona ampla (por todo um Estado da Federação, por exemplo). Para esclarecer este aspecto, as sentenças têm indagado em nome de quem se fatura, em nome de quem se cobra. Se a mercadoria vem da principal ou se vem da representação.

— não há prestação personalíssima (a lei do viajante não contempla a prestação por parte de uma sociedade).

— assunção do risco empresarial pelas operações comerciais que assume a firma (por exemplo, fixação do preço de venda de cada produto, assunção da *alea* própria da atividade mercantil. A devolução dos produtos com defeitos constitui uma zona *gris*, podendo, em alguns casos, ser tomada como indício da atividade laboral).

— caráter não exclusivo para nenhum dos contratantes.

— a rescisão do contrato comercial não gera direitos para nenhum dos contratantes, somente se exige trinta dias de prévio aviso.

FIGURA DO AGENTE DE COMÉRCIO

Também existem precedentes jurisprudenciais nos quais, diante de uma reclamatória realizada por alguém que se diz empregado viajante, a demandada tenha invocado esta figura comercial.

Notas tipificadoras do contrato de agência:

Tem-se dito: "uma das partes intermedia de maneira estável e autônoma, promovendo ou concluindo contratos em benefício de outra, percebendo por isso uma retribuição".

— Tem-se caracterizado como o comerciante encarregado de realizar ou preparar contratos de outros comerciantes com autonomia na organização da atividade. Também como "auxiliar independente" que tem sua própria organização de venda distinta da do empresário principal, de quem recebe encargo, exerce atos de comércio sem subordinação, trata de igual para igual, goza de liberdade de execução, dispõe livremente a jornada laboral e do modo de cumpri-la e, ainda que deva prestar contas ao mandante, não está sujeito a controle ou fiscalização.

— Percebe retribuição com base em porcentagem sobre as operações realizadas ou preparados pelo agente, exigindo-se dele a conclusão das mesmas. Trata-se de uma estrutura empresarial, uma organização de vendas (que pode ser unipessoal — microempreendimento) que:

— tem clientela própria.

— autonomia de gestão.

— empregados próprios devidamente inscritos, laboral e previdenciariamente.

— trajetória prolongada em determinado setor de mercado.

— sede própria.

— assume o risco (toma a seu encargo a insolvência do cliente).

— inscrição como comerciante (tem livros próprios de comércio, goza de descontos sobre o preço da mercadoria, fatura em nome próprio, está inscrito em organismos fiscais).

— pode ou não haver exclusividade (hipótese de intermediação comercial para várias companhias).

— independência.

— estabilidade na relação.

— conclusão ou promoção de contratos no interesse do dono do negócio.

— falta de subordinação (se acentua esta nota) e de poderes disciplinares (não há uniforme, nem normas de conduta obrigatórias, nem lugar de trabalho fixo, nem exclusividade de tarefas nem disposição absoluta para a empresa principal).

Tem-se dito que existem zonas cinzentas que em nada diferem da situação do viajante no que tange às relações com terceiros (atuação externa com a clientela).

— faculdade de representar o empresário.

— documentação da empresa principal que confere encargos, trabalha para uma empresa ou várias.

— obriga-se a realizar propaganda.

— atua em uma zona de forma exclusive ou compartilhada com outros agentes.

— enquanto que, quando se trata de viajante, se exige atividade pessoal na relação interna entre as partes, na hipótese de agência, a vinculação se faz entre empresas.

IX-d) Contrato de sociedade comercial (capital e indústria) e contrato laboral de sócio-empregado

Notas tipificadoras que fazer presumir a existência de uma relação laboral:

— "sócio" incumbido de prestar tarefas a favor de S/A.

— remuneração mensal equivalente a salário.

— sujeição a um regime disciplinar que excede o marco societário.

— estar à disposição da sociedade exclusivamente com sua força de trabalho.

— estar debaixo de ordens e de orientações do sócio capitalista.

— não participar em assembléias nem ter voto na planificação de atividades societárias.

— não fazer retiradas sociais.

Notas tipificadoras do contrato de sociedade comercial:

— inscrição do contrato social no Registro Público de Comércio.

— exploração do negócio em pé de igualdade; não há subordinação laboral.

— percepção de utilidades.

— participação em assembléias, poder de decisão e voto nas atividades e inversões da sociedade.

— prolongado período sem reclamar nem perceber salários nem outros benefícios salariais.

— aluguel do local onde funciona a firma por parte do sócio que, em juízo, reclamou indenizações de natureza laboral.

IX-e) Contrato de concessão comercial ou relação laboral

Configura-se dito contrato quando se cede a exploração total ou parcial do estabelecimento ou se cede a exploração de serviços que são próprios da atividade normal e específica da principal.

Notas tipificadoras da relação laboral: Tem dito a jurisprudência: "Deve-se presumir a existência de um contrato de trabalho, conforme o estabelecido no art. 23 da LCT, quando uma pessoa realiza uma dação de trabalho de forma continuada e retribuída regularmente e, mais ainda, quando esta prestação de tarefas corresponde à atividade própria e habitual do doador e serve aos interesses de quem efetiva a remuneração, sendo o empregador quem deve provar a existência de relações ou circunstâncias que obstaculizem a presunção estabelecida na referida normal legal".

— concessionário está obrigado a realizar pessoalmente as tarefas atinentes a sua concessão (prestação personalíssima).

— as tarefas do concessionário são de tempo completo (estar à disposição do principal com sua força de trabalho de forma permanente).

— sujeito a regime disciplinar.

— exclusividade (quando lhe é proibido realizar, em qualquer outro lugar, as tarefas objeto da concessão ou quaisquer outras).

— tarefas próprias da concedente, com clientela da concedente.

— os clientes pagam empregadas administrativas da concedente, independentemente de formalidades contábeis.

— os preços que vigoram para o público são acertados entre o concessionário e o concedente e os sócios deste último gozam de um determinado desconto.

— funcionamento em dias fixados pelo concedente.

— obrigatoriedade de servir determinadas especialidades gastronômicas e conhecimento de idioma estrangeiro (no caso, se tratava do concessionário do restaurante do Clube Alemão).

— nomeação do pessoal do concessionário deve ser autorizada pelo concedente.

— o trabalhador pede demissão como empregado do concedente para tornar-se "concessionário".

— desempenha a concessão nas instalações do concedente (zona *gris*).

Notas tipificadoras da relação comercial: similares à dos demais contratos já referidos:

— firma comercial, constituída e inscrita legalmente. No contrato de constituição societária subscrito perante escrivão público, o concessionário declara ser comerciante. Seu objeto social é a comercialização de produtos relacionados com estações de serviços e a exploração de todos os serviços que com ela se relacionam (o concedente é o Automóvel Clube Argentino).

— os preços não são fixados pelo concedente.

— faturas são feitas em nome do concessionário, ainda que tenham o logotipo do concedente (zona *gris*).

— ingresso pecuniário e situação mais vantajosa como concessionário do que como dependente.

— desempenho prolongado como pessoa jurídica própria em suas relações com terceiros e celebrando atos de comércio.

Um aspecto a destacar é que as sentenças analisadas tratam o tema da solidariedade entre concedente e concessionário em relação aos trabalhadores vinculados a este último e, assim, se sustentou que existia solidariedade desde que tenha continuado a prestação dos serviços que constituem a atividade normal e específica do estabelecimento principal, devendo responder o concedente perante os trabalhadores do cessionário ainda que o concessionário se tenha constituído em um ocupante ilegítimo (uma vez que o concedente havia iniciado uma ação de despejo contra este). A sentença destacou que o concedente não havia impedido que o trabalhador dependente do concessionário continuasse prestando suas tarefas habituais; não comunicou ao trabalhador que o contrato de concessão havia terminado e, portanto, os sócios do concedente seguiram usufruindo dos serviços do trabalhador. Em outro dos precedentes, existia um contrato de concessão que determinava que, em caso de extinção do contrato por culpa da concessionária, o concedente devia reabsorver o pessoal cedido pelo contrato de concessão. Também se contemplava a possibilidade de restituição dos pagamentos feitos por parte do concedente ao concessionário no caso de que aquele devesse responder pelo pagamento de indenizações ao pessoal empregado do concessionário.

IX-f) Contrato de franquia

Requisitos para a existência do contrato:

— Estabelecimento comercial próprio, mas que forma parte de uma cadeia formal com outros, de iguais características, individualizados pelos mesmos signos distintivos.

CONDIÇÕES: DO FRANQUEADOR AO FRANQUEADO

Transferência de:

— conhecimentos tecnológicos e comerciais.

— pautas que se impõem como características dos estabelecimentos através do que se exerce o controle do franqueador sobre o franqueado.

— o franqueado paga ao franqueador determinada quantia de entrada e/ou porcentagem de receita ou lucro (regalias).

— exclusividade.

— risco de empresa, porque o franqueado atua em seu nome e por seu próprio risco.

— benefícios e administração da operação para o franqueado.

REPONSABILIDADE LABORAL

Entre franqueante e franqueado:

Cada franqueado tem patrimônio e titularidade separada do outorgante da franquia, o que impede confusão de patrimônio e, para alguns autores, a configuração de grupo econômico. Para que o franqueado (pessoa física ou grupo de pessoas físicas) considere que sua subordinação de tipo econômico implique uma relação de dependência laboral nos termos dos artigos 22 e 23 da LCT deve haver prestação pessoal dos serviços, como requisito indispensável, além de outras notas tipificadoras do contrato de trabalho.

JURISPRUDÊNCIA: Nos escassos casos precedentes se tomou como indícios: de que não existia relação laboral e que os rígidos controles exigidos são próprios da franquia comercial e que o uso do nome do produto. Interrogamo-nos se tais controles não indicam precisamente a existência de uma subordinação laboral (naturalmente dentro do marco do ônus probatório).

— Em função da liberdade que tinha o franqueado para organizar seu negócio e para contratar outras pessoas (autonomia de gestão). Isso poderia entrar em contradição, em nosso sistema positivo, com o art. 28 da LCT, que permite contar com auxiliares.

— No nosso entender, poderia tomar-se como um indício favorável à existência da relação laboral, a escassa margem ou porcentagem de lucro assinalada, que poderia equivaler a uma remuneração, mas devemos dizer que as poucas sentenças sobre a matéria (donos de supermercados e agentes titulares de estações de serviço integrantes de uma cadeia) assim não consideraram, entendendo que tal decorria dos riscos do contrato comercial.

Entre franqueador e trabalhadores do franqueado:

— Extensão pela via da solidariedade legal (não existe consenso na doutrina). De acordo com o art. 31 da LCT, deve-se provar manobra fraudulenta e/ou condução temerário do estabelecimento e conforme o art. 30 da LCT, a contratação ou subcontratação de trabalhos ou serviços correspondentes à atividade normal e específica própria do estabelecimento.

Demonstração de existência de uma relação subordinada com o principal (franqueador).

PERGUNTA QUE NOS FAZEMOS

Hipótese de que o franqueado seja uma pessoa interposta (art. 14, LCT), usada para evasão das obrigações laborais com os dependentes. Em tal caso, consideramos que se deve provar a fraude. Para tanto, apresenta-se como pautas objetivas: o escasso patrimônio (quase insolvência do franqueado) ou os casos em que o franqueador, além disso, é dono do imóvel.

X. RESCISÃO DOS CONTRATOS

a) Em matéria laboral: Pode existir justa causa (sem direito à indenização para o trabalhador) ou sem justa causa (quando deverá o patrão pagar uma indenização tarifada, consagrada na legislação positiva local). Existem também casos de despedida de grupos protegidos, o que gerará indenizações agravadas, como forma de proteção contra tais abusos: despedida de dirigente sindical da mulher grávida ou que tenha contraído matrimônio, despedida discriminatória por causa de raça, sexo ou religião.

b) Em matéria comercial: destacamos, neste aspecto, que a mesmo será possível quando existam causas válidas que a justifiquem, por exemplo: não cumprimento do contrato, concordata ou falência, violação de segredos, atuação negligente e, em geral, toda conduta incorreta, grave ou reiterada.

Pode suceder que, finalizado o prazo previsto, seja negada a renovação do contrato, sem razões para tanto. Nos Estados Unidos da América, se estabeleceu, na hipótese de franquia, que o franqueador deve renovar o contrato uma vez finalizado o prazo inicial, salvo se existirem razões válidas para não fazê-lo. Pelo contrário, a legislação européia sustenta que a falta de renovação do contrato significa o exercício de um direito contratual do qual não resulta qualquer ressarcimento.

Resulta interessante analisar uma sentença em que se reclama relação laboral invocando os autores uma suposta fraude laboral através da simulação de uma concessão. Sustenta-se que os reclamantes atuaram como comerciantes durante um tempo prolongado e se infere que somente intentaram a ação, em que reclamam como se fossem empregados, quando não foi renovada a concessão.

Na verdade, pretende resistir à perda da concessão que, definitivamente, decorreu da conclusão de uma relação comercial. Ressalta-se a especial importância da teoria dos atos próprios, assinalando que "não é lícito fazer valer um direito em contradição com a conduta anteriormente assumida e que ninguém pode se pôr em contradição com seus próprios atos, exercendo uma conduta incompatível com uma anterior conduta deliberada, juridicamente relevante e plenamente eficaz" (CNAT, Sala V "Jara Norma Graciela C/Manufacturera Algodonera Argentina S/A.", 23.3.1987).

Nos contratos comerciais o período de aviso prévio deve ser adequado às características de cada contrato, tendo em conta a necessidade de minimizar o dano que tal decisão ocasionaria à outra parte.

A análise da revogação arbitrária ou da não renovação do contrato leva a outras questões: a) destino do estoque (a jurisprudência estrangeira não é uniforme: se tem possibilitado a venda até acabar o estoque, não obstante a rescisão do vínculo. Em outras hipóteses, se tem considerado que o principal tem obrigação de recuperar a mercadoria; b) cláusulas de não competência: tem-se considerado válidas, desde que sejam limitadas em tempo, espaço e setor de atividade; c) indenização por clientela: deve relembrar-se que a clientela é da marca.

RESPONSABILIDADE PERANTE TERCEIROS

A) CONSUMIDORES: Dado que franqueado, concessionário, transportista, distribuidor etc. atuam em seu próprio nome e por sua conta e risco, em princípio, somente eles — e não o principal — devem responder perante terceiros que tenham utilizado o serviço, aplicando-se os princípios da responsabilidade contratual. Em nosso direito, o consumidor não tem relação contratual com o principal (franqueador, concedente, fabricante) e, tampouco, pode dele reclamar, salvo em caso de vício ou defeito da coisa, por aplicação dos princípios de responsabilidade quase-delitual. Esta responsabilidade perante o consumidor ou usuário não pode ser outra coisa que não extracontratual. Em nossa jurisprudência, não existe acordo se ela é subjetiva ou objetiva. Quando se trata de serviços, as dúvidas aumentam, já que, não existindo objeto de risco, o mau serviço prestado por um terceiro somente permite, com base no art. 1.109 do Código Civil, acionar contra este por culpa ou negligência, o que deve ser provado, além da relação de causalidade com o dano. Tal é necessário para poder acionar com êxito e somente o franqueado, cessionário, transportista etc.

B) RESPONSABILIDADE PERANTE OS TRABALHADORES: Temos assinalado que, com respeito aos trabalhadores em relação de dependência com o franqueado, cessionário, distribuidor, repartidor, transportista etc, somente se gera responsabilidade em relação ao principal pela via da solidariedade. A jurisprudência exige que se verifiquem os requisitos do art. 30 (contratação ou subcontratação de trabalhos ou serviços correspondentes à atividade normal e específica própria do estabelecimento). Além disso, com base no art. 31 da LCT, deve-se provar a manobra fraudulenta e/ou condução temerária do estabelecimento (não existindo consenso na doutrina). Tem-se decidido que: "Tendo-se determinado a procedência da reclamação por diversas matérias contra quem foi a demandada direta, devo agora verificar se ocorrem nos autos as hipóteses de solidariedade que contempla a norma laboral. Assim, está claro que o enquadramento no art. 31 da LCT não é adequado, já que o mesmo fala de grupo empresarial e manobras fraudulentas, o que não foi sequer invocado, nem muito menos provado nos autos. Conseqüentemente, a norma aplicável resulta ser o art. 30 da LCT, que, especificamente para a questão que estou analisando, diz que "... quem contrate ou subcontrate, qualquer que seja o ato que lhe dê origem, trabalhos ou serviços correspondentes à atividade normal e específica própria do estabelecimento, dentro ou fora de seu âmbito, deverá exigir de seus contratados ou subcontratados o adequado cumprimento das normas relativas ao trabalho e à previdência social. Em todos os casos, serão solidariamente responsáveis pelas obrigações contraídas com os trabalhadores e com a Previdência Social, durante o prazo de duração de tais contratos ou ao tempo de sua extinção, qualquer que seja o ato ou estipulação que sobre tais matérias tenham acordado". Agora bem, sobre tal ponto a Corte Suprema de Justiça da Nação, em decisão relativamente recente, tem recordado, de maneira significativa, o alcance da solidariedade laboral quando não existe fraude à lei, tendo assim se pronunciado "... as gravíssimas conseqüências que derivam da extensão da responsabilidade patrimonial a terceiros alheios, a princípio, à relação substancial que motivou a reclamação nos autos requerem a comprovação rigorosa dos pressupostos fáticos estabelecidos no art. 30 da LCT. A exigência de uma aplicação estrita das normas do ordenamento jurídico que condicionam a obrigação de garantia de um terceiro tem seu fundamento na forte presunção de inconstitucionalidade que brota de toda norma, ou de sua interpretação, que obrigue o pagamento de uma dívida, a princípio, alheia, solução que se afasta da regra geral consagrada nos arts. 1.195 e 1.713 do Código Civil e 56 da Lei n. 19.550, vinculados neste aspecto, com a intangibilidade do patrimônio, estabelecida pelo art. 17 da Constituição Nacional" (Do voto, por maioria, nos autos: "Rodríguez Juan R. c/ Cía Embotelladora Argentina S/A. y otro" — C.S.J.N. 15-4-1993, D.T. LIII, A, p. 753/757).— Nos fundamentos da dita sentença, além do que já se transcreveu, a Corte Suprema de Justiça da Nação invoca também a existência de um fim superior, que não pode ser desconhecido nas decisões judiciais, assim se expressando: "Que é correta a aplicação do art. 30 da LCT toda vez que um empresário subministre a outro um produto determinado, desligando-se expressamente de seu ulterior processamento, elaboração e distribuição. Tal fato ocorre na prática comercial por conta de contratos de concessão, distribuição, franquia ou outros, que permitem aos fabricantes ou, no caso, aos concedentes de uma franquia comercial, vincular-se exclusivamente com uma empresa determinada, sem contrair risco creditício algum em decorrência das atividades desta última, que atua em nome próprio e por seu próprio risco. A finalidade econômica da referida contratação comercial se frustraria se o direito aplicável responsabilizasse sem maiores questionamentos aos concedentes pelas dívidas laborais das concessionárias, com prejuízo para a economia nacional, pelas induvidáveis repercussões que isso acarretaria para os investimentos em contratos deste tipo. Esta Corte não pode omitir-se na consideração de tais circunstâncias, pois, como tem reiteradamente julgado "não se deve prescindir das conseqüências que naturalmente derivam de uma sentença, algo que constitui um dos índices mais seguros para verificar a razoabilidade da interpretação e a congruência com o sistema em que está inserida a norma de este tipo (Sentença n. 302-1284). Se bem que a situação analisada é de pessoal do contratado com o terminal, muitos de seus parágrafos são de plena aplicação à questão que ora se aprecia. Fechando a análise jurisprudencial sobre o tema, a Sala V do CNAT nos autos "Laiguera Oscar c/ Rey Osvaldo" sustentou entendimento esposado na sentença da Corte ao expressar que "o art. 30 da LCT não é violador de normas constitucionais e sua finalidade é reforçar as garantias do trabalhador, limitadas pela hipotética insolvência de seu empregador direto, conforme um tecnicismo que obriga a quem contrate ou subcontrate serviços a extremar seus cuidados na eleição de seus empresários ou empregadores com quem se relacione, prevenindo-se de sua incapacidade econômica, desídia ou má-fé em relação a um grupo de sujeitos — trabalhadores — cujos direitos encontram resguardo constitucional, nos termos do art. 14 bis da CN" (T.y S.S. , 1988, p. 917).

No meu entender, a solução se apóia no fato de que, sem dúvida, o fim específico da produção das autopeças não é o fim principal da co-demandada, que é a montagem das diversas peças fabricadas, por si ou através de fabricantes de peças, para poder ter um produto terminado que saia ao mercado para a venda, através de concessionárias, diretamente ao público, quer dizer, ao consumidor final. Se bem que seja real que o veículo não possa sair ao mercado sem estar totalmente terminado e que, para esta terminação final, contribuiu, sem dúvida, o trabalho realizado pela empresa acionada de forma direta, não resulta menos certo que nenhuma das empresas terminais existentes nesta Província produz a totalidade dos elementos que, por fim, integram o produto final. Tanto é assim que, praticamente, nunca as referidas empresas terminais realizaram os trabalhos de fundição, sendo esses serviços sempre subcontratados, sem que isso determine a extensão da responsabilidade perante o pessoal das empresas contratadas para tais fins. As testemunhas da parte autora dizem que a produção era unicamente para a Renault Argentina S/A., por imposição desta firma, mas isso não está devidamente provado nos autos, já que não foi acostado qualquer contrato que contenha tal estipulação. De toda sorte, a postura assumida por Met-In-Cor é uma decisão empresarial, que se insere no conceito de risco empresarial e que não pode ser trasladada a terceiras empresas, alheias ao órgão diretivo empresarial que tomou tal decisão. O controle de qualidade resulta uma questão perfeitamente válida, uma vez que a produção de determinadas peças deve cumprir os padrões necessários para a posterior montagem do veículo. Reitero que, a meu juízo, não se dá a hipótese que assinala a Corte Suprema de Justiça da Nação da existência de uma unidade técnica de execução entre a empresa e sua contratada, de acordo com a implícita remissão que faz à norma do art. 30 e do art. 6 da LCT. Em sentido convergente com o entendimento adotado pela Sala I da CNAT nos autos "Avila Antonio C/ Montajes Romano S/A. y otro" sentença de 22.10.1979 (Derecho del trabajo, 1980, pág. 221), sustento que, com a modificação da Lei n. 21.297, o atual art. 30 exclui "a atividade acessória que não seja normal e específica da empresa" e isso ainda quando a "atividade secundária" se faça como "atividade permanente e habitual do estabelecimento". Com este critério, se equipara atividade secundária (inclusive se permanente e habitual) a atividade acessória.Tratava-se de um servente geral de limpeza, que trabalhava para uma contratada de trabalhos de montagens e limpezas em determinadas áreas de uma empresa fabricante de veículos automotores. Foi dito que "a limpeza diária das próprias instalações dedicadas à fabricação de automotores não a torna a atividade normal e específica do estabelecimento, já que é evidente que todas as plantas fabris a realizam". Em conseqüência, entendo que ser improcedente a demanda ao pretender a declaração de solidariedade. Custas dispensadas, já que, sem dúvida, existem interpretações jurisprudenciais distintas que podem validamente ter feito o autor pensar que teria direito a reclamar também de quem era o destinatário último da produção realizada" (voto do Dr. Carlos Toselli, Sala X da Exma. Cámara do Trabalho de Córdoba, autos" Correa Fortunato de Jesús c/Metalúrgica Industrial Córdoba y otra").

XI. OPINIÃO SOBRE O FUTURO DE AMBOS OS CONTRATOS

Neste aspecto cabe ressaltar o que sustenta o Dr. *Juan Raso Delgue*, quando expressa que, ante novas formas de trabalho que buscam afastar as regras da tutela social, é necessário reformular o direito do trabalho, adaptando-o às novas realidades, mas sem perder a visão humanista que sempre o caracteriza. Este autor destaca também que, em quase todos os contratos atípicos, se intui a vontade de "deslaboralizar" o vínculo do trabalho. Se em anos anteriores se pretendia flexibilizar o direito do trabalho, atualmente, através do novo contratualismo, se pretende eliminar a disciplina.

Não obstante, propomos a proteção da atividade humana, através da cobertura pelo direito do trabalho dos trabalhadores subordinados e, nas novas figuras a que se nega o caráter laboral argumentando relação comercial, que os indicadores que permitem inferir o corte comercial radiquem em: a) os altos ganhos do reclamante, claramente diferenciado dos restantes trabalhadores que se regem por escalas salariais convencionais; b) prolongamento no tempo da situação jurídica; c) certo grau de autonomia funcional (não sujeição a regime disciplinar, maior flexibilidade horária e definição pessoal do ritmo de produção).

Também ressaltamos a importância de se prever indenizações para a hipótese de ruptura intempestiva e imotivada do vínculo, aspecto que já é previsto nos pertinentes institutos de direito comercial, especificamente pela via dos danos e prejuízos, sem excluir outras variantes de responsabilidade contratual ou extracontratual, devendo-se ponderar especialmente a boa-fé das partes e condenar-nos os casos de abuso de direito.

A doutrina da Corte Suprema de Justiça da Nação, em matéria de concessão comercial, fixou certos princípios: a) as partes podem pactar livremente a terminação unilateral de um contrato por tempo indeterminado; b) a rescisão unilateral deve exercer-se de acordo com os princípios da boa-fé; e c) os juízes podem aplicar a teoria do abuso de direito para privar de efeitos as convenções das partes, mas não de forma restritiva.

Assim mesmo, entendemos que, através de mecanismos análogos aos que regem a matéria tributária, se exija, no momento de contratar comercialmente, a inscrição em órgãos previdenciários e de proteção social a fim de evitar a desproteção do trabalhador autônomo e assegurar-se, através da continuidade no tempo, que esse seja seu verdadeiro caráter.

Por outra parte, propugnamos a associação destes trabalhadores autônomos ou independentes em câmaras ou entidades similares, que os aglutinem em função da identidade de interesses, revertendo o marcado individualismo que caracteriza o presente. Deve-se recordar que, ainda que o art. 14 bis da Constituição Nacional Argentina garante o direito a uma organização sindical livre e democrática, a Lei sindical argentina n. 23551, na forma do seu Decreto regulamentador n. 467/88 exige para a inscrição gremial que a entidade afilie a trabalhadores em relação de dependência, excluindo conseqüentemente a possibilidade de inscrição de trabalhadores autônomos. Em um voto minoritário, o Dr. Capón Filas integrante da Câmara Nacional de Apelações do Trabalho, Sala VI, declarou a inconstitucionalidade do dito preceito e ordenou ao Ministério do Trabalho inscrever a entidade dos trabalhadores autônomos recorrente (vendedores de flores, plantas e afins), sustentando que "... Materialmente, não existe dúvida de que os trabalhadores independentes do setor informal da economia têm direito a organizarem-se sindicalmente, porque a carência de empresariedade em sua esfera os integra na classe trabalhadora. Por isso, a causa forma não pode afastá-los de tal possibilidade ... restringir a sindicalização dos trabalhadores na relação de emprego vulnera a diretriz protetora do projeto social constitucional ...". O direito comparado receita organizações sindicais integradas por trabalhadores independentes do setor informal da economia. Assim, a Lei do Trabalho da Venezuela define: "Se entende por trabalhador não dependente a pessoa que vive habitualmente de seu trabalho sem estar em situação de dependência de um ou vários patrões. Os trabalhadores não dependentes podem organizar-se em sindicatos e celebrar acordos similares às convenções coletivas de trabalho. Serão incorporados progressivamente ao sistema de seguridade social e às demais normas de proteção dos trabalhadores, como for possível (art. 40).

Concluímos que, ainda que a lei argentina exija a relação de dependência para o fim de constituir uma associação sindical, nada impede a associação dos autônomos em câmaras ou entidades análogas, com personalidade outorgada pelo Ministério do Trabalho, equiparável à entidade sindical, que lhes permita em diversos aspectos, poder negociar representando validamente o setor ou grupo informal que representam. Isso porque, devido justamente à sua informalidade, os meios econômicos com que contam fazem com que não possamos estar falando de uma associação civil, tipo câmara empresarial, com alto poder econômico e político.

Como síntese final, diremos que é induvidável que o Direito do Trabalho deve adaptar-se à nova realidade social e às novas formas de trabalho humano. É tarefa dos juízes a análise dessa realidade social. Parafraseando o Dr. Capón Filas que, no Primeiro Congresso Latino-Americano de Direito do Trabalho, celebrado em Assunção, Paraguai, dizia que havia descoberto uma estátua da Justiça, realizada por Lola Mora, que se afastava da tradicional concepção de justiça, com os pratos à igual altura e com uma senhora de olhos fechados e vendados. Neste caso, a representação da Justiça tinha os olhos bem abertos. Esse é o juiz laboral que queremos, o que tenha os olhos bem abertos para poder apreciar a realidade social e evitar, dessa maneira, a fraude legal e a perda do caráter protetor das instituições de Direito Laboral e de Seguridade Social.

BIBLIOGRAFIA BÁSICA CONSULTADA

PLÁ RODRIGUEZ, Américo. *Los principios del Derecho del Trabajo,* 3ª Edición actualizada, Ed. De Palma.

RASO DELGUE Juan, *La Contratación Atípica del Trabajo,* Editorial y Librería Jurídica Amalio M. Fernández.

ERMIDA URIARTE Oscar, *La Flexibilidad — Cuadernos de Fundación,* Derecho del Trabajo y la Seguridad Social.

MARZORATTI Osvaldo, *Derecho de los Negocios Internacionales*, Ed. Astrea.

MOISSET DE ESPANES Luis, *La Lesión en los Actos Jurídicos*, Víctor P. de Zavalía, Editor.

FERA, Mario Silvio y NAVARRO, Marcelo Julio. *Reflexiones sobre la regulación del trabajo por cuenta ajena frente a la actual realidad económica.*

DEVEALI, Mario, *Tratado de Derecho del Trabajo,* 2ª ed., Ed. La Ley ,1972.

A INTERNALIZAÇÃO DO DIREITO DO TRABALHO

Raúl Alberto Fernández (*)

A mudança de alguns dos integrantes da Corte Suprema de Justiça da Nação na Argentina, que começou no ano de 2003, em razão de renúncias e processos de cassação por crimes de prevaricação ou até comuns, modificou a maioria existente e trouxe consigo, além de uma mudança de nomes, um giro ideológico que se manifesta na doutrina que emerge do julgamento das causas "Vizzoti" e "Aquino" nas quais se abandonam postulados economicistas e de apego à letra da lei para privilegiar os direitos constitucionais que aquelas regulamentavam.

As decisões citadas que foram pronunciadas no mês de setembro de 2004, modificaram algumas doutrinas fixadas pela mesma Corte em sua composição anterior que estabeleciam que os juízes não se achavam autorizados a decidir sobre o mérito ou conveniência da legislação emanada do Congresso em virtude da divisão de poderes estabelecida na Constituição, seguindo um critério eminentemente positivista em virtude do qual o Poder Judiciário devia ater-se à letra da lei sem estar habilitado para se pronunciar sobre o mérito ou conveniência da legislação sobre a matéria.

CAUSA "VIZZOTTI"

Na causa "Vizzoti" na qual se declarou a inconstitucionalidade do limite (valor máximo) estabelecido na Lei de Contrato de Trabalho para calcular a indenização devida ao trabalhador pela despedida arbitrária, estabeleceu-se que as leis são suscetíveis de questionamento constitucional quando não resultem razoáveis, ou seja, quando os meios que estabelecem não se adequam aos fins cuja realização procuram ou quando consagram uma manifesta iniqüidade, re-

---

(*) Juiz do Trabalho em Buenos Aires, tradução de Washington Gularte e revisão técnica de Gisele Espellet di Bella, advogada em Porto Alegre, e de Antonia Mara Loguércio, Juíza do Trabalho.

solvendo-se que deve ser aplicada a limitação na base salarial prevista na lei de contrato de Trabalho, só até a melhor remuneração mensal normal e habitual computável para calcular a indenização por antigüidade, recordando conhecida jurisprudência do Tribunal relativa à "confiscatoriedade" que se produz quando a pressão fiscal excede o percentual assinalado; afirmando-se, no que nos interessa ao presente trabalho, que para resolver a contenda, deve-se estabelecer um critério que, sem desconhecer a margem de apreciação do legislador — as razões e objetivos que o motivaram — assinale como limite o preceito da Constituição Nacional que no art. 14 bis estabelece que o trabalho gozará da proteção das leis, e estas assegurarão ao trabalhador proteção contra a despedida arbitrária, considerando, ainda, e sobretudo que o art. 28 enuncia o princípio da supremacia da Constituição, ao dispor que os princípios, garantias e direitos reconhecidos constitucionalmente não poderão ser alterados pelas leis que regulamentam seu exercício.

Apesar da proteção constitucional contra a despedida arbitrária estar sujeita à lei que regulamenta seu exercício, quer dizer, é um mandato para o Poder Legislativo, a lei que este edite deve ser razoável e não alterar a garantia constitucional segundo a clara disposição do art. 28 da Constituição Nacional, pelo que a indenização que se estabeleça deve reparar o dano causado aos trabalhadores e ter a importância pecuniária adequada para dissuadir ao empregador de despedir sem justa causa, máxime em épocas como as atuais nas que, devido à grave crise socioeconômica que atravessa o país onde convivemos com altos índices de desocupação, o legislador reforçou a proteção contra a despedida arbitrária ao duplicar a indenização por Antigüidade.

Na referida causa "Vizzoti", a corte disse que sua intervenção "não implica ingerência alguma no âmbito do Poder Legislativo, nem quebra o princípio da separação de poderes ou divisão de funções já que se trata do estrito dever e necessário exercício de controle de constitucionalidade das normas e atos dos governantes que impõe a Constituição Nacional. É consabido que esta última assume o caráter de uma norma jurídica e que, enquanto reconhece direitos, o faz para que estes sejam efetivos e não ilusórios, sobretudo quando, como no caso, acha-se em debate um direito "humano", introduzindo o conceito de direitos humanos como veremos adiante, vai resultar definidor para decidir a causa, ficando a proteção do trabalho como um direito de segunda geração que integra o conceito de direitos humanos e fazendo a Corte privilegiar o direito internacional, reconhecido expressamente como fonte de Direito na Constituição Nacional, sobre o direito interno.

O art. 14 bis da Constituição Nacional estabelece que "o trabalho em suas diversas formas gozará da proteção das leis que asseguram ao trabalhador: condições dignas e eqüitativas de labor, jornada limitada, descanso e férias pagas, retribuição justa, salário mínimo vital e móvel, igual remuneração por igual tarefa, participação nos lucros das empresas, com controle da produção e colaboração na direção, proteção contra despedida arbitrária, estabilidade no emprego público e organização sindical livre e democrática".

O princípio protetor constitui a razão de ser do Direito do Trabalho não sendo possível conceber uma legislação trabalhista sem aquele, afirmando a Corte no caso "Vizzoti" que os direitos constitucionais têm seu conteúdo descrito e protegido pela própria Constituição, que não enuncia direitos ocos a serem preenchidos de qualquer modo pelo legislador" nem um promissório conjunto de sábios conselhos, cujo cumprimento fique liberado à boa vontade do legislador.

Explica também que ao regulamentar um direito constitucional o legislador chamado a fazê-lo não pode atuar com outra finalidade que não seja a de dar àquele direito toda a plenitude que lhe reconheça a Constituição Nacional e que, se os direitos constitucionais são suscetíveis de regulamentação, esta última deve conferir-lhes a extensão e compreensão previstas no texto que os enunciou e que manda assegurá-los e não pode alterá-los. É assunto de legislar — agrega, mas para garantir "o pleno gozo e exercício dos direitos reconhecidos pela Constituição e pelos tratados internacionais vigentes sobre direitos humanos (art. 75, inciso 23 da Constituição Nacional), recordando em continuação que o mandato que expressa tantas vezes o citado art. 14 bis se dirige primordialmente ao legislador, mas seu não cumprimento diz respeito também aos restantes poderes públicos os quais, dentro da órbita de suas respectivas competências, devem fazer prevalecer o espírito que domina dito preceito.

Ao ser reformada a Constituição Nacional Argentina no ano 1994 estabeleceu-se dentro das atribuições do Congreso Nacional: "aprovar ou referendar tratados concluídos com as demais nações, com organizações internacionais e os acordos com a Santa Sede", possuindo os tratados e acordos hierarquia superior às leis. Da mesma forma como: "A Declaração Americana dos Direitos e Obrigações do homem; a Declaração Universal dos Direitos Humanos; a Convenção Americana sobre Direitos Humanos; o Pacto Internacional dos Direitos Econômicos, Sociais e Culturais; o Pacto internacional dos Direitos Civis e Políticos e seu Protocolo Facultativo; a Convenção sobre a Prevenção e Sanção do Delito de Genocídio; a Convenção Internacional sobre a eliminação de todas as formas de Discriminação contra a Mulher, a Convenção contra a Tortura e outros Tratos ou Penas Cruéis, desumanos ou Degradantes; a Convenção sobre os Direitos da Criança; nas condições da sua vigência, possuem hierarquia constitucional, não derrogam artigo algum da primeira parte desta Constituição e devem entender-se complementares dos direitos e garantias por ela reconhecida".

Quer dizer que a partir do ano de 1994, na Argentina, os tratados internacionais possuem hierarquia superior às leis, e aquelas normas explicitadas no inciso transcrito possuem hierarquia constitucional, pelo que, tendo em conta a nova situação hierárquica que adquirem os tratados internacionais no ordenamento jurídico argentino, os mesmos resultam aplicáveis para resolver os conflitos de interesses que se produzam entre trabalhadores e empregadores, além dos convênios celebrados na esfera da Organização Internacional do Trabalho, que constituíram desde sempre a fonte internacional própria do Direito do Trabalho.

Os convênios celebrados na esfera da OIT, constituem na terminologia da Constituição tratados internacionais, sendo compreendidos dentro das previsões do art. 75, inc. 22, no que se refere aos tratados concluídos com outras nações e com as organizações internacionais.

Além destes, também resultam aplicáveis para resolver conflitos laborais, e foram citados pela Corte Suprema de Justiça da Nação no caso "Vizzoti", a Declaração Universal dos Direitos Humanos (arts. 23/25); a Declaração Americana dos Direitos e Obrigações do Homem (art. XIV); o Pacto Internacional dos Direitos Econômicos, Sociais e Culturais (arts. 6 e 7); a Convenção sobre a Eliminação de todas as Formas de Discriminação contra a Mulher (art. 11) e a Convenção sobre os Direitos da Criança (art. 32), todos os que sem prejuízo de serem tratados ou convenções de caráter especial formam parte do ritmo universal que representa o Direito internacional dos Direitos Humanos e sustentam que o trabalhador é sujeito preferente da atenção constitucional.

Ao resolver a causa "Vizzoti", a Corte reitera a citada Declaração Universal dos Direitos Humanos (art. 23.1) enquanto enuncia o "direito a trabalhar" (art. 6.1), compreensivo do direito do trabalhador a não se sentir privado arbitrariamente de seu emprego, seja a classe que for deste, surgindo isso, também, dos trabalhos preparatórios deste tratado; estando o direito ao trabalho também inserido na Declaração Americana dos Direitos e Obrigações do Homem (art. XIV) e na Convenção Internacional sobre a Eliminação de todas as Formas de Discriminação contra a mulher (art. 11.1)

A Corte adere desta maneira à corrente jurisprudencial que ante um conflito de interesses lhe atribui primazia ao direito internacional sobre o direito interno, corrente que não só o faz por aplicação do citado art. 75, inc. 22 da Constituição Nacional, mas também por seguir o ritmo universal da justiça composto pelo corpo dos direitos humanos básicos que constitui a nova ordem pública internacional, constituindo isso uma golfada de ar fresco ante o crescente processo de ajuste e flexibilização que padeceu a América Latina durante os anos noventa e ao qual a Argentina não ficou alheia.

Este processo que propiciou a eliminação, diminuição ou adaptação do princípio protetório que constitui a essência do Direito do Trabalho, sob o pretexto de conseguir mais inversões, criar maior quantidade de emprego ou melhorar a competitividade das empresas, teve suas primeiras experiências preparatórias que de alguma maneira anunciaram a anulação ou diminuição dos direitos do trabalhador que se vizinhavam na região na mão do neoliberalismo, no Plano Laboral chileno de 1978/79 e na Lei n. 1/86 da Reforma Laboral do Panamá, que teve influência e repercussão nas reformas iniciadas a princípio da década do 90 na Colômbia, Equador e Peru.

Na Argentina o processo flexibilizador iniciou-se com a eufemisticamente denominada Lei do Emprego de 1991 que pretendendo criar emprego, estabeleceu disposições com tendência a regularizar o trabalho informal, criou um sistema de seguro-desemprego e diminuiu os direitos do trabalhador, sem conseguir, obviamente, baixar os índices de desemprego que se incrementaram em níveis insuspeitáveis.

Esta lei que foi excessivamente declarativa e regulamentadora, atingiu diferentes capítulos temáticos e se ditou para atenuar os efeitos da desocupação, fomentando o emprego e regularizando as situações de emprego não registrado, procurando a inscrição de todos os trabalhadores sob relação de dependência num sistema único de registro laboral, para evitar futuras fraudes e assegurar a todos os trabalhadores os benefícios das leis sociais, na prática, somente, constituiu um meio para suprimir os direitos dos assalariados, sem que por isso aumentasse a oferta de trabalho que, aliás, diminuiu ainda mais.

Após fracassar no intento de aprovar legislativamente novas leis desreguladoras, firmou-se no ano de 1994 entre as entidades representativas do trabalho e da indústria, o Acordo Marco para o Emprego, à Produtividade e a Eqüidade Social, procurando chegar a uma flexibilidade laboral negociada, persistindo-se na idéia de que reduzindo os custos laborais e precarizando o emprego, a economia ia crescer, ia-se lograr uma maior produtividade e com isso aumentar a oferta de trabalho, o que tampouco teve sucesso perante a paulatina diminuição da economia.

O processo flexibilizador que nasceu como conseqüência das desacertadas políticas econômicas impostas, que fizeram com que a economia se mostrasse impotente para gerar postos de trabalho, devido, entre outras causas, ao enorme endividamento externo, ao desprezo pelo mercado interno, à queda dos salários e da participação deste no produto bruto, fez crer a vastos setores da população que barateando o custo laboral se melhoraria a competitividade das empresas, fazendo crescer com isso a economia, o que geraria novos postos de emprego, reduzindo assim os altos índices de desemprego existente.

Tentou-se através de uma insistente campanha de divulgação levada a cabo pelos meios massivos de comunicação, nos quais campeia mais a liberdade de empresa que a liberdade de imprensa, fazer crer que a rigidez da legislação trabalhista e amplitude do princípio protetório sustentado tanto pela doutrina da especialidade como pela jurisprudência, prejudicava a modernização e competividade das empresas, atentando isso contra a criação de novos postos de emprego, reproduzindo-se as críticas que suscitaram o ditado das primeiras leis trabalhistas do princípio do século passado, chegando-se ao documento do Banco Mundial sobre a reforma do Poder Judiciário na América Latina de meados dos anos noventa, que sob o pretexto de assegurar um poder judiciário justo e eficiente, de promover o desenvolvimento do setor privado, estimular o aperfeiçoamento de todas as instituições e aliviar as injustiças sociais, propiciava a eliminação da Justiça do Trabalho como a concebemos na atualidade. Prova disso é que no Projeto de Desenvolvimento do Juizado Modelo (PROJUM) implantado na Argentina com financiamento do Banco Mundial (PRESTAMO BIRF 4314-AR), que colocou em funcionamento uma experiência piloto em tribunais de diferentes foros e jurisdições, não foi incluído nenhum juizado ou tribunal pertencente à Justiça do Trabalho.

A citada campanha publicitária influenciou em parte à doutrina e à jurisprudência ao fazê-los crer que a defesa dos postulados clássicos do Direito do Trabalho e dos direitos dos trabalhadores constituía uma posição anacrônica e que o contrato de trabalho devia adaptar-se às novas condições da economia, quer dizer que o trabalhador devia subordinar-se ao livre jogo das forças do mercado, esquecendo a disparidade de forças que existe entre os trabalhadores e os empregadores que torna impossível estabelecer um diálogo social sem antes estabelecer algumas condições mínimas inderrogáveis para assegurar à mulher e ao homem que trabalha uma vida digna.

Esta jurisprudência forjada ao calor das idéias em voga nos anos noventa, resultava contrária ao direito protetório consagrado no art. 14 bis da Constituição Nacional que ao dispor que o trabalho nas suas diversas formas desfrutará da proteção das leis, torna este princípio base e fundamento de toda a norma laboral, o que se reflete na disposição do art. 4 da Lei de Contrato de Trabalho que estabelece que "o contrato de trabalho tem como principal objetivo a atividade produtiva e criadora do homem em si", somente depois, há de entender-se que existe entre as partes uma relação de intercâmbio e um fim econômico; no mesmo sentido a Lei de Assossiações Profissionais de Trabalhadores que estabelece no art. 3 "que a ação sindical contribuirá para remover os obstáculos que dificultem a realização plena do trabalhador", tanto no âmbito do direito individual do trabalho como no coletivo, se privilegia ao homem por sobre o mercado, estabelecendo-se sua primazia por sobre o fato econômico.

A Corte manifestou no caso "Vizzoti", logo ressalte-se que "não desconhece que os efeitos que produza a doutrina da presente decisão poderiam ser considerados, desde certas posições ou escolas, como inadequado às diretrizes que seriam necessárias para que a melhora do mercado econômico em geral, que "o homem não deve ser objeto de mercado algum, senão senhor de todos estes, os quais somente encontram sentido e validade se tributam à realização dos direitos daquele e do bem comum; daí que não deve ser o mercado o que submeta a suas regras e pretensões as medidas do homem nem os conteúdos e alcances dos direitos humanos".

Acrescentamos que é o mercado que deve adaptar-se aos moldes fundamentais representados pela Constituição Nacional e o Direito Internacional dos Direitos Humanos de hierarquia constitucional, sob pena de cair na ilegalidade, aplicando o princípio segundo o qual o cumprimento das obrigações patronais não seja súdita ao sucesso da empresa, sucesso cuja manutenção de nenhum modo poderia fazê-lo depender, juridicamente, da subsistência de um regime não eqüitativo de despedidas arbitrárias.

CAUSA "AQUINO"

No mesmo sentido se expediu à Corte — em sua nova integração — e aos poucos dias da resolução da causa "Vizzoti" no caso "Aquino" no qual se declarou a inconstitucionalidade do art. 39 da Lei de Riscos do Trabalho, enquanto exime ao empregador da responsabilidade civil mediante o pagamento da prestação estabelecida na lei.

A Corte lembra que o art. 19 da Constituição Nacional estabelece o princípio geral que proíbe aos homens prejudicar os direitos de terceiros, encontra-se visceralmente vinculado à idéia de reparação, estabelecendo o Código Civil que as reparações devem ser integrais, o que constitui um princípio geral que regula qualquer disciplina jurídica, pelo que uma pessoa que trabalha não pode receber menos proteção que uma comum, sendo que a Constituição Nacional tem feito do trabalhador um sujeito de preferente tutela, circunstância que se há fortalecido e agigantada pela proteção reconhecida a toda pessoa que trabalha nos tratados internacionais que desde a reforma de 1994 tem hierarquia constitucional.

A decisão citada corrige uma das violações mais flagrantes da Lei de Riscos, que é a transgressão ao princípio da igualdade, já que se privava a um trabalhador daquilo que se concedia aos demais habitantes em circunstâncias similares, não havendo nenhuma justificativa para tratar de maneira diferente a um trabalhador e um habitante comum que sofre um acidente pretendendo outorgar-se ao trabalhador uma indenização menor.

Por isso considera a Corte que a Lei de Riscos resulta contrária aos princípios constitucionais, ao negar na hora de proteger a integridade psíquica, física e moral do trabalhador, a consideração plena da pessoa humana e os imperativos de justiça da reparação, os quais não devem e não podem estar só na parência.

A Lei de Riscos ora questionada ao excluir o trabalhador da doutrina reparadora do Código Civil quando de acidentes e doenças laborais, incorreu num retrocesso legislativo na esfera da proteção, o que a coloca em grave conflito com um princípio arquitetônico dos Direitos Humanos em geral e do Pacto Internacional dos Direitos Econômicos, Sociais e Culturais em particular, que é informado pelo princípio de evolução segundo o qual todo Estado-parte compromete-se a adotar medidas para lograr progressivamente a plena efetividade dos direitos aqui reconhecidos (art. 2.1) do que se seguem duas conseqüências: os Estados devem proceder o mais explícita e eficazmente possível a fim de atingir tal objetivo e todas as medidas de caráter deliberadamente retroativo a este respeito requererão a consideração mais cuidadosa e deverão justificar-se plenamente com referência à totalidade dos direitos previstos no Pacto.

Lembrando que o referido princípio de progressão, que também enuncia a Convenção Americana sobre Direitos Humanos, precisamente no que diz respeito aos direitos econômicos e sociais, também tem sido acolhido pelos tribunais constitucionais de diversos países, como a Corte de Arbitragem Belga, o Tribunal de Portugal e o Conselho Constitucional Francês, entre outros.

Na causa "Aquino", coube à Corte recordar que o homem é eixo e centro de todo sistema jurídico enquanto fim em si mesmo e que sua pessoa é inviolável e constitui valor fundamental com respeito ao qual os demais valores possuem sempre caráter instrumental, baseando suas considerações em três princípios que excedem o fato econômico: o de cooperação, solidariedade e justiça, normativamente compreendidos na Constituição Nacional, pelo que aqueles que utilizam os serviços de um trabalhador, estão obrigados a preservar sua integridade física.

A doutrina que emana da citada decisão, não se limita a aplicar os princípios de cooperação, solidariedade e justiça, senão que — como foi dito — faz referência também ao princípio de progressão pelo qual todo Estado se compromete a adotar medidas para lograr progressivamente a plena efetividade dos direitos reconhecidos, reiterando também que os direitos do trabalhador são direitos inerentes e não um fator de produção ou um objeto do mercado do trabalho, recordando uma vez mais que o homem é o senhor de todos os mercados e que o trabalho não constitui uma mercadoria, pelo que ante um infortúnio, o valor da vida humana não resulta apreciável com critérios exclusivamente econômicos, devendo ceder à concepção materialista frente a uma compreensão integral dos valores materiais e espirituais.

Dito com outras palavras, a incapacidade que deriva de um acidente de trabalho, deve ser reparada à margem do que possa corresponder pela diminuição da atividade produtiva, atendendo-se ao ser humano na sua integridade, recordando o expressado há vários séculos, que não é a mão que trabalha, senão o homem mediante a mão.

A Corte aponta que o regime da Lei de Riscos de Trabalho questionado, tampouco se encontra em harmonia com outro princípio básico da Constituição Nacional Argentina e do Direito Internacional dos Direitos Humanos: a justiça social, que cobra relevante aplicação no âmbito do direito trabalhista e adverte, foi inscrito, já a princípios do século passado no Preâmbulo da Constituição da Organização Internacional do Trabalho, como um meio para estabelecer a paz universal mas também como um bem próprio.

Esta enfática alusão à Justiça Social como modelo a seguir, marca uma mudança drástica no que diz respeito à anterior doutrina da Corte que aludia à eficiência econômica do Direito, antepondo o mercado aos direitos dos trabalhadores.

Na referida decisão cita-se a nova cláusula do progresso contida no art. 75, inc. 19 da Constituição Nacional sancionada em 1994 que dispõe que corresponde ao Congresso prover ao operário condições condicentes ao desenvolvimento humano e ao progresso econômico com justiça social, não sendo casual que no processo de integração do MERCOSUL, os Estados partícipes tenham se atido, na Declaração Socio-laboral, ao "desenvolvimento econômico com justiça social", citando o resolvido pela Corte Européia dos Direitos Humanos enquanto disse que "Eliminar o que se sente como uma injustiça social figura entre as tarefas de um legislador democrático".

No âmbito regional do MERCOSUL e ante a falta de transferência de soberania dos Estados-membros, como ocorreu com a União Européia, o modo de gerar normas jurídicas obrigatórias, é pela vontade concorrente dos Estados-membros, como se fez com a chamada "Declaração Sociolaboral do MERC", adotada pelos Chefes de Estado dos Países-membros em 10 de dezembro de 1998 na cidade do Rio de Janeiro, Brasil e em cujas considerações se estabelece que os Estados-partes do MERCOSUL apóiam a Declaração da OIT relativa aos Princípios e Direitos Fundamentais no Trabalho (1998), a qual reafirma o comprometimento dos Membros de respeitar, promover e pôr em prática os direitos e obrigações contidos nos convênios reconhecidos como fundamentais dentro e fora da Organização e estando comprometidos com as declarações, pactos, protocolos e outros tratados que integram o patrimônio jurídico da Humanidade, o que transluz o caráter progressivo e aberto da Declaração.

Tal Declaração constitui o bloco de constitucionalidade em matéria dos direitos fundamentais e consagra e reconhece entre outros, o direito à não discriminação, à promoção da igualdade, a eliminação do trabalho escravo, o direito à greve, a liberdade de associação e proteção da liberdade sindical, os que resultam obrigatórios, vinculantes e de eficiência jurídica plena, pelo caráter da Declaração; por ser conseqüência do Tratado de Assunção e da Declaração Universal dos Direitos Humanos, assim como dos demais pactos e tratados enumerados no art. 75 da Constituição Nacional; pela supremacia da ordem internacional e por formar parte do *jus cogens*, quer dizer do corpo dos direitos humanos básicos que constituem a ordem pública internacional.

CONCLUSÕES

Estas decisões adquirem transcendental importância, mais pela doutrina que emana de seus considerandos, que pelos casos concretos que resolvem, e — sem dúvida alguma — trarão consigo um efeito cascata, já que modificarão as decisões dos tribunais inferiores, até porque na Argentina o Poder Judicial estrutura-se na forma horizontal e não vertical, pelo que não existem diferenças de hierarquias entre os juízes, e sim, diferentes competências, o que faz com que salvo exista uma norma expressa de acatamento aos precedentes jurisprudenciais como no caso das decisões plenárias, impere o controle difuso de constitucionalidade das leis o que permite que qualquer juiz possa declarar a inconstitucionalidade de uma norma quando não seja razoável e desnaturalize o direito consagrado na Constituição. Ocorre que muitas vezes existem razões práticas ou do processo que permitem o seu prosseguimento deixando, no entanto, o juiz prolator da decisão a salvo sua opinião em contrário. Dessa forma era comum acontecer que os tribunais inferiores aceitassem a doutrina estabelecida pela Corte na sua anterior conformação, apesar de que a mesma violentava princípios elementares do direito do trabalho e convertiam em letra morta o princípio protetório.

Princípio protetório que a partir da nova doutrina da Corte Suprema de Justiça, volta-se a entender dirigido ao legislador e ao juiz, que dá sentido ao Direito do Trabalho como ramo jurídico especial que constitui um corpo sistemático, que representa caracteres específicos próprios e com princípios gerais que estão positivados na Constituição Nacional e nas Declarações e Tratados enumerados no art. 75 a partir da reforma de 1994.

O Direito do Trabalho é por essência um direito protetório e encontra razão de ser em que as partes estão ligadas por um contrato de trabalho não estando em pé de igualdade, pelo que deve necessariamente criar desigualdades, com tendência a procurar um equilíbrio de poder entre trabalhadores e empregadores, para que uma vez superadas as condições mínimas que constituem a ordem pública laboral, admita a vigência do princípio da autonomia da vontade nas relações laborais.

A nova doutrina da Corte adota um critério humanista do direito, terminando com a idéia de que o Direito do Trabalho deve submeter-se à economia, colocando o homem como eixo e centro de todo o sistema jurídico, constituindo um fim em si mesmo, senhor dos mercados e da justiça social, que fora caracterizada como a justiça na sua mais alta expressão e cujo conteúdo consiste em ordenar a atividade intersubjetiva dos membros da comunidade e os recursos com que esta conta com vistas a alcançar o bem-estar geral, quer dizer as condições de vida mediante as quais é possível a pessoa humana desenvolver-se com dignidade, como um meio para estabelecer a paz universal e um fim próprio.

A menção que se faz da justiça social aponta um distanciamento do materialismo positivista para adotar uma posição mais próxima ao direito natural, que concebe a dignidade humana como causa dos direitos humanos e a estes como superiores à sociedade civil, tendo resolvido há alguns anos a Corte Interamericana de Direitos Humanos que "o exercício da função pública tem limites que derivam de que os direitos humanos são atributos inerentes à dignidade humana e em conseqüência, superiores ao poder do Estado".

No mesmo mês de setembro de 2003 e entre as datas das decisões citadas, se expediu na Corte Interamericana dos Direitos Humanos a opinião Consultiva Número18 a qual determinou que: a) os Estados têm obrigação geral de respeitar e garantir os direitos fundamentais; b) a falta de cumprimento por parte do Estado, da obrigação de respeitar e garantir os direitos humanos, gera responsabilidade internacional; e c) o princípio fundamental da igualdade e não discriminação forma parte do direito internacional geral e alcança a hierarquia de *jus cogens*.

No âmbito internacional, a humanidade tem reconhecido o direito a obter uma ordem social nacional e internacional justa que permita a cada um concretizar os direitos humanos, satisfazer as necessidades básicas e alcançar níveis crescentes de bem-estar (arts. 2 e 12 da Declaração Universal dos Direitos Humanos, art. 12 do Pacto Internacional dos direitos Econômicos, Sociais e Culturais e art. 26 do Pacto de San José da Costa Rica).

O Estado do Bem-Estar deve garantir a todos os homens condições dignas de vida e de trabalho, comprometendo-se a adotar medidas para alcançar progressivamente a plena eficiência dos direitos humanos, estando-lhe vedado adotar discricionariamente medidas regressivas que anulem ou diminuam direitos concedidos, concebendo-se o trabalho como uma manifestação do espírito que o transforma num serviço social, que faz com que o homem seja resultado da sua própria atividade, aperfeiçoando-o e dignificando-o.

Ao reafirmar o conceito de que o trabalho não é só um meio de produção nem uma mercadoria, se põe em notória evidência que os fins do Direito do Trabalho e da economia são diferentes, já que enquanto esta estuda os processos de produção, distribuição e consumo colocando ênfase no fato econômico, aquele tem por intuito a humanização e dignificação do trabalho, ao que concebe como um fato social, que tem a ver com o princípio de justiça social.

Tudo isso nos leva a efetuar algumas breves reflexões no que diz respeito ao papel que deve cumprir o Poder Judiciário que é o de resolver conflitos de ordem social e econômica que correspondem a políticas públicas que devem decidir o Poder Executivo e o Poder Legislativo; ratificar as idéias de que a prosperidade geral constitui um fim cuja relação autoriza a afetar direitos do trabalhador, estando reservado aos juízes aplicar a Constituição Nacional e os Tratados Internacionais que têm hierarquia constitucional sem distanciar-se do conceito universal de justiça que coloca o homem acima do mercado, como fim em si mesmo e como eixo e centro de todo o sistema jurídico.

DO DIREITO DO TRABALHO A UM DIREITO DE INCLUSÃO SOCIAL

Mario Elffman (*)

SUMÁRIO: *1. Questões preliminares. Sobre o nascimento do Direito; 2. Surgimento do Direito do Trabalho: Fatores e interesses determinantes; 3. A centralidade social do trabalho como pressuposto inamovível — crise do conceito; 4. O Direito do Trabalho e a unidade de sentidos do Direito; 5. O que está para além dos limites: a mobilidade atual das linhas demarcatórias; 6. A marginalidade social e o mundo do Direito; 7. Sobre os princípios de um Direito de inclusão social; 8. Um cenário de possíveis ações jurídicas concretas; 9. Os direitos fundamentais.*

> *"Há algo mais importante ainda do que o sexo ou o trabalho: é a necessidade humana universal de esperar, de pensar no futuro. Roubar o futuro a um homem é pior do que matá-lo."*
>
> (John Berger, "Um pintor de Hoje")

1. QUESTÕES PRELIMINARES. SOBRE O NASCIMENTO DO DIREITO

Sempre que se pretende ensaiar um exame crítico e prospectivo das necessidades de evolução do direito (e ainda mais quando o setor contemplado como sujeito coletivo dessas necessidades não é o socialmente dominante), o analista se depara com um conjunto de dificuldades que não devem ser postas de lado senão pelo preço de que a resultante fique limitada a uma narrativa onírica. O *dever ser* do Direito não parece estar ligado às necessidades do desenvolvimento e da transição social, mas ao mundo do estabelecido e regrado, do constante e permanente.

(*) Professor regular, titular de cátedra do Departamento de Direito do Trabalho e Seguridade Social na Faculdade de Direito da Universidade de Buenos Aires; Juiz Nacional do Trabalho na Argentina; membro fundador da Associação Latino-Americana de Advogados Laboralistas (ALAL) e da Rede Ibero-Americana de Juízes. Juiz do Trabalho e Professor na Argentina. Tradução de Evaristo Gallego Iglesias e Revisão Técnica de Antonia Mara Loguércio, Juíza do Trabalho.

Esse mesmo *status* de permanência resistente lhe aporta uma pátina cultural de racionalidade, adequação e plenitude: de modo que se eu começo dizendo simplesmente que o Direito fracassa porque não abarca todos os sujeitos da sociedade, ou os trata de modo desigual e discriminatório *ab initio*, tenho que superar certo preconceito vulgar acerca de que o Direito existente seria a regulamentação mais correta — dentro do possível — das condutas humanas no meio social. Finalmente, e como a exteriorização do Direito em normas não tem seu assento principal nas massas, mas no sistema estatal, não é sensato ignorar a articulação entre Direito e Estado, especialmente para elucidar a factibilidade de um ramo, disciplina ou setor do Direito que não apareça como expressão natural da vontade da superestrutura política e da dominação social.[1]

Uma leitura esclerosada das escassas abordagens de *Karl Marx* e *Friedrich Engels* sobre a teoria geral do Direito conduziu, quase inevitavelmente, ao traçado de um símbolo de igualdade entre esta e a teoria do Estado; e de sua história com a história daquele. Se considerarmos que o objeto principal dessas abordagens consistia, precisamente, no desenho de uma teoria de Estado, e não de uma teoria do Direito, não há de ser difícil dar com a raiz gnoseológica de tal equiparação e das possíveis confusões que ela tenha gerado.

Contribui a tal simplificação um detalhe que não é pequeno: o da comprovação histórica de que onde e quando aparece o Estado, como conjunto de institutos superestruturais característicos inclusive de sua configuração atual, o faz acompanhado como a sombra ao corpo pela eclosão do Direito.[2] Com essa premissa, também se tende a admitir como algo natural que a extinção do Estado seja acompanhada pela dissolução automática dos institutos jurídicos.

Devo reconhecer ter tomado esse mesmo caminho, por volta de 1988, ao ensaiar uma história crítica dos institutos nucleares do Direito do Trabalho,[3] com resultados que hoje despertam minha autocrítica.

---

(1) Aclaro que essa articulação a que me refiro não é linear nem exclusiva, e que a riqueza do conflito social ingressa também no mundo do Direito, questão esta a que voltarei *infra*.

(2) Examinada a fonte de conhecimento que nos é mais próxima, que é a da história da Grécia — e sem pretensões de totalizações que não contemplam diferenças substanciais a respeito de outros progressos nas sociedades orientais — estamos nos situando por volta dos séculos XII e XI a. C., época da liquidação do regime gentílico com as reformas de Teseu. Os dados referenciais visíveis são os da divisão da população segundo o princípio territorial e outros atributos do poder, como as forças armadas, as prisões e as instituições coercitivas.

(3) *A polêmica história do Direito do Trabalho*, publicada na revista Derecho Laboral de Montevideo, tomo XXXI, n. 152, outubro-dezembro de 1988, p. 724 a 748, por iniciativa e gentileza de seus diretores *Américo Plá Rodriguez e Héctor Hugo Barbagelata*.

O viés metodológico do qual deriva tal escolha se produziu ao formular-me a seguinte pergunta liminar: *quando, como e em equivalência a que outros fenômenos da história humana nasce o Direito?*[4]

Procedendo ao exame a partir das formas externas, não parece exagero sustentar o reconhecimento de uma continuidade entre o direito consuetudinário e o que tem sua expressão mais típica e característica na lei: tanto assim que há traços contemporâneos do primeiro no segundo, particularmente no *common law*.

Nesse Direito consuetudinário, há consagração impositiva derivada da repetição de certos comportamentos em determinadas relações sociais e em similares situações de fato. A leitura dos textos consolidados das tradições e narrativas que formam o entremeado de base das idéias religiosas contemporâneas é sumamente útil para pôr em evidência a aparição precoce de mitos e representações das condutas devidas e concepções tão terrenas como místicas relativas a sua inobservância.[6] Porém, quando acorremos à outra fonte de conhecimento, como aquela da mitologia de deuses e semideuses situadas em contato com a vida humana em sociedade, ou a reconstrução que delas se faz na tragédia grega,[6] a resposta 'social' coercitiva, o castigo irredimível e irrevogável, o suplício, o desterro e todas as modalidades de expiação dos comportamentos anômalos ou indesejados aparecem mais que potenciados (inclusive em sua comparação com as virtudes dos heróis); de modo que se exteriorizam e evidenciam mais os maus procedimentos e suas conseqüências — em especial quando podem irritar ou questionar os

---

(4) Na teoria da linguagem, denomina-se inferências proposicionais a este tipo de formulações que, propostas em termos de aparente neutralidade, assinalam ou orientam uma determinada direção para as respostas ou as conclusões: no nosso caso, a única categoria que parece unir os três dados da pesquisa é a de ESTADO, na medida em que responde simultaneamente à consulta sobre temporalidade, sobre o modo de irrupção na vida da sociedade e sobre a sua correlação fenomenológica.

(5) Vistas a partir da fenomenologia atual do Direito, na qual se visualizam quatro momentos: o da situação de fato a que pode corresponder um ou mais procedimentos, a escolha pelo poder daquele ou daqueles que devam ser executadas ou cumpridos em tal situação de fato, a verificação da submissão ou afastamento de um sujeito em relação a esse modelo e a coerção aplicável ao não cumprimento). O segundo momento ainda aparece difuso devido às dificuldades para definir estruturas de poder pré-estatais, e o quarto porque não é onipresente a sanção terrena, na medida em que o material cultural de apoio destaca duas formas de castigo não correspondentes a nossa concepção atual: a expiação social de maus procedimentos ou pecados "originais" e a avaliação divina *post mortem* de cada comportamento individual.

(6) Parece quase inimaginável uma abordagem mais completa desta perspectiva que a realizada por *Michel Foucault* no ciclo das conferências no Brasil recolhidas num texto único em "La verdad y las formas jurídicas", Ed. Gedisa.

deuses — que o mérito daqueles que deveriam suportar a coação ou o castigo, o qual sempre é exemplar e até notavelmente superdimensionado.

A própria imposição do castigo — veja-se o modelo do suplício de Tântalo — expressa ou pressupõe uma decisão de natureza *judicial* mesmo que não apareça relacionada ainda com atos administrativos estatais.

As primeiras codificações, que se limitam à manutenção dos costumes geradores de obrigações em corpos normativos, não implicam necessariamente em saltos qualitativos. Esses saltos se fazem presentes no momento evolutivo no qual se outorga força coercitiva a decisões sobre assuntos concretos, considerados como *precedentes*, e na medida em que a *jurisprudência* resultante supõe que tais decisões tenham causa e fonte na atividade diferenciada estatal. Há aqui órgãos judiciais e/ou administrativos (normalmente sobrepostos) com atribuição para a criação de novas normas, ainda atomizadas e caóticas.

Dali em diante as etapas são mais facilmente reconhecíveis no processo de geração de preceitos de caráter geral, ainda que não necessariamente universais; assim como no de diferenciação progressiva do sistema jurídico até o atual reconhecimento de sua ligação nítida e indissolúvel com a *lei*; e na divisão do Direito em *ramos* de pretensão total ou parcialmente autônoma.

Como *lei*, a fonte geradora do Direito somente adquirirá suas notas típicas quando nasçam órgãos parlamentares diferenciados e, posteriormente, o princípio de divisão dos poderes do Estado.[7] Com o domínio temporal da burguesia como classe ascendente, e com a sua necessidade de acabar com a força coercitiva do costume feudal, adquire a caracterização de *supremacia da lei*. Ao colocar-se em crise essa condição de classe avançada,[8] coloca-se em crise similar o princípio da legalidade.

---

(7) Foram-me observadas, num rascunho deste trabalho, as afirmações deste parágrafo. Vejamos:

a) As 'notas típicas' da lei, observam-me, não dependem de sua origem parlamentar. É juridicamente razoável, mas prefiro aferrar-me a critérios de juricidade depois de ter vivido tantos anos da minha vida sob regimes ditatoriais 'de fato', produtores de tantas normas jurídicas que herdam acriticamente os *de iure*.

b) A própria instituição parlamentar não é um fenômeno universal, nem acontece em períodos similares (Rússia, por exemplo, no início do século XX começa a ter algo parecido a um parlamento). Também é certo e se me mantenho na adição de condições para tipificar a lei é por essa mesma aderência pessoal à legalidade.

(8) Já estamos nos situando em princípios da 8ª década do século XIX nos países mais avançados do modelo ocidental, em cuja pretensão de conhecimento nos formamos.

É esse o momento, antecipado por uma prognose muito convincente efetuada no "*As lutas de classe na França*", no qual *Marx* nos transmite uma visão cuja leitura linear e dogmática não permitiria reconhecer a tipicidade dos institutos próprios do direito do trabalho, da seguridade social, ou, mais atualmente, do direito ambiental ou do direito do usuário e consumidor. É prudente reconhecer que se necessita algo mais do que esses textos para explicar o constitucionalismo social, num marco em que o desenvolvimento da sociedade capitalista supõe a consolidação inquestionável tanto da apropriação que a sustenta como de seus mecanismos de dominação para sua reprodução.[9] Se prescindimos desse *plus* corremos o risco de entender só parcialmente a natureza diferenciada do direito social, sua articulação progressiva com a evolução do direito universal dos direitos humanos e a perspectiva num horizonte necessário de um novo estágio correspondente a um direito de integração ou de inclusão social. Que é o que, finalmente, corresponde ao objeto central destas reflexões.

2. SURGIMENTO DO DIREITO DO TRABALHO: FATORES E INTERESSES DETERMINANTES

Esse outro '*momento*' em que a já não tão nova forma de dominação social capitalista tinha '*passado à reação em toda a linha*' ou, ao menos, rompido sua aliança parcial e temporária com a classe trabalhadora, não é um '*quietum*', nem o são suas diversas caracterizações histórico-concretas. Assim como não é razoável *encaixar* o atual modelo imperial unipolar globalizado no invólucro "*Do imperialismo, fase superior do capitalismo*" de Lênin, também não o é o de não levar em conta o dado de que uma consciência social e jurídica universal acordou do pesadelo da guerra de 1914-1918 com a dupla certeza de que não poderia haver paz sem justiça social, e que esta

---

(9) Vejamos, uma vez mais, estas difundidíssimas frases de *Marx:* "O inevitável Estado Maior das liberdades de 1848, a liberdade pessoal, de imprensa, de palavra, de associação, de reunião, de ensino, de culto etc., recebeu um uniforme constitucional que (as) fazia ... invulneráveis ..." (Não obstante) "a Constituição se remete constantemente a futuras leis orgânicas, que hão de precisar e pôr em prática aquelas reservas ... e regular o desfrute destas liberdades limitadas, de modo que não colidam entre si, nem com a segurança pública. E estas leis orgânicas foram promulgadas ... de modo que a burguesia não colidisse em seu desfrute com os direitos iguais das outras classes. Ali onde se veda completamente aos outros estas liberdades, ou consente seu desfrute sob condições que são outras tantas ocultas ... o faz sempre, pura e exclusivamente, no interesse da segurança pública, isto é, da segurança da burguesia ... Cada artigo da Constituição contém, na verdade, sua própria antítese ... na frase geral, a liberdade; no comentário adicional, a anulação da liberdade".

somente seria alcançável mediante a substituição da igualdade formal pela igualação ou compensação jurídica de desigualdades, ponto de partida do constitucionalismo social e da base filosófica de legitimação do Direito do Trabalho e da Seguridade Social, com o seu lento e inevitável parto desde a dupla matriz do Direito comum e do próprio Direito constitucional.⁽¹⁰⁾

Claro que não basta essa referência em abstrato à consciência social universal (ou européia, para ser mais preciso). Acreditar de pés juntos em seu poder jurígeno significaria tanto como isolar o Direito de sua articulação com a dominação social. Portanto, o conveniente é analisar a confluência de interesses e outros componentes ou fatores objetivos, ainda que diferenciáveis teleológica e ideologicamente, para poder completar o enquadramento da etiologia e o desenvolvimento do atual conteúdo do *Direito social.* Fazendo constar previamente que a ordem não supõe preferência alguma, enuncio-os deste modo:

1) Evidentemente, o primeiro daqueles fatores é o dos trabalhadores como categoria, com suas necessidades insatisfeitas, sua capacidade de união e utilização criativa de formas de luta reivindicatória, enlaçadas progressivamente com objetivos estratégico-políticos. Seu reconhecimento como classe ascendente a um mesmo tempo enfatiza sua aptidão transformadora da sociedade, hierarquiza e legitima seus métodos de ação direta, e sustenta a noção de *centralidade social do trabalho* e seu virtuosismo.⁽¹¹⁾

---

(10) De minha autoria, *"Passado, presente (e futuro ?) do direito do trabalho e da seguridade social"* na revista Relaciones Laborales y Seguridad Social, Ed. Interoceánicas S/A., ano II, n. 14, abril de 1996, pp. 143 e ss.

(11) O trabalho humano, e não a resultante do consumo da força de trabalho do homem no processo produtivo, confere os atributos de pertinência aos que hei de me referir *infra.* Porém, ao mesmo tempo gera um processo de exclusão múltipla: o dos não-trabalhadores, o dos trabalhadores desocupados, o dos trabalhadores autônomos ou por conta própria, e, em escala vertical, o dos trabalhadores hierárquicos ou *de colarinho branco*; de modo que se produz um estreitamento dos territórios que terá de abarcar o desenvolvimento do Direito social. O protagonista *resistente* é, então, não somente *a classe operária*, mas um núcleo dessa classe, ao qual bem poderíamos individualizar como o mais próximo e imediatamente afetado pela contradição entre o caráter social da produção e o privado da apropriação de seus resultados; aquele em cuja articulação entre o valor de uso e valor de troca da força de trabalho se evidencia, sem interferências deformantes a mais-valia que explica a reprodução do capital. Simplificando, o proletariado ativo, ocupado e industrial. Claro que esta imagem não corresponde à composição orgânica da classe operária a princípios do século XXI, e que pode aparecer como contraditória com alguns dados historiográficos curiosos, tais como o que evidencia que a primeira sistematização (ainda que precária) de normas de direito das relações individuais de trabalho em meu país (Lei n. 11.729) era originalmente aplicável aos empregados do comércio e não aos trabalhadores da indústria, e que, nesse caso, não aparece como uma evolução do Direito comum ou civil, mas como uma modificação do Código Comercial.

2) *O dos empresários e o poder estatal* que representava seus interesses, confluindo para isso os objetivos singulares de:

2.1) Consolidar regras de jogo que limitassem o risco de que a superexploração do homem pelo homem conspirasse contra a manutenção da moderna *galinha dos ovos de ouro*.⁽¹²⁾

2.2) Fixar em normas imperativas mínimas um garantismo universal que afastasse o risco do *dumping social* e a competição na qual um conjunto de empregadores marginais pudesse chegar a ficar em vantagem comparativa na guerra pelos mercados.

2.3) Predeterminar os custos do trabalho para assegurar a quantificação da cota de lucro e, com ela, a reprodução ampliada do capital.⁽¹³⁾

2.4) Desmontar ou dificultar a capacidade de ação dos sindicatos, regulando sua vida interna e enlaçando suas burocracias com a superestrutura estatal.

2.5) Contribuir adicionalmente para a geração de consciência coletiva sobre a adaptabilidade e humanismo potencial do próprio sistema capitalista.⁽¹⁴⁾

---

(12) Trata-se da reprodução da força de trabalho, mas não exclusivamente referida a cada sujeito produtor após seu consumo em cada jornada, e de garantia de geração de sua 'prole' perpetuadora em cada ciclo produtivo, mas também — e numa escala que as transformações tecnológicas vão dotando de velocidades inesperadas — concernentes ao processo necessário de formação, educação e capacitação dessa mesma prole.

(13) Este interesse se traduz numa tendência cada vez mais notável a incorporar, junto ao reconhecimento de cada direito aos trabalhadores, uma barreira quantificadora das reparações ou ressarcimentos devidos pela inexecução das respectivas obrigações: no sistema *forfatário* a *tarifa* se estende tanto sobre os efeitos danosos de ditos descumprimentos como sobre as conseqüências dos riscos de saúde e vida inerentes à prestação da força de trabalho.

(14) Já nos últimos anos do século XIX (*verbi gratia* na Encíclica *Rerum Novarum*) prolifera esta inteligente argumentação legitimadora da legislação social como prática ou potencialmente esterilizante, neutralizadora ou procrastinadora da temível e temida convulsão social. Em meados do século XX é retomada por via da ideologia da conciliação de classes e pela promoção do chamado *'estado de bem-estar'*. A crônica da morte com escasso anúncio de mais de 70 anos de experimentação do *socialismo real* parece ter relegado ao baú das recordações essa via de geração de falsa consciência sobre a possibilidade de desalienação dos trabalhadores dentro da própria estrutura da sociedade capitalista e sem questionar sua base de sustentação. Os epígonos do *neoliberalismo* finalmente não se detiveram nessas minúcias nem nessas ocultações da essência da dominação social. Por seu turno, outros fatores incidem na perda das ilusões relativas à sociedade de pleno emprego e do citado *estado de bem-estar*. A *'classe operária bis'* emergente do desemprego estrutural, de cuja situação jurídica hei de me ocupar noutro ponto deste trabalho, passa a ser a base de uma negociação

3) O dessa notável resultante, da própria primeira guerra mundial, que é a Organização Internacional do Trabalho, com seus mecanismos tripartites de conformação de normas internacionais, de controle de seu cumprimento e de promoção e tutela da liberdade sindical.[15]

4) A irrupção, em 1917, de um sistema político, econômico e social de aspiração negadora ou superadora do capitalismo, que aparece substituindo os modelos de dominação pela *ditadura do proletariado* com permanente vocação expansiva e que chega a abarcar um terço da população total do planeta. Mais adiante no tempo, as necessidades políticas que irão se expressar em alianças bélicas interestatais e na tática da frente popular para a guerra contra o nazismo e seus aliados fascistas, geram temporariamente um espaço de maior reconhecimento e compreensão recíprocos.[16]

5) O surgimento, sob diferentes circunstâncias locais, porém, em ambos os casos num marco revolucionário das primeiras constituições nacionais renovadoras do modelo liberal do século XIX, a mexicana de 1917 e a alemã de Weimar de 1919. As novas condições derivadas da unidade na luta contra o Eixo condicionam uma nova expansão do constitucionalismo social no período imediato ao fim da segunda guerra.[17]

---

extorsiva inferiorizada em relação aos direitos daqueles que ainda conservam o emprego, da precarização e clandestinidade do trabalho, e forma o entremeado do suporte racional das teorias flexibilizadoras e de desregulação normativa.

(15) Ainda nesses últimos anos de regressão na normativa protetora, ou talvez precisamente por ela, adquirem uma importância notável instrumentos não especificamente enquadráveis nesses parâmetros, como o são as declarações e documentos; em particular, os referentes ao trabalho *decente*, à não discriminação no emprego e aos chamados *direitos fundamentais* (que, por sê-lo, se declaram de aplicação obrigatória ainda por aqueles estados nacionais que não tivessem subscrito ou ratificado convênios internacionais relativos à liberdade sindical, ao trabalho forçado, ao trabalho de menores e ao princípio de não discriminação).

(16) Superadas as necessidades bélicas, não demoraram a voltar a se aguçarem as contradições, com uma seqüência que tem sua proclamação formal com o discurso de Fulton de Winston Churchill, o nascimento da *guerra fria*, e uma sucessão de momentos entre a declamada coexistência pacífica e a diplomacia à beira da guerra, que incidem de modo incontestável na evolução e involução da normativa jurídica de cada um dos países (incluídos os periféricos); assim como há de incidir nelas a ulterior implosão do modelo do *socialismo real* correspondente ao esquema soviético entre 1989 e 1991, precedidos pela experiência pré-agônica da *Perestroika* e *Glasnost*.

(17) Isto não é tão linear, na medida em que um modelo de constituição social na América Latina (o de Cuba, 1940), por exemplo, é anterior a esse novo impulso dinâmico. Quanto à consciência social universal, sua fixação em tratados e Constituições também produzia um efeito de congelamento nada secundário.

6) A progressiva ampliação da base social da democracia, que supõe (e em grande medida exige) que os projetos políticos e os planos de governo abarquem e contemplem um universo não comprimido ao puro interesse das classes dominantes.

7) A gravitação ideológica, tanto das propostas socialistas e comunistas, como da doutrina social da Igreja Católica Romana, a partir da Encíclica *Rerum Novarum*.

8) O processo de fragmentação e destruição dos velhos impérios coloniais, e o mais amplo de expansão dos *movimentos de libertação nacional*, que assumem conteúdos de reivindicação poli ou multiclassista de vocação *terceiro-mundista*, e que configuram plataformas ideológicas típicas nos países periféricos de ambos os sistemas principais, dependentes ou semidependentes.

9) Ocupa um lugar especial, neste glossário de comportamentos e ideologias sociais, o processo de elaboração dos Tratados Internacionais relativos a matérias de Direitos Humanos, entre eles os pactos concernentes a direitos econômicos e sociais, incluindo os regionais e continentais, não somente por seu significado histórico e sua influência direta sobre a evolução dos institutos correspondentes dos respectivos sistemas jurídicos nacionais, como também — e especialmente nos últimos anos, desde a consolidação do princípio *monista* no Direito Público Internacional — como recurso imediato para a defesa direta de categorias íntegras de direitos sociais frente à degradação desses mesmos institutos nas regulações legais de direito interno.

Este enunciado, dada à interação dinâmica e dialética de seus elementos, impede — como em toda equação de forças — atribuir prioridade ou condição determinante a qualquer um de seus componentes.

Parece inquestionável que sem a presença constante da ação coletiva dos trabalhadores, não se poderia compreender o conjunto de fenômenos que encontram seu marco jurídico nas instituições do Direito social clássico. Esse Direito se desenvolve e sobrevive não somente como um reflexo das lutas sociais. Trata-se de um Direito nascido no seio da sociedade capitalista, não alheio nem contraditório, em relação ao conjunto das instituições jurídicas da sociedade em que se origina. Seus institutos emergem na evolução do modo de produção capitalista, e é esse sistema o que lhe proporciona tanto seu enquadramento como seus limites evolutivos. Em todo caso, é conveniente não apresentar este fator como constante, e menos ainda como exclusivo.

Desde a primeira Revolução Industrial, e durante todo o século XX, verifica-se uma enorme aceleração da atividade produtiva. Crescem e se multiplicam as cidades, incrementa-se e se desenvolve o maquinismo e a classe trabalhadora; e, com isso, os fenômenos de superexploração, de imposições de condições desumanas de trabalho, de incremento de riscos do trabalho e da gravidade dos danos na saúde e na vida dos trabalhadores. Também se produz um determinado avanço na socialização da produção, com notável incremento da quantidade média de trabalhadores em cada estabelecimento industrial, o que incide no reforço das oportunidades para que surjam organizações operárias destinadas a enfrentar estas condições de trabalho e a participar ou tentar dirigir o processo político geral pela via democrática ou revolucionária.

Que isto não é linear, e que o é menos seu reconhecimento pela ordem jurídica, demonstra-o o ponto de eclosão do projeto burguês na Revolução Francesa, precisamente porque nela a igualdade formal era tão proclamada como a liberdade e a fraternidade, mas na própria Constituição de 1791 se vedava a condição de cidadão ao trabalhador assalariado, e é do mesmo ano a proibição da atividade sindical, *na lei Chapellier,* a pretexto do rechaço a todo o ranço corporativo.[18]

Na ocasião a classe social em ascenso e governadora da sociedade, proclamava sua hegemonia[19] sobre a outra classe a que dava nascimento seu próprio modo de produção. O capitalismo emergente, que desconhecia ou questionava os direitos subjetivos dos assalariados, contribuía, contudo, para criar aquelas condições que faziam falta ao desenvolvimento da classe operária, a sua consciência, a sua organização como — em definitivo — ao posterior nascimento e evolução do Direito do Trabalho como necessidade derivada de suas próprias leis.

Nesse período ascendente, mas não retilíneo nem menos ainda universal, a contradição principal da burguesia se detectava na

---

(18) Ainda que isto não seja freqüentemente lembrado, esta perda de cidadania da classe operária foi repetida ou copiada nas constituições uruguaia e chilena, por volta de 1830/33. É necessário deter-se na verificação de que o direito de associar-se com fins úteis já os reluz na Declaração Universal dos Direitos do Homem e do Cidadão. Porém, além da lei de 14 de agosto de 1791, no código penal francês de 1810 foram fixadas penas privativas de liberdade para aqueles que tratassem de se reunir para a defesa de seus interesses profissionais; o que foi copiado conceitualmente em diversos países, e até *recuperado* de modo mais brutal no último quartel do século XX (tal é o caso da ditadura militar Argentina de 1973/83).

(19) Também sua *ditadura,* dito assim para corresponder em palavras à noção de *ditadura do proletariado,* que tanta polêmica desencadeou por seu conteúdo de mitigação ou desconhecimento de direitos às restantes classes existentes na sociedade concreta.

luta contra o *statu quo* feudal, para o que, em medida não desdenhável, necessitava do aporte consciente dos trabalhadores. Porém, salvo exemplos esporádicos e circunstanciais, não se detecta nesse período nenhuma retificação da normativa anti-sindical nem o surgimento de normas jurídicas protetoras ou compensadoras de desigualdades. Esta certeza desmonta os argumentos daqueles que consideram[20] que o desenvolvimento do Direito do Trabalho é uma simples conseqüência da revolução industrial, determinada não somente pelas modificações na técnica de produção, mas em uma nova *forma de tratamento*, que consistiria na configuração de um regime de intercâmbio em substituição à primitiva *concepção de comunidade*, desconhecedora da *diferente capacidade de diálogo* dos interlocutores. Como disse no trabalho citado na nota 4, concebido de tal modo, o Direito do Trabalho se nos apresenta como um curioso e generoso oásis dentro de um sistema destinado a expressar a vontade das relações econômicas; ou como um conjunto de concessões mais ou menos graciosas das classes e setores sociais dominantes: daquelas que se podem incrementar ou diminuir, modificar em qualquer direção e até extinguir segundo a vontade política.

Pelo contrário, se nos ativermos aos dados temporais próprios da visão *eurocentrista* do desenvolvimento das contradições de classe, é precisamente após a crise terminal da *aliança temporária* entre burguesia e proletariado[21] que começa a se reproduzir, numa escala que anos mais tarde merecerá o reconhecimento como disciplina autônoma, a normativa laboral de fonte heterônoma (a *lei*) e a que é produto da autonomia e da negociação coletivas.

Para explicar que o que vai acontecendo com as relações sociais do trabalho no campo jurídico não seja tão contraditório com a direção central do processo e da formação econômico-social capitalista, é necessário admitir algo que provocou resistência por leituras simplificadoras, tanto em relação à divisão entre estrutura e superestrutura, como nas relações conflituosas entre forças produtivas e relações de produção: é que o Direito (e não só a *relação jurídica*) não reflete somente e em estado de pureza as relações de dominação típicas da estrutura econômico-social, mas também recolhe relações de forças; e no fundo, as lutas sociais que acontecem permanentemente nessa base social.[22]

---

(20) Por exemplo, VIALARD, Antônio Vazquez, no "Tratado" de sua direção, Ed. Astrea 1982, vol. II, Cap. VIII; *id. id.*, vol. I, Cap. 1º, §§ 1º e ss.; *id. id.*, vol. II, Cap. IV, §§ 10 e ss.
(21) A princípios da oitava década do século XIX, contemporaneamente com a guerra franco-prussiana, mas, singularmente, com a experiência da Comuna de Paris.
(22) O determinismo esquemático ainda — e especialmente — o que se oculta atrás da aparente concessão *do determinante em última instância (sic)* conspira contra a qualidade das análises.

Por seu turno, nessas relações globais de forças, e nas resultantes das lutas sociais ainda em condições de desigualdade manifesta de poderes, influem aspectos ideológicos, culturais, religiosos, políticos, os quais não deixam de pertencer à esfera da superestrutura pelo fato de apresentar facetas de certa autonomia com respeito às relações de poder em sentido estrito.

Essas influências não podem impedir o reconhecimento de que a ideologia das classes dominantes tem um núcleo sumamente rígido: *"... As pessoas e comunidades favorecidas por sua posição econômica, social e política, atribuem virtudes sociais e permanência política àquilo que do que desfrutam. Essa atribuição se reivindica inclusive ante a esmagadora evidência em sentido contrário. As crenças dos privilegiados se colocam a serviço da causa da satisfação contínua e se acomodam de modo similar às idéias econômicas e políticas do momento. Existe um ávido mercado político para o que agrada e tranqüiliza. Os que podem abastecer este mercado e recolher a recompensa correspondente em dinheiro e aplausos, estão facilmente disponíveis".* [23]

É certo que, em períodos expansivos, há manifestações de uma seqüência entre a aquisição e a conquista de direitos através da negociação coletiva e seu ulterior traslado à normativa geral que habilitariam a tese de que o decisivo seja esse fator dinâmico e progressivo da combatividade reivindicativa dos trabalhadores organizados. Mas esta tese pode se transformar em antítese quando se examinam períodos regressivos, porque de sustentá-la teríamos que aceitar que o neoliberalismo tem passado e passa ainda sobre nossos céus em meio a uma apatia, a uma indiferença ou à inexistência total de conflitos e lutas sociais, pressuposto que é algo mais que incerto. Finalmente esta tese também não resistiria ao cotejo com alguns fenômenos contemporâneos, tais como o renascido e muito oportuno *interesse* das classes dominantes em privilegiar na articulação de fontes a condição jurígena dos convênios coletivos, exagerar a virtuosidade de autonomia negociadora respectiva, privilegiar *o negociado* sobre o *legislado*; tudo isso em circunstâncias concretas nas quais o resultado visível de tais negociações é um manifesto retrocesso nos níveis de proteção previamente alcançados pelos convênios antecedentes e pela própria legislação geral gravada com a marca da ordem pública laboral.[24]

---

(23) GALBRAIT, John Kennet, *A cultura da satisfação*, Ed. EMECE, p. 14.

(24) Para não nos satisfazermos com a análise do estado atual dos sistemas de proteção jurídica dos trabalhadores assalariados, vou utilizar dados quantitativos provenientes de fonte oficial argentina, e recolhidos pelo jornalista especializado Ismael Bermudez em sua coluna do diário CLARIN do dia 18.2.2005. "QUADRO SALARIAL,

3. A CENTRALIDADE SOCIAL DO TRABALHO COMO PRESSUPOSTO INAMOVÍVEL — CRISE DO CONCEITO

Se algo tem em comum os vetores que indiquei como confluentes, tanto para o desenvolvimento como — em períodos contemporâneos —, para o retrocesso dos direitos sociais em concreto, tanto no Direito do Trabalho como no da Seguridade Social, é precisamente que seu plano comum de interação é o da *centralidade social do trabalho,* que se expressaria na fórmula *de cada qual conforme sua situação social de trabalho, a cada qual conforme a valorização do intercâmbio da utilização de sua força de trabalho.*

A persistência dessa centralidade se explica por muitas causas, entre as quais se contam as diferentes idéias religiosas, especialmente as judaico-cristãs, que reproduzem a idéia do Primeiro Livro da Bíblia de que a criação é resultado de um esforço, de um trabalho, do qual dependem os meios para sua reprodução, sob a

---

SEGUNDO O MINISTÉRIO DE ECONOMIA". *"Quase 54% dos trabalhadores e empregados do setor privado que estão no mercado formal ganham menos de 800 pesos, descontadas as contribuições de aposentadoria e saúde. 2,3 milhões de pessoas receberam menos de 700 pesos por mês. E, se receberam o salário-família, os que têm filhos 'arredondaram uma entrada no bolso' (receberam um total. NT) abaixo dos 750 pesos. Isto significa que os trabalhadores com filhos não alcançaram receber o equivalente ao custo da cesta que mede a linha de pobreza que, em dezembro de 2004, estava avaliada em 740 pesos (casal, 2 filhos). Esta radiografia salarial corresponde aos dados da média do ano de 2004 divulgados ontem pelo Ministério da Economia. Surge dos chamados "salários brutos declarados perante a Seguridade Social" pelas empresas privadas de todo o país. No total são quase 4,4 milhões de trabalhadores. As cifras oficiais registram que um pouco mais de um milhão de trabalhadores recebem menos de 500 pesos por mês de salário bruto. E apenas 486.000 ganham acima de 2.000 pesos mensais. Com relação ao ano de 2001, o pessoal declarado cresceu em 235.000 pessoas, o que representa um incremento de 5,7%. Entretanto, o salário médio passou de 915 a 1.234 pesos, com um aumento de 34,9%, quando a inflação posterior à desvalorização foi de 55%. Isto significa que o poder aquisitivo médio dos trabalhadores formais se reduziu em 13%. As atividades com os salários mais baixos são a agricultura, apesar de que foi beneficiada pela desvalorização e os altos preços internacionais. Segue-a a construção, favorecida pela maior atividade, e em seguida o comércio, também com fortes melhoras em seus níveis de vendas. Na agricultura, com 272.000 trabalhadores declarados, 76,8% ganham menos de 800 pesos de salário bruto. Na construção, os declarados somam 220.000 e 70% recebem menos de 800 pesos. O comércio, com 698.000 declarados, 61,2% ganham menos que essa cifra. Nos serviços privados, que registram 2.772.000 empregados, 55% ganham menos de 800 pesos. E na indústria, outro setor com crescente atividade e que emprega 906.000 trabalhadores, 41% recebem menos que essa cifra. Esta estatística oficial não inclui aos trabalhadores que estão contratados "como informais" (sem aportes) que somam mais de 3,5 milhões de pessoas e que têm um ganho médio 50% mais baixo do que recebem os que estão registrados".* Esclareço que na data da publicação deste informe 700 pesos equivalem a uns 239 dólares estadunidenses e a uns 180 euros.

condição de que mediante o mesmo trabalho domine-se a terra, transforme-se e humanize-se a natureza. A fadiga virtuosa é a que resulta do consumo da força do trabalho; o produto do esforço é um *bem e um serviço,* que permite o desenvolvimento pessoal, o ajuste aos desígnios supremos e é uma fonte de auto-satisfação.⁽²⁵⁾

Não é substancialmente diferente a representação de *Marx* n'O Capital, onde diz: *"o trabalho é, em primeiro lugar, um processo entre o homem e a natureza, um processo em que o homem media, regula e controla seu metabolismo com a natureza. O homem se enfrenta com a própria matéria natural como um poder natural. Põe em movimento as forças naturais ... ao operar por meio desse movimento sobre a natureza exterior a ele e transformá-la, transforma por sua vez sua própria natureza. Desenvolve as potencialidades que dormitavam nela e sujeita a seu senhorio o jogo de forças da mesma".* ⁽²⁶⁾

Esta similar inteligência da significação social de trabalho tem seu *alter ego*, sua negação, na concepção típica do autoritarismo fascista do trabalho como uma carga, uma obrigação social da qual não derivarão direitos subjetivos.⁽²⁷⁾ Mas como se vê, ainda nesse extremo, concebido como uma carga sem direitos, segue presente a responsabilidade conseguinte como inerente a sua centralidade na estrutura da sociedade.

O processo de trabalho é inseparável do processo de valorização.⁽²⁸⁾ O homem é sujeito necessário e ativo desse processo. Correto. Só que nos tempos que correm, há que se pensar em algumas novas forças ou no reconhecimento da existência delas, para possibilitar que o Direito penetre em um terreno muito complexo, mas igualmente visível, aquele no qual a *sociedade* aparece (ou deve aparecer) integrada *também* por aqueles cuja situação social é a de *não trabalho,* ou a do trabalho não valorizado ou não retributivo, ou a do trabalho infravalorizado, de tal modo que seu *preço* ou *valor de*

---

(25) Ver, por ex., NEFFA, Júlio César, "El trabajo Humano em *El proceso de trabajo y la economia de tiempo.* Centre de Recherche et documentation sur L'Amerique Latine, Ed. Humanitas.
(26) Vol. I, t.1. Livro 1, p. 215 e ss., Ed. Siglo XXI, Méjico, 1981.
(27) A 'Carta do Trabalho' italiana de 1927 dizia, precisamente: "O trabalho não confere direitos, é um dever social e é somente enquanto tal que reclama a atenção e a tutela do Estado".
(28) Na sociedade capitalista, o processo de trabalho gera valores de uso, e seu necessário processo de valorização concerne à extração da mais-valia: mas não se fraciona em um duplo trabalho, um para a criação do produto e outro para criar o valor e a mais-valia. Só que o processo de valorização prima sobre o do trabalho.

troca seja insuficiente para a mais elementar das formas de reprodução da própria força de trabalho: a subsistência física do trabalhador e sua família.

Ainda quando resulte inapreensível e arriscada toda prognose relativa a um universo no qual outros valores se acresçam ou retirem do papel social central do trabalho humano em seu sentido clássico, o certo é que nossa sociedade contemporânea está marchando nessa direção, e na da fratura provavelmente definitiva da *sociedade salarial*,[29] e que os atuais marcos jurídicos do Direito do Trabalho não contêm os excluídos, mas que (como um paradoxo de sua natureza de direito *social*) também contribuem a reproduzir sua exclusão, ainda quando esse não seja o propósito da normativa protetora intra-sistêmica e de seus princípios solidaristas.

Desse tema, dessas contradições paradoxais e dessas perspectivas, tentei me ocupar numa conferência proferida no mês de setembro de 2004, no III Congresso de Direitos e Garantias para o século XXI, com o título de "O Direito da inclusão social; um novo ramo do Direito?" [30], cuja versão escrita servirá de embasamento à continuidade desta análise.

Numa cultura na qual cada indivíduo tende a reproduzir a atenção de seu próprio quintal — e isto é característico das especialidades, ramos e disciplinas jurídicas de pretensão autônoma — convém ao senso comum compreender qual é a perspectiva desde a qual um cultor do Direito do Trabalho e da Seguridade Social se propõe a polêmica questão de uma nova categoria jurídica para o tratamento de direitos dos exilados da relação trabalho-salário: porque, de outro lugar, este discurso pode ser visto como uma falha no meu compromisso ético com minha *especialidade* como *juslaboralista*.

Então me ocupo de aclarar esse aspecto ético, recordando que *Foucault*, ao criticar o enfoque lacaniano da ética como função retórica, dizia que a ética do intelectual não consiste em dizer a outros aquilo que devem pensar, e nem sequer em pensar como ele mesmo deve pensar; senão em um *pensar contra si mesmo*. Nessa concepção foucaultiana, o autenticamente ético não parece consistir num 'bem dizer' senão num 'des/dizer-se'.

---

(29) Uma vez mais utilizo terminologia de André Gorz. "*Sociedade salarial*" aqui é empregada como a representação daquele modelo em que é perceptível a equivalência e harmonia das noções de trabalho humano, ganho como remuneração desse trabalho, e seu destino para a satisfação de necessidades pessoais e familiares.

(30) Faculdade de Direito — Universidade de Buenos Aires, organizado pela Associação de Advogados de Buenos Aires.

Prescindindo de seu sabor literário, e do bem que sempre soa citá-lo, é sensato perceber que uma porção importante da erudição da especialização[31] vagueia pelo mundo das bibliotecas fantásticas e dos catálogos absurdos de *Jorge Luís Borges*, símbolos da arbitrariedade de toda a comodidade e de todo o estancamento. Ao fim e ao cabo, quem está disposto a recordar que as citadas 'especialidades' e ramos não têm outra origem do que uma modesta razão didática; e que no fundo do segredo dos especialistas, brota uma vontade de ocultação da verdade do sistema?

O universo do Direito, para os *bem-pensantes*, é plano. Acaba como a terra, ali onde estariam situadas as colunas de Hércules. O que fica além desse ponto é o precipício, o caos, o caminho do inferno, o mundo dos mortos, especialmente seu sétimo círculo, o reservado para os criminosos. E mais: tudo o que existe deve girar em derredor do Direito, como giram as estrelas. Tem tudo delimitado, calculado, e se não fosse por algumas ilusões tolas como as que produzem um comportamento de curva em seu horizonte, nem valeria a pena ocupar-se da dúvida. Seu *Mare Nostrum,* seu umbigo, está no Direito privado. Seu *u topos*, no constitucionalismo social, ainda que com tanto refúgio insular como o de *Thomas Morus*.

4. *O DIREITO DO TRABALHO E A UNIDADE DE SENTIDOS DO DIREITO*

Forma parte de suas verdades e certezas um processo de estiramento gerado pelo curioso descobrimento de algumas novas terras fronteiriças, descoberta que se produz mais por se perder o rumo estável em ocasião de grandes tormentas do que por via da aventura. Além dos bárbaros, há um segundo mundo de infiéis que tem de ser tolerado enquanto pague tributos e não incorra em delitos. São tais infiéis tolerados e úteis: o Direito do Trabalho, o Direito da Seguridade Social, do Consumidor e do Usuário, o Direito Ambiental.

Colocamos nele palavra e retórica constitucional, o incorporamos mediante tratados, e já temos desenhada a *pax romana* da ordem jurídica. — Do lado de fora, fica intocado o território dos irresgatáveis como uma *alteridade* inamovível.

Esse mundo jurídico alcançou sua perfeição e sua identidade com o certificado de garantia de verdade do que o dotou *Georges Ripert;* certificado ao qual parece não haver evidência que o como-

---

(31) Utilizo o termo erudição, não cultura, porque considero que cultura é aquilo que começa no lugar onde termina a erudição.

va. Como não é objeto deste estudo o pensamento desse egrégio colaboracionista do nazismo e sua enorme gravitação, limito-me a recordar que quando *Ripert* dizia que o Direito é a ciência da ordem estabelecida e, essencialmente, uma noção estática que exige uma postura e uma atitude conservadoras e compreensivas da importância que atribui essa ordem à sociedade (assim como o perigo de toda modificação), o que estava defendendo era a permanência das normas jurídicas do regime de *Vichy*, depois da derrota do III Reich, do qual ele mesmo havia participado: objetivo e tarefa dos quais parece ter se esquecido, ou sobre o que decididamente silencia, a academia jurídica.

Dito isso, a heresia em que vou incorrer, como juslaboralista, é óbvia: afirmo que sem cumplicidades intencionais, mas com algumas representações exageradas de sua capacidade reivindicatória e igualadora, o Direito do Trabalho e da Seguridade Social têm sido colocados dentro do sistema para terminar de marcar o território de um império universal em que não se ponha o sol. Como a última região, a que se tentará demolir — já que nunca se poderá assimilar plenamente — quando soar a hora de fazê-lo com os estandartes e os exércitos simultaneamente pios e impiedosos da Grande Cruzada Neoliberal.

O Direito é tão universal e abarcador, tão democrático e republicano, como para alcançar, ainda que seja de tão longe, a esses assalariados, que anteriormente se excluíam da condição de cidadãos[32] — como, de passagem, aproveita para gerar a falsa idéia de que também é universal no sentido vertical, porque assim parece pôr numa mesma balança os deveres dos poderosos e dos explorados, afiançando a reprodução ampliada do sistema de dominação — sempre e quando, claro está, que esses últimos não se atrevam a acreditar (e menos a sustentar) que seus direitos sejam de igual categoria que a dos primeiros; que não questionem para quem se constróem as prisões, e que aceitem as regras desse complexo jogo de salão chamado Direito, que a banca se reserva a fixar e modificar ao seu capricho.

Esse circuito funcionou num nível razoavelmente aceitável, em que pese conter tantas ficções como as que contêm (começando pela mais típica, que consiste em fazer supor que o salário é o equivalente do valor ou preço da força de trabalho), graças a algumas políticas de contenção. A principal delas foi, historicamente, *intra-sistêmica,* e consistiu no emprego do consabido exército de reserva,

---

(32) Ver nota 19.

disponível *ex professo* para deprimir tanto o salário como as lutas sociais. No imaginário social, por outra parte, tão desvalorizado ficava, o fura-greve ou o aspirante ao posto de operário em greve, como o 'kapo'(*) dos guetos. E se os trabalhadores, nessa geografia limite do Direito inclusivo, acreditavam ver a sua substituição potencial em reserva como o inimigo, tanto melhor, porque se cumpria assim uma segunda função de encobrimento da contradição principal: que se enfrentem entre si os incluídos marginais e os autênticos marginados parece ser um excelente negócio.

Outra consistiu na contenção, quando não na cooptação, da representação social desse limite da juricidade, e, muito especialmente, no recorte funcional, de modo que o sindicato não estivesse em condições de dar um passo além do reivindicativo e ficasse muitos passos aquém do ideológico e do político. Claro que isto não acontecia somente nesse setor do núcleo da superestrutura chamado Direito, claro que o desenvolvimento de uma burocracia sindical não democrática não resulta exclusivamente de seu marco jurídico, e claro, também, que — como dizia *Mario de La Cueva* — outras vias de ação e não as jurídicas, deveriam ser as transitadas pelos trabalhadores para a conquista de sua liberdade.

Em determinado período se permite um contato adicional, que produz uma nova sensação coletiva de integração, e este se denominará Estado de Bem-Estar, ou, em sua versão mais ambiciosa e jurídica, Estado Social de Direito. Mas isto não irá além de um breve lapso, porque suas pautas contrariam outras regras da apropriação do produto social que são indispensáveis para o sustento da ordem. E ficará residualmente comprimido ao *quietus* do Direito de um modo curiosamente contraditório: vai residir numa nova cultura, que será a dos Tratados Internacionais e das Constituições, que ao fim e ao cabo podem ser levados à sua irrealização por outros mecanismos, como se o que neles se diz fossem apenas palavras de conteúdo virtual, ou programático.

5. O QUE ESTÁ PARA ALÉM DOS LIMITES: A MOBILIDADE ATUAL DAS LINHAS DEMARCATÓRIAS

Este circuito, que pode ter-se cortado com a rebelião da fronteira, e que durante o 'século XX curto'[33] pareceu destinado inevita-

---

(*) Kapo — espécie de alcagüete entre os próprios judeus nos guetos ou campos de concentração nazistas (NT).
(33) Período compreendido entre a 1ª Guerra Mundial e a queda do sistema soviético em 1991, segundo *Eric Hobsbaum*.

velmente a cortar-se por uma região que se declarava liberada do sistema de exploração, voltou a se regenerar plenamente e a tomar rápida vingança das concessões que teve que efetuar em prol da *pax*, logo que pôde derrotar e destruir o inimigo.

Mas desta vez o preço da reconquista é muito alto: já se parece demasiado ao das que causaram a decadência e queda dos impérios clássicos. Porque, por acréscimo, têm surgido outros inimigos, e por certo menos orgânicos e previsíveis. O que nos perguntamos é se o Direito vai permanecer alheio aos novos fenômenos, ou se poderá fazê-lo. E, por evidente, também nos perguntamos se não se abrem novos espaços para a capacidade criativa dos juristas inconformados.

Olhemos atentamente a fronteira jurídico-social e comprovaremos que se tem transformado em um mar de areias em movimento que vão tragando progressivamente territórios, coisas e gentes: a metáfora de '*A História sem Fim*', de *Michel Ende*, tornou-se realidade, e bastante pouco poética.

A reprodução do conhecimento acelerou-se de tal modo que com seu domínio se pode vencer o oponente; no entorno desse processo, nossos aprendizes de feiticeiro se encontram ante uma multiplicação de vassouras tão incessante que por ela todo conhecimento seja instável, precário e escassamente garantista. Nas imediações do próprio poder auto-reproduzido pelo domínio do saber, também começa a mover-se o chão.[34]

Com esse componente é natural que o terror ao buraco negro cósmico que ficava para além das colunas de Hércules comece a estender-se desde essa distância longínqua rumo ao centro. O mundo dos mortos ameaça camadas sociais que pareciam ou se acreditavam imunes. Mas o que é muito mais importante, já caiu nele todo o exército de reserva,[35] e se forma um novo exército de excedentes que acaba de diluir a fronteira física, porque, diferentemente daquele do averno, este e seu inferno estão definitivamente entre nós.

---

(34) Essa aceleração de reprodução do conhecimento torna mais agudos os riscos de precarização e circunstançialidade da *posse* de cada posto de trabalho, porque se esfuma a valorização da *experiência* e do *saber* adquiridos pela formação especializada.

(35) A *mão-de-obra* residual disponível já não tem aptidão para substituir a sua similar ocupada, por seu escasso ou nulo nível de capacitação e de especialização. Ao incremento das exigências funcionais de cada posto de trabalho diferenciado se acrescentam outros fatores formativos sociais, tais como a redução dos níveis de educação e a inferior capacidade fisiológica e mental daqueles que não receberam em seus primeiros anos de vida alimentação e saúde adequadas.

No lado que parecia interior e inclusivo agora contemplamos um novo panorama global — a centralidade social do trabalho colide contra a inexistência de trabalho social disponível, e com a evidência inocultável de que já não voltará a existir em sua dimensão anterior. Contudo, haverá aqueles que continuem recitando os *slogans* do trabalho e sua função reivindicadora, omitindo que o único trabalho socialmente valioso é o trabalho digno,[36] e até representantes do poder estatal que afirmem que se aos demandantes sociais se lhes aproxima uma pá, fogem. Lá eles e seus cânones estultos: nós estamos diante de gente séria e de direito.

Mas no que parecia configurar-se como um mundo laborioso, que estava abrangido pela sociedade e pelo sistema jurídico, já não sabemos quem é quem, nem com que material contamos: o apetite dos pró-cônsules e dos arrecadadores tem '*modernizado*' de tal modo o cenário de suas tropelias, que hoje, em nossas províncias do universo, temos quase a metade dos trabalhadores em atividade em zona de clandestinidade jurídica total ou próxima à totalidade: a distância que os separa do exército de excedentes se tornou tão reduzida quanto tênue e permeável.

Foram muito mais longe: destruíram a base ideológica daquela apropriação, porque deixou de funcionar a sociedade salarial: basta o fato incontestável de que o salário médio de toda a atividade econômica está abaixo do nível de pobreza, e que uma proporção enorme dessa mesma massa assalariada está abaixo do nível da indigência.[37] Como diria *Nietzche, o deserto está crescendo*.

De modo que pertencer ao mundo do trabalho já não equivale sequer a viajar pendurado no último corrimão do último vagão e com um pé e meio corpo no vazio. Ainda se pode entender a lógica daqueles que se queixam desde a concepção da centralidade social do trabalho, de que antes de trabalhar recebendo um salário de indigência, seja preferível satisfazer-se com a indignidade quantitativa e qualitativa de um plano de emergência social?

---

(36) Sinceramente, resisto a utilizar o qualificativo algo híbrido de *decente*, posto em voga após um documento da OIT, e a que se apegou demasiado a/criticamente a grande maioria da doutrina juslaboralista.

(37) *Rosendo Fraga*, cujos dados não são questionáveis para o *stablishment*, descreve para a Argentina o cenário social do seguinte modo: *"somente uma em cada três pessoas da população economicamente ativa é trabalhador formal ou registrado, uma de quatro é desempregado estrutural, um em cada seis, desempregado formal, e, no futuro, somente uma em cada três pessoas terá prestação de aposentadoria. Parece uma crise extrema para a Argentina de acordo com o que o país foi, mas estes indicadores estão na média que hoje tem a América Latina"* (citado em La Nación, em 5.9.2004, sec. Enfoques, em artigo de Ana Gerschenson "Bienvenidos a América Latina", pp. 1 e 4).

6. A MARGINALIDADE SOCIAL E O MUNDO DO DIREITO

Este novo inferno que está entre nós se denomina, definitivamente, marginalidade social; porém isso não nos pode levar a desconhecer que se chama ao mesmo tempo marginação jurídica. Já não é ou se pode seguir considerando parte do processo produtivo como *'classe em si'* porque o excedente deixa de ser absorvível e assimilável pelo sistema, e em conseqüência desenvolve algumas lógicas e condutas anti-sistêmicas sumamente iconoclastas. Suas demandas estão entre nós, e não são facilmente institucionalizáveis nem tipificáveis juridicamente com o arsenal disponível.[38]

Um novo fantasma percorre o mundo. A criatura foi engendrada pelo próprio modo de produção; e a seu modo, com suas surpresas e suas limitações, o ameaça.[39] A questão estriba em saber se o Direito pode permanecer no limbo ou atrás da porta. Porque é certo que dos problemas sociais dessa margem da sociedade se devem ocupar outras disciplinas políticas, sociais e econômicas: mas nós os juristas, somos necessários para a abordagem da sua problemática jurídica; e é conveniente que não a descuidemos.

O Direito coisificado, aquele que contempla as relações entre sujeitos como as relações entre as coisas que possuem, evidentemente não pode sonhar abranger este setor, e a rigor não tem nenhum interesse em fazê-lo, já que nem sequer alcança a contemplá-lo como consumidor nem como usuário: não se interessou nunca, porque sempre resultou impossível explicar o direito de propriedade para o não proprietário, e muito mais o é quando tantos dos não proprietários já não o são nem mesmo da sua própria força de trabalho, que agora até deixa de se configurar como propriedade: porque para quem está excluído do direito de alienar sua força de trabalho, esta deixou de ter valor de troca.

---

(38) Incluo na referência o singular fenômeno social (e também político) do 'piqueterismo' com suas diversas correntes, ligações, alianças, metodologias e tendências ciocinéticas incluídas, mas também ao modo de exteriorização das reivindicações das organizações do tipo dos movimentos *'sem-terra'* ou indigenistas.

(39) Não creio necessário, ao final deste discurso, a abordagem do tema da pertinência do novo setor à classe operária, que supõe e requer outros níveis de análise, em particular no que concerne a sua composição orgânica e ao conjunto das mudanças que se vem produzindo em seu seio. Mas esclareço que não considero válidas as idéias simplificadoras, que, em termos de categorias, homogeneizam este setor com o conjunto dos trabalhadores; assim como as que, com não menor esquematismo, des/tratam o fenômeno como se tratasse do exame dos comportamentos sociopolíticos do 'lumpenproletariado' (remeto à nota 53 deste mesmo trabalho).

AVANÇOS E POSSIBILIDADES DO DIREITO DO TRABALHO

O Direito do Trabalho nos propõe, então, um múltiplo contra-senso. Ocupa-se da regulamentação do trabalho humano, não da *do não trabalho*, e nem sequer atende à consideração desse mesmo trabalho na sua etapa pré-contratual.[40] Interessa-se pelo Direito sindical, mas respeitando de tal modo seus limites históricos de representação que não pode ser receptáculo jurídico institucional da marginalidade contemporânea.[41] e trata de regular o conflito social, mas numa esfera e atendendo a metodologias e formas de expressão do protesto e luta, como a greve, que se bem pode chegar a ter alguma semelhança com as armas de reclamação dos marginados é, na realidade, sua própria negação dialética.[42]

O Direito da Seguridade Social tem limitações e contradições similares. Mas, além disso, sua dificuldade maior consiste em que sua própria crise e sua progressiva contração tem por causa o des/financiamento que lhe provoca a pauperização, a precarização e a clandestinização do trabalho assalariado, e a redução do universo contribuinte até um extremo em que já não fecha nenhuma conta; é inútil duvidar de que não se pode imaginar a cobertura de aposentadorias e pensões para esse setor não contribuinte, que não se contempla como sujeito, assim como é real e visível que, por exemplo na Argentina, já há mais da metade do total da população, vinte milhões de pessoas que carecem do amparo de obras sociais ou de serviços médicos familiares pré-pagos. — Pretender que a condição para o acesso à cobertura de contingências da seguridade social se

---

(40) Em termos praticamente universais, não existem regulamentações relativas a etapas de formação dos contratos individuais do trabalho, nem mesmo naqueles países que declaram constitucionalmente exigível o direito ao emprego. Esse espaço fica ao puro arbítrio dos empregadores salvo em questões tão difusas como as relativas ao dever jurídico de agir de boa-fé, no que pode ser abarcado pela normativa antidiscriminatória, usualmente incomprovável ou indemonstrável nessas etapas prévias à própria relação de trabalho.

(41) De fato é o próprio marco normativo de regulação do Direito sindical o que normalmente inibe o reconhecimento de personalidade jurídica aos sindicatos ou agremiações de trabalhadores desocupados.

(42) É impensável um exercício mais ou menos típico da greve, se esta segue sendo entendida como um abandono combinado e temporário dos postos de trabalho. Portanto, as comparações são impossíveis, salvo em alguns epifenômenos da greve, como os *bloqueios* para impedir o acesso aos locais de trabalho ou às *ocupações* dos estabelecimentos. Talvez naquilo que mais se pareçam à greve é a necessidade de que, para serem eficazes, produzam *danos aos interesses de outros*: a questão passa pela nitidez da individualização de todo ou parte dos interesses afetados no conflito típico de classe, frente à dispersão nele desses novos métodos e luta dos desempregados.

separe da estrutura de articulação com o trabalhador como tal e com seu núcleo familiar estrito, além de representar uma utopia social, implica tanto como a pretensão de uma revolução copernicana.[43]

O que reconhece o fenômeno, mas de uma maneira que colide constantemente com suas próprias regras de tipicidade e suas cobranças relativas ao elemento subjetivo, é o Direito Penal. Mas só uma visão ingênua ou outra fascistóide podem pretender dar racionalidade a equivalências remotas (e em todo caso analógicas) entre o 'piquete' e a obstaculização das comunicações; ou entre o exercício do direito de peticionar e a extorsão. É certo que ainda pode servir como ferramenta repressiva formal e até para criar novos e mais novos tipos penais; mas os tempos são hoje muito mais curtos do que os que pôde durar a proibição e punição da associação sindical na 'lei Chapellier'; e a dinâmica da conflituosidade social é aceleradíssima.[45]

Tenho como certo que, do outro lado do espectro, esse fenômeno é coberto por uma categoria universal: a dos Direitos Humanos. Mas o Direito Universal dos Direitos Humanos, precisamente por sua condição essencial abarcadora do todo e para todos, não delimita os diversos planos objetivos e sujeitos nos quais a política em geral, a política econômica e a política social requerem do aporte singular do Direito e de suas múltiplas funções de coerção e controle social. Ainda que, insisto, o Direito de Humanidade recria permanentemente aqueles espaços nos quais foram penetrando no universo jurídico, a tal ponto que se hoje contemplamos seu grau de recepção pelas Constituições Nacionais temos que reconhecer que salvo por alguns limites não superados, como o da inexistência de uma garantia constitucional do direito o acesso ao trabalho, ali está toda a base conceitual para o desenvolvimento de um novo marco jurídico.

---

(43) Os países centrais do sistema, aqueles nos quais o financiamento do regime de seguridade social tem possibilitado um maior campo de cobertura de contingências, incluídas as temporais por desemprego ou paralisação forçada, já começaram a transitar rumo à diminuição ou o desfinanciamento de tais benefícios. A equação entre as demandas do sistema e o universo contribuinte acende, em todos os casos, as luzes de alarme.

(44) Não se pode confundir o fenômeno, visível no meu país, de uma crise da *eficácia* da metodologia do corte ou bloqueio de estradas e ruas, que aparelha conflitos táticos entre o setor reclamante e os cidadãos afetados, e provoca divisões e cisões nas *direções* dos movimentos *piqueteiros*, com a hipótese de um cancelamento ou extinção de sua necessidade funcional de exteriorizar seu protesto social coletivo. Também não é possível predeterminar se a representação coletiva desse setor pode ou não encontrar espaços no sistema de representação dos sindicatos, tema cuja abordagem foge totalmente dos limites deste estudo.

O mesmo ocorre com o Direito Internacional Público, com sua própria crise agônica entre o reconhecimento progressivo das categorias de Direitos Humanos e a burla constante que fazem de sua normativa os Estados mais poderosos e as organizações que os acompanham. Claro que os tratados e seus conteúdos humanísticos seguem presentes, com diversos níveis de admissão nas legislações nacionais, em ocasiões até apontadas pela própria Doutrina Internacional gerada por seus próprios órgãos e pelo predomínio progressivo do monismo. E claro, também, que ali permanecem e se desenvolvem os níveis de consciência social universal e o *jus cogens*.

Aquilo sobre o que me interrogo, é sobre os limites funcionais desse tratamento nos níveis supraconstitucionais e constitucionais. É necessário voltar a enunciar a premissa de que os direitos supraconstitucionais e constitucionais daqueles que os reclamam e os exercem desde a margem social tutelada carecem de uma dotação suficiente, eficiente, autônoma e própria de garantismo? E se o leitor parece disposto a admiti-la, ainda terá que aceitar a armadilha a que ela conduz: esse complemento inseparável garantista, pode se dar a partir da própria universalidade, sem tutela adicional regulamentária?

Evidentemente não, por dois motivos: um, experimental, e o outro conceitual. O primeiro se reduz à realidade histórica de que não se tem conseguido, por esta via, sua funcionalidade.[45] O segundo remete à verificação de que o direito à inclusão na sociedade e em seu próprio espectro jurídico exige níveis de proteção adicionais, que o separam num sentido de discriminação afirmativa (eu prefiro falar de ação positiva, para empregar conscientemente linguagem constitucional)[46] desses mesmos niveladores de universalidade.

Neste sentido não proponho uma questão que seja novidade para o mundo jurídico, pois basta contemplar o próprio Direito do Trabalho e da Seguridade Social como um micromundo específico no qual, para realizar categorias de direito se utilizam mecanismos de igualação ou compensadores técnicos da desigualdade de base

---

(45) A doutrina internacional dos Direitos Humanos não alcança a eficácia de conformar uma barreira que impeça seu desconhecimento ou violação; e sem prejuízo de sua função dissuasiva, que, por sorte vai se incrementando dia-a-dia, conduz à reparação antes que à prevenção.

(46) Falo em concreto da Constituição Nacional Argentina, que em seu art. 75, inc. 23, ordena ao Parlamento *"legislar e promover medidas de ação positiva que garantam a igualdade real de oportunidades e de tratamento, e o pleno gozo e exercício dos direitos reconhecidos por esta Constituição e pelos tratados internacionais vigentes sobre Direitos Humanos ..."*.

para compreender que — ainda com seus *corsi e ricorsi* — pode servir de modelo de referência para a configuração do novo espectro. Ou olhar na direção desta penúltima criatura do sistema jurídico, o direito do consumidor e do usuário, que até subverte, com uma clara intencionalidade protetora adicional, grande parte do sistema da responsabilidade derivada das obrigações.

7. SOBRE OS PRINCÍPIOS DE UM DIREITO DE INCLUSÃO SOCIAL

Os princípios diferenciais de um próximo direito da inclusão social existem e têm uma notável sustentação supra-legal. Tracemos uma panorâmica, deixando claro que há de ser provisória e indicativa:

• O *solidarismo social* pode ser parcialmente compartilhado com outros ramos, como podem sê-lo o princípio protetor ou compensador, e o de justiça social.

• O princípio de *não discriminação* segregatória parece que lhe caberia como o anel ao dedo, e algo similar ocorre com o de *ação afirmativa* estatal.

• O princípio de *progressividade*, que abarca todo o processo de acumulação de garantismo social, contribuiria a dotá-lo de personalidade.

• O de *funcionalidade social da propriedade*, a robustecer a sua autonomia na hipótese de colisão com outros ramos.

• O de *socialização* não compreenderia somente o mero conceito de incorporação à sociedade mas também a própria apropriação coletiva do todo ou em parte dos resultados da produção social.

• E um que tem um assento muito singular na Constituição Argentina, já que se insere com alcances antecipatórios no próprio modelo democrático-liberal do texto de 1853 e em seu preâmbulo: o princípio da *promoção de bem-estar geral*.

8. UM CENÁRIO DE POSSÍVEIS AÇÕES JURÍDICAS CONCRETAS

Em que espaço jurídico concreto cumpririam sua múltipla função informativa, interpretadora e gnoseológica esses princípios? É difícil prognosticá-lo com certeza, e muito mais prefixar seus limites, pois não cabe imaginá-lo senão com um caráter expansivo, como o que historicamente exibiu o resto das categorias do Direito social.

Há algumas áreas, não obstante, que não seriam remotas para a nossa capacidade de desenho atual. Exemplifico:

• Uma garantia específica do direito ao acesso ao trabalho social, desvinculada de sua articulação necessária com a dependência clássica, na medida em que esta supõe somente sujeitos empregadores que podem exercer sua liberdade de contratação, tanto ao fazê-lo quanto ao negar-se a contratar. Em outras palavras, um conjunto no qual possa se entender o porquê do art. 14 bis da Constituição Nacional Argentina dizer que o trabalho *em todas as suas formas,* e não em uma só delas, há de gozar da proteção e da tutela da lei.

• Uma regulação inclusiva que tutele a funcionalidade competitiva dos empreendimentos coletivos de inclusão, pois não é possível conceber que para resolver juridicamente as questões propostas pelas empresas recuperadas[47] tenhamos que nos contentar com remédios caseiros ou com apego a formas que não as comportam como o cooperativismo clássico.

• Uma institucionalização juridicamente exigível do *salário social de inclusão,* desvinculado conceitualmente da remuneração do trabalho e de todo o rastro de assistencialismo social, que está atualmente muito mais próximo à beneficência clientelística que ao direito subjetivo coletivo.

• Uma admissão de instituições de representação e canalização do protesto social, que a um tempo assegurem sua aptidão de interlocução, de negociação e acordo, e contribuam para a sua estruturação dentro de um espaço amplíssimo e plenamente democrático de legalidade.[48]

• E, quase como uma necessidade prévia, uma categórica ampliação do amparo[**], como via de aproximação jurisdicional, à

---

(47) Mais uma vez, a referência é local e atende ao fato social da continuidade da exploração de empresas (em geral fábricas) abandonadas ou sem patrimônio, por todo ou parte do conjunto de seus ex-trabalhadores, fenômeno no qual não cabem os enquadramentos típicos do Direito societário.

(48) Admito que, assim enunciado, possa-se correr o risco de que sejam gerados novos repressores e limitadores do protesto social. Definitivamente, tratar-se-á, uma vez mais, das resultantes de relações dinâmicas de forças na sociedade.

(**) Amparo — ação própria da Argentina, equivalente ao nosso Mandado de Segurança mas com aplicação bem mais ampla que pode ser dirigida, inclusive, contra ato de uma instituição privada, como previsto no art. 43 da Constituição Nacional argentina, assim redigido: (NT)

"Toda persona puede interponer acción expedita y rápida de amparo, siempre que no exista otro medio judicial más idóneo, contra todo acto u omisión de autoridades públi-

realização dos direitos ao trabalho digno, à satisfação de necessidades de todo o povo, à moradia, à saúde, à educação, à seguridade, à família; e — em termos genéricos — à propriedade de um *projeto pessoal de vida*,[49] que talvez seja a nova forma de propriedade pela qual valha a pena lutar neste século.

9. OS DIREITOS FUNDAMENTAIS

Na categorização jurídica contemporânea, como diz o autor espanhol *Valdés Dal-Re*, os direitos do nosso tempo são os chamados "*direitos fundamentais*", não somente porque por eles reclamam os indivíduos diante e contra a sociedade e seus poderes, em demanda de maiores e mais decentes espaços de igualdade, de liberdade e de solidariedade; mas, ademais, porque se percebem, se entendem e atuam como fundamento de toda uma ordem jurídico-política, plasmada em textos e cartas constitucionais e em declarações ou pactos internacionais. Esses direitos fundamentais, que se configuram como direitos públicos subjetivos, não são outra coisa senão os que compreendem a esse sujeito que, vale a pena recordar, denomina-se 'pessoa'.[50]

A própria declaração sobre direitos fundamentais da OIT põe de manifesto as limitações de seu âmbito objetivo, e do de todo o Direito do Trabalho; ainda que o enfrentamento com o trabalho for-

---

cas o de particulares, que en forma actual o inminente lesione, restrinja, altere o amenace, con arbitrariedad o ilegalidad manifiesta, derechos y garantías reconocidos por esta Constitución, un tratado o una ley. En el caso, el juez podrá declarar la inconstitucionalidad de la norma en que se funde el acto u omisión lesiva. Podrán interponer esta acción contra cualquier forma de discriminación y en lo relativo a los derechos que protegen al ambiente, a la competencia, al usuario y al consumidor, así como a los derechos de incidencia colectiva en general, el afectado, el defensor del pueblo y las asociaciones que propendan a esos fines, registradas conforme a la ley, la que determinará los requisitos y formas de su organización ...".

(49) No caso "Maria Elena Loayza Tamayo" (Sent. 27.5.1998) a Côrte Interamericana de Direitos Humanos se referiu à reparabilidade dos danos ao "projeto de vida". O projeto de vida se vincula à realização integral da pessoa, considerando sua vocação, aptidões, circunstâncias, potencialidades e aspirações que lhe permitem fixar razoavelmente determinadas expectativas e ascender a elas para alcançar o destino a que se propõe. Em outras palavras, o "dano ao projeto de vida", entendido como uma expectativa razoável e acessível no caso concreto, implica a perda ou grave desprezo de oportunidades de desenvolvimento pessoal, de forma irreparável ou muito dificilmente reparável.

(50) *Luigi Ferrajoli* subministra a mais condensada das definições dos direitos fundamentais: são "*aqueles direitos subjetivos que correspondem universalmente a todos os seres humanos enquanto dotados do* status *de pessoas, isto é, cidadãos ou pessoas com capacidade de agir.*

çado e as formas atuais da escravidão, com o trabalho proibido de menores, com a liberdade sindical em sentido amplo ou com a discriminação no trabalho possam ter zonas de contato com os outros direitos não menos fundamentais, como os direitos de toda *pessoa* à vida, à proteção estatal da saúde e da segurança, à alimentação sadia e adequada, à organização da família e ao projeto pessoal de vida, à educação e formação, à moradia, à integração e participação na sociedade, à obtenção da informação plena, ao conhecimento, à arte, ao esporte e à preservação e desenvolvimento da cultura.

Que o progressivo reconhecimento desses direitos mediante a dotação de garantias adequadas, acessíveis e hospitaleiras, possa ou não se desprender e acompanhar a evolução do Direito do Trabalho e da Seguridade Social é entrar no terreno de um prognóstico apressado. Em todo o caso, parece ser indubitável que se deve tratar de evoluções não contraditórias, porque é inconcebível uma adequada tutela jurídica da inclusão social se continuamos desmontando o entremeado de tutela dos direitos dos trabalhadores ativos ou em passividade de aposentadoria ou de suas famílias. O que não impede afirmar, *a contrario sensu,* que não podemos alcançar a proteção desses direitos fundamentais somente a partir da reafirmação dos princípios e níveis de garantismo do Direito do Trabalho.

Reconheço que esta tentativa de aproximação ao desenho de instituições que não têm atual assento no modelo único de relações de produção pode adquirir ressonâncias utópicas. Ocorre, contudo, que assim sucedeu com aquele '*Novo Direito*'[51] que acendeu seus pequenos motores com a abrangente denominação de *Direito Social* para acabar construindo-se como Direito do Trabalho e da Seguridade Social. Também reconheço que em toda tentativa de elaboração de uma nova categoria jurídica subjazem sérios problemas e riscos de arbitrariedade; porque na hora de desenhar categorias, as palavras com as que se expressa o Direito costumam exibir algumas assimetrias, que parecem desmentir a presunção vulgar de que a lógica jurídica se configure como expressão *científica do senso comum*.[52]

---

(51) Tomo, por seu múltiplo sentido, o nome da obra anunciadora de *Alfredo L. Palácios*.

(52) Em matéria de 'categorias': um texto de *Borges* ("Empório celestial de conhecimentos benévolos"), inspirou uma notável obra de *Foucault* "As palavras e as coisas"). *Borges* menciona ali uma certa enciclopédia chinesa onde consta que os animais se dividem em: a) pertencentes ao Imperador; b) embalsamados; c) amestrados; d) leitões; e) sereias; f) fabulosos; g) cachorros soltos; h) incluídos nesta classificação; i) que se agitam como loucos; j) inumeráveis; k) desenhados com um pincel finíssimo de pêlo de camelo; l) *et coetera;* m) que acabam de quebrar o vaso; n) que de longe parecem moscas. Diz *Foucault* que no assombro dessa taxonomia o que se vê de golpe, o que por meio do apólogo se nos aparece como encanto exótico de outro pensamento, é o limite do nosso: a impossibilidade de pensar tal coisa.

Do único que não podemos nos permitir duvidar é de que não se pode continuar fechando os olhos diante da marginalização jurídica, porque não se vislumbra — ao menos no modo de produção dominante — uma recomposição do pleno ou semipleno emprego: a luz vermelha já está acesa. E, em todo o caso, se minha argumentação não é convincente para que o leitor suponha viável a proposta de um novo capítulo da tipologia do Direito, ao menos terei podido utilizar o espaço para expor a necessidade de estender os limites de alguns dos capítulos já existentes, para que o gozo dos Direitos Humanos não seja no futuro um privilégio indevido.

Dedicado aos meus netos, que talvez habitem um mundo mais amável. E ao *Opinio Iuris* Instituto de Pesquisas Jurídicas" do Brasil, porque o bom jurista haverá de preparar-se para a transição a esse mundo necessário.

TELETRABALHO

Enrique Ricardo Brandolino (*)

SUMÁRIO: I. Descentralização. Estratégia de organização; II. Teletrabalho; III. Modalidades; IV. Vantagens e desvantagens; V. Conceituação do teletrabalhador; VI. Condições de trabalho: a) jornada; b) salários; c) seguridade e higiene; VII. Âmbito da privacidade do trabalhador; VIII. Experiências em outros países

I. DESCENTRALIZAÇÃO. ESTRATÉGIA DE ORGANIZAÇÃO

Assim como as mudanças tecnológicas conduzem a novas técnicas de produção, com grandes modificações nas estruturas empresariais clássicas, o Direito do Trabalho teve (e deve permanentemente) de se adaptar a essa realidade para evitar que, sob essas novas formas, se cerceiem direitos dos trabalhadores ou que se aprofunde o que se tem sido chamado como a "fuga do Direito do Trabalho" (as móveis fronteiras do direito do trabalho e as novas formas do emprego) — algo que se agrava com afirmações como a de que o atual é um direito do trabalho que corresponde à situação de crise do emprego ou que tem alguma responsabilidade nessa crise.

A descentralização produtiva não é mais do que uma forma de organização do processo de elaboração de bens ou prestação de serviços, pela qual um estabelecimento com a possibilidade para fazê-lo (depende da intensidade da mão-de-obra ou atividade a que está destinado) deixa de realizar diretamente determinados trabalhos, optando por deslocá-los a outras empresas ou pessoas individuais, transferindo para fora do âmbito da empresa operações de seu ciclo de produção.

Diversos são os fatores que contribuem para o surgimento e a expansão de dito fenômeno: econômicos, tributários, políticos, tecnológicos, trabalhistas etc. Eles têm seu início com a globalização

---

(*) Juiz na Argentina. Tradução de Marcia Medeiros de Fernandes, advogada, Colômbia, e Luiz Alberto de Vargas, Juiz do Trabalho, Brasil.

e "externalizam" as atividades para empresas pequenas ou de menor porte, com um custo menor, que são impulsionadas inclusive, desde o Estado, a partir dos processos de privatizações, licitações, concessões e contratações.

Os avanços tecnológicos na área da informática e das comunicações permitem uma descentralização geográfica entre unidades produtivas, inclusive a nível transnacional, facilitando uma maior especialização, uma redução dos custos fixos e de benefícios tributários através de isenções fiscais.

Do ponto de vista da estratégia da descentralização produtiva, *Hugo Fernández Brignoni* assinala que, desde a perspectiva do rol empresa/empregador, as formas de terceirização poderiam agrupar-se de acordo com os seguintes critérios: a) pela sua finalidade, derivada da mudança tecnológica ou da especialização: a finalidade pode referir-se à necessidade de acompanhar as mudanças tecnológicas ocorridas, com o objetivo de manter um nível de competitividade que as faça viáveis; b) pela sua finalidade, para lograr uma maior capacidade competitiva no mercado: através das estratégias de descentralização, a empresa realiza sua atividade atendendo estritamente à demanda que recebe e ao tempo em que esta lhe chega *(just in time)*, logrando desprender-se do custo que a manutenção do estoque de mercadorias lhe ocasiona; c) pela sua finalidade, para eludir as normas do direito do trabalho: neste caso, as formas de descentralização aparecem como formas fraudulentas ou de evasão das normas de proteção dos trabalhadores e/ou das normas tributárias ou fiscais; d) pela sua estrutura, descentralização produtiva horizontal: este tipo de descentralização refere a uma estrutura de empresa desenhada basicamente como uma rede; é conhecida com o nome de "redes empresariais". Consiste na contratação com provedores externos de certas fases ou atividades da empresa, não consideradas atividades básicas desta que, com anterioridade ou por ter sido necessário, ela mesma as teria desempenhado; e) pela sua estrutura, descentralização produtiva vertical: a descentralização vertical supõe, da mesma forma que na anterior, a contratação com terceiros para a realização de parte da atividade ou dos bens que a empresa contratante necessita para funcionar ou produzir, mas com a particularidade que a relação não é entre iguais. Neste caso, uma das empresas, tem sobre as outras, uma capacidade de direção que não existe em outro tipo descrito. É o caso das empresas filiais que atuam sob as instruções da empresa matriz ("*Las actuales formas de descentralización productiva*", Fundación de Cultura Universitaria, Montevideo, p. 59/66).

Desde esta perspectiva, há, então, estratégias de rede, empresas principais (ou cabeça) e um conglomerado ou outras que executam tarefas intensivas de mão-de-obra, trabalho a domicílio e um processo em desenvolvimento — e em franco avanço — denominado teletrabalho.

II. TELETRABALHO

Esta última é, precisamente, o que aqui se pretende estudar. Aparece como uma nova modalidade de prestação, sem cobertura legal específica e até o momento, sua definição não responde a critérios jurídicos, mas sim, a considerações práticas. Assim, pode definir-se como aquelas atividades ou ocupações retribuídas, exercidas longe da sede da empresa e, necessariamente, através de métodos de comunicação tecnológica (*internet, fax* etc.), entre o trabalhador e a empresa. É a informação que se desloca ao lugar do trabalhador.

Além do teletrabalho, se utilizam habitualmente outros termos, como teledeslocamentos (*teleconmuting*), trabalho na rede (*networking*), trabalho à distância (*remote working*), trabalho em casa (*homeworking*) e trabalho flexível (*flexible working*).

Foi *Jack Nils* quem inventou a palavra "teletrabalho", que se atribui a qualquer atividade profissional que se realiza fora do lugar tradicional de trabalho, utilizando alguma das técnicas de telecomunicações. É uma forma específica, diferente e especial de realizar o trabalho.

O teletrabalho não é alternativo, e sim, complementar em relação ao trabalho dependente interno nas empresas. Para sua implantação e desenvolvimento, a melhor opção deve passar pela cultura do convênio e a negociação entre os agentes implicados.

O teletrabalho é trabalho realizado longe do lugar onde o resultado é esperado, quer dizer, à distância do empregador, mas nem todo trabalho à distância pode ser considerado como teletrabalho, pois este requer o uso intensivo das técnicas da informática e/ou das telecomunicações. Por isso, não implica em descentralização produtiva (entendida como a realização de bens), e sim, somente a prestação de determinados serviços através de métodos de comunicação, já que é uma forma de organização do trabalho, com o desempenho do trabalhador sem presença ou com presença parcial na empresa durante o horário de trabalho, com a prestação de tempo completo ou parcial, geralmente no próprio domicílio do trabalhador *(homeworker)*.

Para o teletrabalho, o fator tempo não é quantitativamente relevante, mas sim, qualitativamente, porque não se trata de averiguar durante quanto tempo o trabalhador utiliza os meios telemáticos para realizar uma prestação, mas de verificar a partir de que momento se produz a mudança no modo de organização dessa atividade, de maneira, que o trabalhador já não trabalhe, e sim que teletrabalhe (*Thibault Aranda, X.*, "Aspectos Jurídicos del Teletrabajo", Revista Ministerio de Trabajo y Asuntos Sociales, Madrid, 1998, n.11).

Têm sido identificados vários fatores de motivação nos diferentes setores em que se introduz o teletrabalho. As grandes empresas do setor da informática e das telecomunicações, os seguros e o setor financeiro foram as primeiras em adotar a referida modalidade. Algumas têm trabalhado na reorganização dos processos empresariais, mudando no seu seio a organização do trabalho, com ênfase na gestão por objetivos, o trabalho orientado aos projetos, o trabalho descentralizado e a maior autonomia dos seus empregados. Outros, ao contrário, têm tentado reorganizar os processos empresariais com perspectivas a longo prazo, introduzindo novas formas de trabalhar através da contratação de novo pessoal, com situações trabalhistas e contratos de trabalho mais flexíveis. Porém, em todo caso, sempre se fala de uma revolução da informação, de uma revolução digital, ou mais genericamente, de uma sociedade da informação.

Sobre a experiência na Argentina, não existem muitos dados, mas, se utilizou uma modalidade parecida com o teletrabalho por ocasião do Tratado de Relação Preferencial subscrito entre o nosso país e a Itália na década dos anos 80. Em tal época, se contratou, em vista do baixo custo da mão-de-obra argentina, uma importante quantidade de arquitetos como desenhistas especializados para confecção de planos na Argentina que eram transferidos para a Itália. Seu posterior desenvolvimento (ainda incipiente) é conseqüência de um mercado trabalhista caracterizado por um alto nível de desocupação e por baixas remunerações, unido a um importante número de jovens que incorporaram o computador como um elemento cotidiano nas suas vidas e que não vêem satisfeitas suas aspirações de trabalho.

III. MODALIDADES

Existem diferentes classificações ou formas, segundo diferentes critérios, para que se estabeleçam comparações, mais como um exercício doutrinário, do que uma diferença conceitual sobre estes trabalhadores, que se radicam a partir do lugar onde se realiza o teletrabalho (no domicílio, nos centros especialmente habilitados para tal efeito — escritórios satélites — ou móveis), ou estão referidas ao tempo que se dedica ao teletrabalho e as formas em que se presta (individual ou coletiva), ou no seu modo de execução, para aqueles trabalhadores em casa, *off line* (o teletrabalhador executa a prestação trabalhista sem nenhum tipo de conexão com o sistema informático situado na empresa, no qual só lhe envia os dados por diferentes meios — *e-mail*, disquete etc.), *one way line* ou unidirecional (existe uma conexão contínua, mas somente numa única direção — do empresário ao teletrabalhador ou ao contrário) e *on line* ou bidirecional, que permite um diálogo interativo entre o sistema informático situado na empresa e nos diferentes terminais; neste sistema existe um controle direto (e mais intenso) pela empresa da atividade realizada pelo trabalhador.

A maioria das empresas que utiliza o teletrabalho opta pela solução denominada "teletrabalho alternativo", na qual os empregados só trabalham em casa uma parte do tempo, transcorrendo o resto da jornada no escritório. Compatibiliza-se desta forma a comunicação entre a empresa e o empregado, e é freqüente ver esta modalidade naqueles empregados que, pela sua atividade, requerem freqüentes deslocamentos (caso dos viajantes do comércio, que podem teletrabalhar num hotel ou nos escritórios dos clientes).

O escritório satélite é uma forma coletiva de teletrabalho, parecida à tipologia tradicional de sucursal. Mas, enquanto as sucursais têm a necessidade de se ocupar dos clientes, os escritórios satélites, geralmente distantes por razões imobiliárias ou de custo, podem estar longe dos escritórios centrais ou principais, desempenhando a tarefa destinada a toda a organização. Basta citar como exemplo os centros de chamadas telefônicas ou dos bancos, situados em países diferentes aos dos clientes ou usuários, a quem estão dirigidos tais serviços. A existência de centros especializados na elaboração de dados em lugares denominados *off shore* (como o Caribe, as Filipinas e a República Popular China), com um custo de mão-de-obra excessivamente baixo, demonstram as perspectivas globais — e os inconvenentes — que oferece o teletrabalho.

Quando os escritórios à distância, equipados com todas as conexões informáticas e de telecomunicações se utilizam como infra-estrutura de apoio à coletividade nas áreas periféricas ou economicamente desfavorecidas, como meio para fomentar o desenvolvimento econômico, o fenômeno se denomina *telecottages*. Em alguns lugares da Europa (Grã-Bretanha, Irlanda, Escandinávia), eles estão vinculados à estratégia da introdução ao teletrabalho, como um modo de superar problemas locais estruturais e reforçar a realização de tecnologia nas regiões.

Nem todos os trabalhadores, como antes comentamos, são de tempo completo, pois há os que trabalham em casa nessas condições e os que praticam o teletrabalho alternando (uma parte em casa e outra parte no escritório), enquanto que outros o fazem com caráter secundário, sem freqüência, sem regularidade e para mais de uma empresa.

Na categoria de formas coletivas de teletrabalho se incluem aquelas em que se opera uma redistribuição das funções de apoio ao trabalho de escritório em outras regiões ou em outros países (redistribuição intra-empresarial); as em que existe subcontratação das funções de apoio (interempresarial) e, também, o trabalho em grupo que é uma combinação de ambas, ou seja, aquele que se desenvolve em colaboração com outras empresas, através do intercâmbio eletrônico de dados e redes de pequenas e médias empresas e de indivíduos conectados entre si.

IV. VANTAGENS E DESVANTAGENS

Entre as vantagens que tal modalidade de prestação apresenta, podem descrever-se:

a) possibilidade de prover ao trabalhador de um instrumento válido para organizar seu tempo e vida familiar (melhor combinação de exigências laborais e extralaborais), diminuindo também, as faltas e os infortúnios trabalhistas;

b) ferramenta utilizável como política de emprego para comunidades ou populações com menor possibilidade de aceso ao mercado de trabalho;

c) flexibilidade da organização empresária com uma melhor resposta diante dos picos de trabalho;

d) economia dos custos de manutenção e produção para empresas (reduz espaço, menor consumo de energia elétrica, menor área de limpeza, manutenção etc.);

e) economia de horas perdidas por deslocamento entre o domicílio do trabalhador e o lugar do trabalho, o que por sua vez, importa um incremento da produtividade e de segurança decorrente dos traslados;

f) menor gasto para o trabalhador em roupa e comida, originado do traslado ao lugar de trabalho;

g) melhoria ecológica para a comunidade derivada do menor deslocamento de veículos (poluição, trânsito, combustível etc.); e

h) facilita a mudança de domicílio do teletrabalhador ou o translado da empresa, sem necessidade de mudar de emprego.

Por sua parte, na hora das desvantagens, se podem apontar:

a) o sentimento de solidão que pode padecer o teletrabalhador por estar longe dos seus companheiros de trabalho;

b) a sinergia que se produz no trabalho em grupo fica debilitada no assincronismo dos processos remotos e a frieza da mediação tecnológica;

c) dificuldades do teletrabalhador para comunicar-se com o chefe direto em caso de problemas, ou com seu representante sindical;

d) ausência de ruptura entre sua vida privada e sua vida profissional;

e) a existência de um mercado de trabalho supranacional, não sujeito a nenhuma norma reguladora, o que também gera uma certa sensação de desproteção; e

f) o que se supõe como liberdade individual para regular o ritmo de trabalho pode dar lugar a uma sobrecarga trabalhista e, em casos extremos, à suposição de o trabalhador estar disponível nas vinte e quatro horas do dia, com os conseqüentes riscos (e danos) à saúde. De igual forma, a adição ao trabalho pode ser um risco adicional se não há controle externo ou se o teletrabalhador não pode controlar sua forma de trabalhar.

V. CONCEITUAÇÃO DO TELETRABALHADOR

Precisamente esta modalidade de prestação serviços faz com que, por força de se considerar a autonomia como um traço de realização pessoal e capacidade, torne-se mais difícil a identificação dos caracteres de uma relação dependente ou se encubra, sob a aparência de figuras não trabalhistas, a realidade da relação. Ainda quando o tema, em muitos casos, excede o espaço físico do Estado, como no caso em que os domicílios do teletrabalhador e da empresa estão situados em diferentes países (algo que, no caso argentino, decorre da ausência de uma normativa específica), existem problemas quanto à norma a ser aplicada e qual a jurisdição competente.

De acordo com a legislação da República Argentina, o normal é que, ao cumprir-se os requisitos dos arts. 21 e 22 da Lei de Contrato de Trabalho, se esteja diante de uma relação trabalhista. Assim, o primeiro dos mencionados artigos estabelece que "Haverá contrato de trabalho, qualquer que seja sua forma ou denominação, sempre que uma pessoa física se obrigue a realizar atos, executar obras ou prestar serviços a favor da outra e sob sua dependência, durante um período determinado ou indeterminado de tempo, mediante o pagamento de uma remuneração. Suas cláusulas quanto à forma e condições da prestação, ficam submetidas às disposições da ordem pública, às convenções coletivas ou aos laudos com força de tais e aos usos e costumes", enquanto que a segunda das citadas normas, dispõe diretamente, que "Haverá relação de trabalho quando uma pessoa realize atos, execute obras ou preste serviços em favor de outra, sob a dependência desta em forma voluntária e mediante o pagamento de uma remuneração, qualquer que seja o ato que lhe dê origem". E se a isso agregamos, que "Se considera 'trabalhador', para os fins desta lei, a pessoa física que se obrigue ou preste serviços nas condições previstas nos arts. 21 e 22 desta lei, quaisquer que sejam as modalidades da prestação", enquanto que "Se considera 'empregador' a pessoa física ou o conjunto delas, ou jurídica, tenha ou não personalidade jurídica própria, que requeira os serviços de um trabalhador", a questão do teletrabalhador, em princípio, no direito argentino, tem resposta (e favorável), pois se trata de uma pessoa física que, em forma pessoal, habitual e normal, embora fora da sede da empresa, mas, em benefício desta, presta serviço e realiza a atividade daqueles que o requer, em troca de uma soma de dinheiro e conforme as diretrizes ou instruções que lhes são determinadas para tal efeito.

Este critério de ampla apreciação pretende manter no seio do Direito do Trabalho as novas formas das relações trabalhistas que aparecem ao redor das redes das empresas e jogos de autonomias, como um modo de assegurar proteção aos trabalhadores. De todo modo, a idéia central do arrazoado se apóia na inserção do trabalhador numa estrutura empresarial alheia, o que não deve confundir-se com a presença física do trabalhador no estabelecimento, nem com certo grau de autonomia a respeito do modo de cumprir o serviço encomendado (típico nos profissionais onde a diretriz não está na forma de como deve desenvolver-se a tarefa, mas sim, a respeito de quem ou para quem — poder de direção —), porque se trata de pessoas que integram os meios materiais dos quais se vale a empresa para cumprir seus fins (conforme art. 5, LCT). "Para os fins desta lei entende-se como "empresa" a organização instrumental dos meios pessoais, materiais e imateriais, ordenados sob uma direção, para o logro dos fins econômicos ou benéficos"), subordinados numa relação no marco de uma empresa ou estabelecimento ou unidade produtiva e alheios ao resultado da exploração.

O alheio implica que, por uma parte, o resultado do trabalho não pertence ao teletrabalhador, e sim, ao empresário, e pelo outro, que é alheio ao risco da atividade empresarial.

Em realidade, não é que desapareça a subordinação, mas sim que, diante da tendência de despersonalizar a relação, as instruções e ordens já não procedem diretamente das pessoas que ostentam o poder de direção e controle, e sim de programas. Trata-se de recalcar o conceito, para não perder de vista que não é o grau de autonomia do trabalhador, a propriedade da máquina (elemento de trabalho) ou a ausência de outros elementos habituais (cartão-ponto, utilizar uniforme, estar registrado nos livros trabalhistas etc.) que tipificam como dependente uma prestação, e sim, os elementos antes resenhados, de forma a não se confundir causa com efeitos da inexistência do contrato de trabalho.

Superada a dificuldade do conceito "dependência" nas atividades alheias às propriamente industriais ou por fora das estruturas tradicionais, o âmbito de aplicação da normativa laboral, dentro do direito argentino, resolve-se pelo art. 3 da Lei do Contrato de Trabalho — que, para todos efeitos, estabelece "Esta lei regerá sobretudo aquilo que for relativo à validade, direitos e obrigações das partes, quer o contrato de trabalho se tenha celebrado no país ou fora dele, quando se execute em seu território", de modo que, na medida que o teletrabalhador esteja situado fisicamente no território da República da Argentina, esta é, a princípio, a norma aplicável à dita relação (salvo convênio mais benéfico).

Cabe considerar, também, como disposição aplicável pela analogia aquela referida ao trabalho a domicílio, pois se trata também de uma tarefa trabalhista dirigida, cumprida fora dos limites do estabelecimento ou da fiscalização direta do empregador, que responde ao fenômeno geográfico da disseminação do trabalho humano para a consecução do objetivo do proprietário dos bens de produção (ainda que sem a utilização dos meios telemáticos).

VI. CONDIÇÕES DE TRABALHO

a) Jornada

Além da jornada flexível, nos encontramos com a jornada variável, mas a sua problemática relacionada com a jornada máxima, são questões de difícil resolução pela dificuldade de controle sobre o cumprimento ou observância das normas. Basta supor a impossibilidade prática da Fiscalização do Trabalho para controlar domicílios particulares (amparados sob garantias constitucionais) e o eventual número destes. De todo modo, nada autoriza a que, sob esta modalidade de prestação, se afaste o regime da jornada de trabalho previsto pela legislação vigente no lugar do desempenho do trabalhador ou se ignore o preceito constitucional (art. 14 bis), mas, é mais fácil supor que os horários habituais do teletrabalho vão desde a sobrecarga ocasional à jornada completa. Não existe nenhum estudo ou estatística que demonstre o contrário.

b) Salários

Pelo respeito ao princípio da não discriminação remuneratória (igual salário por igual tarefa), a remuneração do teletrabalhador não poderá ser inferior ao de um trabalhador ordinário de categoria profissional equivalente na localidade em que se prestem os serviços. Tal critério se apóia nos Convênios 100 e 111 OIT, art. 14 bis da Constituição Nacional e art. 81 da Lei do Contrato de Trabalho, entre outras várias disposições.

c) Seguridade e Higiene

Quando se fala de teletrabalho, não se pode pensar na desvalorização dos direitos dos trabalhadores, nem que, através de dita modalidade de prestação, se subtraem todas as normas de seguridade e higiene do trabalho.

Tampouco existe, em relação a este tema, alguma disposição no ordenamento argentino, mas sim um princípio universal, o de que o empregador está obrigado a observar as normas em matéria de seguridade e higiene, pelo que lhe corresponde a responsabilidade de avaliar os riscos do lugar de trabalho e garantir as exigências ergonômicas do referido lugar para o desempenho do teletrabalhador, ainda quando seja no seu lar — pois precisamente é muito provável que dito âmbito esteja mal desenhado. Esta obrigação envolve lograr uma adequada iluminação e ventilação do mesmo, a provisão de equipamentos adequados e todas outras medidas de segurança e prevenção que resultem pertinentes às circunstâncias.

Não é um dado irrelevante que o excesso de horas produto da sobrecarga de trabalho origina no trabalhador estresse, tensão, transtornos músculo-esqueléticos e isolamento, os quais, inclusive, se vêm agravados por uma qualidade ergonômica insuficiente.

Como outra face da responsabilidade patronal é faculdade deste (o que, por sua vez, corresponde ao poder de polícia da autoridade administrativa do trabalho) controlar a observância e o cumprimento das medidas de seguridade e saúde originalmente dispostas. Tal fato coloca um problema maior para sua implementação, porque tanto o empregador como a autoridade administrativa só podem ter acesso ao domicílio particular do trabalhador salvaguardando os direitos à inviolabilidade do domicílio e o devido respeito à intimidade pessoal e familiar, de modo que os controles devem se realizar mediante prévio aviso ao trabalhador e exclusivamente no lugar da habitação destinada à prestação laboral.

VII. ÂMBITO DA PRIVACIDADE DO TRABALHADOR

Quando o trabalho se realiza no domicílio do trabalhador se origina a questão de separar a vida familiar da do trabalho, delimitadas por uma fronteira muito difusa, que funciona para evitar a eventual invasão do empregador na privacidade do trabalhador e sua família no exercício do poder de controle ou vigilância. De outro modo, o empresário poderia conhecer, através de *software*, videocâmaras, controle de telefonemas etc. distintas características do trabalhador, como o tempo que destina à sua tarefa (tempos mortos, erros cometidos etc.) ou certos comportamentos, obtendo uma quantidade de informação cuja manipulação poderia levar a estabelecer perfis do trabalhador, violando a proteção dos dados de caráter pessoal, ou estabelecendo critérios de seleção discriminatórios.

Por isso, as medidas a serem adotadas pelo empregador devem ser destinadas a verificar, única e exclusivamente, o cumprimento dos deveres trabalhistas, estritamente pelo tempo do desempenho laboral, guardando na sua aplicação a consideração devida à dignidade do trabalhador, além de serem dadas ao conhecimento deste no momento da celebração do contrato de trabalho, ou, se for o caso, na mesma oportunidade de ser implementadas.

Deve-se advertir que é necessária a adoção de um critério restritivo neste tema, porque a utilização como método de controle, por exemplo, de uma câmara de vídeo ou de gravações de ligações telefônicas (procedimento empregado na atividade bancária para confirmar e servir como prova de determinadas operações), leva a que o empregador, não só possa captar imagens do trabalhador enquanto este trabalha, como também, possa gravar imagens (ou conversas) da vida privada, tanto deste como da sua família, violando o direito à intimidade dos envolvidos. Por isso, a diferença de outros meios de controle destinados à totalidade do pessoal nos estabelecimentos — aceitos em geral, com certas limitações (desde que preservem a dignidade do trabalhador) — para a instalação de métodos (invasivos) de controle no âmbito do lar do teletrabalhador deve-se requerer previamente seu consentimento expresso, além de sua limitação exclusivamente ao controle da tarefa.

VIII. EXPERIÊNCIA EM OUTROS PAÍSES

Na Europa, o teletrabalho tem-se consolidado especialmente na França e na Itália, onde se regula através de convênio coletivo. Nos Estados Unidos, seu crescimento é constante, porém sujeito a outras regras de convivência — e jurídicas — diametralmente distintas, razão pela qual nenhuma referência nos resta formular sobre isso.

Como ponto de referência a este tema é ilustrativo o acordo celebrado, em julho de 2002, entre a Confederação Européia de Sindicatos (ETUC) e as patronais européias (UNICE/UEAPME e CEEP), que constituiu um primeiro passo na regulação do teletrabalho. Sua adoção, voluntária pelos países-membros, constitui um acordo marco para a negociação em cada Estado entre a patronal e os sindicatos nacionais, impondo aos empresários a obrigação de informar ao teletrabalhador a existência e o conteúdo de ditos acordos coletivos, assim como a descrição de seu trabalho, a possibilidade de participar nas eleições de seus representantes e a comunicação com os mesmos, tal como se tratasse de um trabalhador situado fisicamente dentro da empresa.

Pontualmente, dispõe que os teletrabalhadores têm os mesmos direitos e garantias de outros trabalhadores (princípio de não discriminação); que se lhes deve aplicar a legislação e os acordos coletivos em idênticas condições que das dos demais trabalhadores, incluído o acesso às oportunidades de formação que surjam na empresa. Está regulada a proteção de dados, sendo responsabilidade do empregador a adoção das medidas necessárias para tal fim, devendo ser informado o trabalhador sobre a legislação a ele aplicável, incluídas as sanções que sofrerá em caso de inobservância ou descumprimento das ditas disposições. É obrigação do empresário informar sobre as condições aplicáveis ao contrato, o que nada mais é que a importação de uma reiteração da Diretiva 91/533/CEE do Conselho do 14.10.1991.

O fornecimento de equipamento de trabalho, assim como sua manutenção, corre por conta da empresa, sendo responsabilidade do trabalhador cuidá-lo e não utilizá-lo para a distribuição de material ilegal na *internet*. Além disso, a organização do trabalho é decidida pelo empregado (lógica condição derivada do modo da prestação), quem tem acesso à informação da empresa.

Como antes mencionamos, não existe na Argentina, nem entre os países que integram o MERCOSUL, uma normativa específica ou similar sobre a matéria, pois se trata de uma realidade que se desenvolveu fora de um marco que regulamente sua ação, o que acarreta falta ou ausência de segurança jurídica quando o conflito excede as fronteiras de um país, pois, diante do problema ou controvérsia pontual, cada Estado eventualmente envolvido adotará soluções de acordo com seu direito interno, como assinalamos a respeito da Argentina — o que não é, necessariamente coincidente em todos os aspectos em outros Estados-membros ou em outros países (México ou Estados Unidos, para citar alguns exemplos).

A reforma constitucional Argentina de 1994, através da incorporação do art. 75, inciso 24, autorizou o Congresso da Nação a aprovar "Tratados de integração que deleguem competências e jurisdição a organizações supra-estatais", avançando desta maneira sobre os inconvenientes que provocava a ausência de referência no anterior texto (compreensível, por outra parte) ao fenômeno do constitucionalismo contemporâneo, que tenta maximizar a complementação inter-regional. A cláusula não significa exatamente que o Estado argentino esteja a transferir parte de suas competências a novos entes supra-estatais, cujas decisões são aplicáveis sem necessidade de que os órgãos internos as recepcionem.

O MERCOSUL funciona como um acordo parcial no marco do Tratado de Montevidéu de 1980 (aprovado pela Lei Argentina n. 22.354) e nenhuma das normas que lhe sustentam prevêem uma cessão de atribuições próprias da soberania estatal ou a favor de uma estrutura supra-estatal. Não há uma verdadeira transferência de competências a órgãos supranacionais de faculdades normativas, nem a aplicabilidade direta ou imediata de suas decisões aos cidadãos de cada Estado-parte, nem existe um órgão judicial comunitário que possa definir as controvérsias surgidas a partir da modalidade da prestação de serviços em análise.

De todo modo, é de se resgatar a reunião do Conselho Mercado Comum de dezembro de 1998, em que os presidentes dos países-membros, subscreveram a Declaração Social Laboral do MERCOSUL (Rio de Janeiro, 10.12.1998), a qual conforma um código sintético de direitos individuais (situação do trabalhador migrante), direitos coletivos (liberdade de associação — art. 8 —, liberdade sindical — art. 9 —, negociação coletiva — art. 10 — e greve — art. 11) e da seguridade social. Foi ditada pelo órgão superior do MERCOSUL competente para tanto, qual seja, o Conselho do Mercado Comum (art. 10 do Tratado), pois o art. 42 do Protocolo de Ouro Preto (17.12.1994), dentro das "Fontes Jurídicas do MERCOSUL", estabelece que as normas emanadas dos órgãos do MERCOSUL previstas pelo art. 2 deste Protocolo terão caráter obrigatório e, quando seja necessário, deverão ser incorporadas aos ordenamentos jurídicos internos mediante os procedimentos previstos na legislação de cada país.

É bastante difícil compatibilizar disposições internas de cada país relativas a condições de trabalho. De fato, em muitos aspectos isso parece quase impossível, pois, para citar alguns exemplos: dentro do MERCOSUL, enquanto a duração da semana de trabalho na Argentina é de 48 horas, no Brasil é de 44 horas e no Uruguai é livre; a indenização por despedida sem justa causa é de um mês de salário por ano de serviço na Argentina e Uruguai, de quinze dias por ano de serviço em Paraguai, enquanto que no Brasil é de 40% do valor do Fundo de Garantia por Tempo de Serviço, além da liberação dos depósitos; as férias ou licença de férias anuais remuneradas são de 30 dias no Brasil, de 20 dias úteis no Paraguai, e conforme o tempo de serviço, de 14 a 35 dias na Argentina, enquanto que no Uruguai é de 12 a 30 dias.

De todo modo, os direitos sociais são de caráter programático nas constituições dos países e buscam o reconhecimento das condições dignas de trabalho e a consagração dos direitos essenciais para o harmônico desenvolvimento das relações trabalhistas, em coincidência com o que permanentemente tem proclamado a OIT nas suas Convenções e Recomendações. Nesse sentido, a aplicação efetiva dos direitos contidos nos Convênios da OIT na legislação interna é um passo para resolver a situação dos teletrabalhadores. Mesmo naqueles Estados em que se requer, como na Argentina, a aprovação pelo Congresso da Nação para que a norma seja de direito interno, tais direitos têm sido na sua grande maioria ratificados e incorporados (com algumas regulamentações) ao direito interno, o que significa a entrada em vigor das normas de interesse comum relativas ao Direito do Trabalho e a Seguridade Social. Com apoio na Declaração Social Laboral do MERCOSUL, deve-se convocar uma negociação coletiva, como acordo marco para a posterior discussão, em cada Estado, entre a patronal e os sindicatos nacionais, atenta às particularidades próprias de cada âmbito e basicamente sobre: a) a situação jurídica dos teletrabalhadores e regulamentação dos contratos de trabalho; b) normativa sobre seguridade e saúde; c) condições relativas à intimidade do trabalhador; d) confidencialidade de dados; e e) cobertura da seguridade social.

Sem prejuízo disso, a natureza do teletrabalho requer a presença de um contrato de confiança, baseado na determinação e no cumprimento de objetivos entre empresas e empregados. Porém, diante da eventual trasnacionalização da prestação de serviços, a negociação individual se impõe quase como única alternativa, independentemente da projeção sobre o mesmo daquelas normas de proteção contra eventuais avassalamentos de mínimos inderrogáveis ou da pretensão de qualificar a mencionada prestação como autônoma ou alheia ao marco do direito do trabalho.

A NOVA LEGISLAÇÃO URUGUAIA SOBRE O TRABALHO COOPERATIVO: ENTRE A ABERTURA À AUTONOMIA E O RISCO DA HIPOSSUFICIÊNCIA COLETIVA

Hugo Barretto Ghione (*)

> **SUMÁRIO:** *I. Trabalho associado, cooperativismo e economia alternativa; II. A necessidade de proteção do trabalho em cooperativas; III. O risco da hipossuficiência coletiva; IV. Relações jurídicas geradas pelo trabalho associado; V. Quadro de direitos, princípios e valores fundamentais: V.1. O trabalho associado como síntese do direito a associar-se e a trabalhar; V.2. Os princípios do trabalho associado e a Recomendação n. 193; V.3. Direitos e princípios como ferramentas hermenêuticas para a decisão judicial; VI. O novo regime jurídico (Lei n. 17.794, de 22.7.2004): VI.1. Principais modificações operadas no direito positivo; VI.2. Trabalho associado no setor de serviços: o risco da abertura à intermediação do trabalho; VI.3. Estatuto trabalhista e previdenciário do trabalho associado; VII. Conclusões.*

I. TRABALHO ASSOCIADO, COOPERATIVISMO E ECONOMIA ALTERNATIVA

1. O trabalho associado e em cooperativas nasce historicamente como uma alternativa ao trabalho alienado, produto do sistema de economia de mercado. Essa marca originária vincula o trabalho associado tanto com correntes ideológicas, como o socialismo utópico, a economia humana e comunitária, o socialismo libertador e autogestionário, como, também, com múltiplas buscas e processos de experimentação de formas econômicas inovadoras, que têm assumido diferentes nomes e modalidades, como o cooperativismo, a autogestão, o mutualismo e a economia social. Alguns denominam a este conjunto de experiências como constitutivas do "terceiro setor", além do Estado e do mercado.

(*) Professor no Uruguai. Tradução de Márcia Medeiros de Fernandes, advogada, Colômbia, e Luiz Alberto de Vargas, Juiz do Trabalho, Brasil.

O fenômeno do trabalho associado tem reflexos recentes, como o desenvolvido na economia da solidariedade, surgida nos primeiros anos da década de 1980 no Chile.

Neste momento, em meio de uma realidade marcada pelo desemprego e pela crise social, um grupo de pesquisadores propôs-se a investigar como faziam os setores populares para subsistir e, através do resultado dessa busca, puderam observar práticas econômicas alternativas às hegemônicas, baseadas em valores e racionalidades muito diversas das que postula a teoria neoclássica, que guiam as ações dos indivíduos. Assim, a economia solidária é tanto um conjunto aberto de espaços microssociais, de práticas, de realizações, de atividades e de empresas;[1] como um ensaio teórico de interpretação: a economia solidária é, desde esta perspectiva, um novo enfoque de conceitos, ao nível da teoria econômica, referido às formas econômicas cooperativas, auto-sugestionárias e associativas.

2. Pela ótica da economia solidária se postula que o complexo de formas associativas "transgressoras" de produzir, distribuir, consumir e acumular, contém um instrumental conceitual e analítico próprios, a fim de evitar que recorram às ferramentas de análise proporcionadas pela ciência econômica convencional, baseadas numa racionalidade individualista, contrária aos delineamentos solidários.

A economia da solidariedade[2] pode valorizar-se como uma "elaboração científica de teoria econômica" que vem a preencher este vazio; se bem utiliza ferramentas conceituais e metodológicas desde o lugar da ciência econômica, opera reelaborando-as e ampliando-as, o que lhe permite expressar e identificar formas econômicas muito diferentes das tradicionais, baseadas numa racionalidade fundada na cooperação, na autogestão, no mutualismo e na ajuda mútua. A economia solidária constitui, em tal sentido, uma contribuição relevante à potencialização e ao desenvolvimento de buscas de economias alternativas eficientes num contexto como o da América Latina.

3. Na esfera da produção, o elemento central da racionalidade do trabalho associado-cooperativo está na presença do chamado

---

(1) CANDELERO, Manuel. "Empresa solidaria". Em el vol. Cooperativas de trabalho. R. Capón Filas (dir.), Editora Platense, Bs.As. 2003, p. 487

(2) Para a elaboração deste primeiro capítulo sobre a vinculação entre a economia solidária e o cooperativismo, se tem empregado os materiais que figuram na página web "Economía de la solidaria, campus virtual" no endereço eletrônico http://www.economiasolidaria.net/

"fator C"[3], que permite mediante a união de consciências, vontades e sentimentos detrás de um objetivo compartilhado, se incremente a eficiência e produtividade das ações e das organizações. O cooperativismo constitui, uma das formas mais acabadas da prática da economia solidária.

II. A NECESSIDADE DA PROTEÇÃO DO TRABALHO EM COOPERATIVAS

4. Para a Aliança Cooperativa Internacional, uma cooperativa é "uma associação autônoma de pessoas que se unem de forma voluntária para satisfazer suas necessidades e aspirações econômicas, sociais e culturais em comum, mediante uma empresa de propriedade conjunta e de gestão democrática", definição que é reproduzida na Recomendação da OIT sobre *Promoção das Cooperativas* (n. 193), 2002.

5. Cooperativa de trabalho, por outro lado, pode ser denominada como "una forma de organização empresária, na qual o trabalho para a consecução de seu objeto produtivo ou de serviços é prestado por seus sócios — integrantes e baseada numa organização democrática, igualitária e respeitando os princípios cooperativos essenciais, tem como finalidade a colocação do fruto de sua atividade

---

(3) Os teóricos da economia solidária identificam como alguns dos componentes do fator C: a) *a cooperação no trabalho,* "que aumenta o rendimento de cada um dos integrantes da força de trabalho e a eficácia desta no seu conjunto (sinergia trabalhista e social). Deste modo, a comunidade e a integração proporcionam benefícios superiores aos que cada integrante alcançaria recorrendo exclusivamente à própria força individual"; b) o *uso compartilhado de conhecimentos e informações,* "tanto de caráter técnico como de gestão, e relativos às funções de produção, comercialização, administração. Isso implica benefícios adicionais como poupança de custos, dado que a informação não costuma ser gratuita no mercado"; c) a *adoção coletiva das decisões,* "que podem resultar mais eficazes (quando se adotam sob condições organizativas apropriadas), especialmente porque aqueles que as adotam são os mesmos que se responsabilizam por sua execução"; d) a *eqüitativa e melhor distribuição dos benefícios,* "que favorece a motivação do esforço e dos aportes que cada um faz à obra comum"; e) os *incentivos psicológicos que derivam em rituais próprios do trabalho em equipe,* "incentivos que se expressam tanto no mesmo processo do trabalho, como nas atividades anexas que incidem sobre as diferentes funções necessárias ao funcionamento das unidades econômicas; e f) a *redução do conflito social* "ao interior da empresa associativa (...) , devido a que muitos conflitos de interesses se reduzem ou resultam mitigados ou podem encontrar adequados canais de resolução. Este elemento pode resultar significativo em termos quantitativos, pois os custos dos conflitos trabalhistas e empresariais costumam ser elevados em muitas empresas e no mercado em geral".

em forma direta e sem intermediação no mercado — consumidor, repartindo os excedentes obtidos em forma proporcional ao trabalho de cada sócio".⁽⁴⁾

As cooperativas de produção ou de trabalho são as únicas que apresentam peculiaridades com relação ao resto das figuras contratuais "sociedades cooperativas", em razão de que "realizam suas atividades, utilizando única ou preponderantemente, o trabalho de seus sócios", o que determina, que a superposição "do contrato de trabalho com o contrato social não é simplesmente algo ocasional ou circunstancial, e sim, que os dois contratos estão vinculados entre si, já que o sócio se incorpora à cooperativa para trabalhar e trabalha por ser sócio da mesma."⁽⁵⁾

6. A problemática de configurar em um mesmo sujeito a qualidade de sócio de uma sociedade e a de trabalhador dependente da mesma — "uma das questões mais difíceis da nossa matéria", no dizer de *Deveali*⁽⁶⁾ — não se coloca com tal intensidade neste caso.

Efetivamente, se bem que a pessoa emprega seu esforço para a realização do objeto social e como tal poderia assimilar-se ao trabalhador dependente, o certo é que, desde o ponto de vista da relação, se trata de um membro da sociedade cooperativa. Em conseqüência, a dualidade sócio/trabalhador é só aparente, já que é justamente da essência do tipo contratual a circunstância de que o sócio seja quem trabalha, ou seja, a confusão das qualidades de sócio e trabalhador num mesmo sujeito é definitória da categoria contratual.

A diferença que se pretende estabelecer entre empresa cooperativa/sócio trabalhador — para diferenciar entre o empreendimento econômico (traduzido juridicamente na pessoa jurídica cooperativa) e quem presta sua força de trabalho —, permite observar que, em última instância, estamos perante uma forma de trabalhar e de obter os meios necessários para o sustento que redunda na necessidade de proteger o trabalho, imperativo constitucional e axiológico de primeira ordem, como veremos mais adiante.

7. Com isto se quer dizer que a inexistência de um intermediário entre o esforço humano (trabalho) e os frutos desse trabalho, ou seja, a ausência de caracter alheio com que se presta a tarefa não

---

(4) GILETTA, Ricardo Agustín. "Principales características de las cooperativas de trabajo". En el vol. Cooperativas de Trabajo cit., p. 61.
(5) PLÁ RODRIGUEZ, Américo. Curso de derecho laboral. Ed. Idea, T. I, vol. 1, 1990, p. 131.
(6) DEVEALI, Mario. Lineamientos de derecho del trabajo. TEA, Bs.As. 1948, p. 308.

constitui, por si só, uma razão definitiva para que a proteção "especial" (art. 53 de a Constituição) deixe de operar e para que o ordenamento jurídico-laboral se desentenda de uma das formas pelas quais se presta o trabalho.

Embora o trabalho associado suponha, em princípio, uma realização direta e "auto-apropriada" do que é produzido por parte do próprio trabalhador e comporte, também, uma liberdade não conhecida no recinto do trabalho subordinado, estas notas não são suficientes para determinar um total afastamento da norma trabalhista. Efetivamente, não podemos deixar de pontualizar que a Constituição Nacional não distingue quando se formula o princípio de proteção do trabalho humano, ainda que se deva concordar que se preveja uma especial cobertura ao trabalho realizado em relação de emprego (artigo 54º).

III. O RISCO CERTO DA HIPOSSUFICIÊNCIA COLETIVA

8. O trabalho associado, como o trabalho dependente, encontra-se situado dentro de um entorno econômico que pode, lateral ou indiretamente, instrumentalizá-lo para operar uma superexploração do trabalhador, convertendo a cooperativa em uma simples manifestação coletiva da hipossuficiência[7], presa dócil de contratações abusivas, em favor das condições que lhes possam impor contratantes mais poderosos.

Por isso, se entende que o fenômeno da hipossuficiência coletiva deve distinguir-se da fraude trabalhista e da simulação.

Estas considerações resultam facilmente perceptíveis nos processos contemporâneos de descentralização produtiva, que, ainda no nosso país, não contam com técnicas, nem mecanismos jurídicos apropriados para sua regulação.[8] A subcontratação trabalhista de cooperativas por parte da empresa principal não é — na maioria dos casos — outra coisa que uma ampliação e potencialização da hipossuficiência do trabalhador — medida com um metro maior que a inequívoca dependência do trabalhador individualmente considerado.

---

(7) O uso do termo "hipossuficiência" evoca a figura de *A. F. Cesarino Junior*, que designa assim aos que, sendo "não proprietários" têm só a sua força de trabalho da qual dependem exclusivamente para viver; devem assim transferir essa energia aos que oferecem oportunidades de trabalho: os auto-suficientes (proprietários). Ver: Direito Social Brasileiro. Edição Saraiva, São Paulo, 1970, p. 25 e ss. Também refere à "hipossuficiência", FILAS R., Capón, Derecho Laboral, T. I, Ed. Platense. Bs.As. 1979.

(8) A tal respeito pode-se ver o trabalho de DIEGO, Marlene Castillos, *La acción directa como garantía en los subcontratos*, FCU, 2003 e mais em geral, *Cuarenta y dos estudios sobre la descentralización empresarial y el derecho del trabajo*. VVAA. FCU. 2000.

Os condicionamentos externos que possam sofrer a cooperativa são, assim mesmo, fontes de contínuas restrições para o direito dos que desempenham sua tarefa em forma associativa.

9. Concretamente, o empreendimento empresarial cooperativo, estando sujeito à contingência da oferta e a demanda, deverá desenvolver as diversas dimensões da competitividade para manter-se e crescer no mercado; mas, se opta por uma estratégia de ajuste da estrutura de custos e este tipo de ajuste se transcreve numa diminuição das condições de trabalho, poucas diferenças se encontrarão, como o caso daquele trabalhador subordinado que igualmente renuncia à efetivação de seus direitos para salvaguardar o posto de trabalho ameaçado.

10. A inadvertência da hipossuficiência coletiva que muitas vezes se encontra opacada por detrás da fachada do "trabalho associado" pode, inclusive, passar por cima de muitas normas específicas de ordem pública, como ocorreu em algum caso jurisprudencial.

O Tribunal de Apelações do Trabalho de 3º turno,[9] por exemplo, disse que "a respeito das horas extras, é de assinalar que o ator como sócio aceitou o Regulamento Interno da Cooperativa, que, em relação ao horário, de trabalho estabelece turnos de 12 horas, pelo que dá a entender que se autolimitou nesse aspecto, pois o referido Regulamento foi realizado por uma decisão da própria Cooperativa que o acionante integra, renunciando, então, a reclamar horário extraordinário (antecedente desta Sala, Sent. n. 164/98). Conseqüentemente, tampouco assiste direito a reclamar incidências".

O risco que para a proteção do trabalho supõe o trabalho associado se desdobra com total clareza na sentença citada, que não duvida em preferir um regulamento interno, a uma norma de ordem pública. Não se trata apenas de evitar que as cooperativas sejam empregadas para a ocultação do trabalho dependente, mas, também, que o trabalho associado possa provocar, sem querer, a instalação de uma racionalidade jurisprudencial flexibilizadora, permissiva do desconhecimento do direito do trabalho, por entendê-lo desnecessário ou subsidiário dos acordos que possam pactuar os sócios para o desenvolvimento de sua atividade laboral. Para tanto, tal racionalidade não duvida em subverter grosseiramente os princípios protetores, aplicar e aceitar acordos *contra legem*.

11. A instrumentalização do cooperativismo, longe de cumprir seu objetivo solidário, tem resultado funcional ao livre mercado (e ainda as políticas desreguladoras), o que tem produzido uma série

---

(9) Anuário de Jurisprudência Laboral 2002, n. 135, pág. 77.

de efeitos prejudiciais para o desenvolvimento do trabalho associado. Assim, desde o campo da sociologia, se vem mostrando que a economia social pode ser vista como um híbrido entre o alternativo e o funcional na mesma economia de mercado.[10]

Não obstante, esta tendência convive com outras, conduzidas especialmente por forças culturais, religiosas e políticas que criticam e se opõem ao capitalismo, tendente a acentuar os valores mutualistas e as finalidades sociais da cooperação. Desde esta perspectiva se tem concebido o cooperativismo como um lugar de refúgio e de defesa frente ao predomínio dos valores individualistas e do consumismo, além de ser, também, um elemento de "resistência e de ação organizada contra as tendências à concentração dos poderes econômicos e políticos".[11]

12. Tradicionalmente, a doutrina trabalhista entendeu que os trabalhadores sócios da cooperativa necessitam de algum tipo de proteção similar ao que desfrutam os que trabalham em condições de dependência. *Deveali* dizia, por exemplo, que "os trabalhadores que prestam um trabalho idêntico ao que realizam seus colegas contratados por empregadores particulares têm necessidades idênticas aos mesmos. Aqueles têm a esperança de satisfazê-las em uma forma mais conveniente, reunindo-se numa cooperativa; porém o mero fato de se ter recorrido a esta reforma social não basta para justificar um tratamento menos favorável".[12]

Desde logo, estas considerações cobram ainda um maior vigor quando o trabalho associado é empregado para simular o trabalho dependente e se evadir assim, da aplicação das legislações trabalhista, tributária e previdenciária.

Esta proteção é, também, indispensável (e sustentamos ser ainda insuficiente) quando a cooperativa é utilizada para empregar trabalho de um coletivo hipossuficiente, que, na necessidade de obter o sustento econômico, aceita converter-se em cooperativa para trabalhar no entorno de uma empresa de maior porte, fenômeno habitual nos atuais processos de terceirização (subcontratação, emprego temporal etc.).

---

(10) GONZÁLEZ QUINTERO, Laura. *"Una aproximación conceptual a la economía social: propuestas, debates y controversias"*. En el volumen Rumbos de la Economía Social, VVAA., Ed. Nordan, 2004, p. 143.
(11) Ver "Economía solidaria. Campus virtual", *en el sitio web* citado.
(12) DEVEALI, ob. cit., p. 329.

IV. RELAÇÕES JURÍDICAS GERADAS PELO TRABALHO ASSOCIADO

13. Podem distinguir-se as relações internas das externas.

Nas relações internas, por sua vez, podemos diferenciar as geradas entre os sócios e com a cooperativa das geradas com os dependentes que possa ter a sociedade.

As relações internas entre os sócios e a cooperativa se emolduram e se ajustam à própria natureza do acordo cooperativo para o trabalho associado. O tipo social cooperativo escolhido faz impensável que se possa estabelecer uma dupla relação de sócio do empreendimento e dependente da sociedade. A possibilidade existente em outros tipos contratuais (ou seja, que, independentemente da qualidade de sócio ou acionista de uma entidade societal, o sujeito possa ostentar a qualidade de empregado ou trabalhador dependente), não se apresenta no caso das cooperativas.

A qualidade de sócio de uma cooperativa é inescindível da qualidade de trabalhador da mesma. A prestação de tarefas é um elemento essencial do contrato associativo, constituindo precisamente o uso central que os sócios fazem da estrutura jurídica comum. Ao mesmo tempo, é o aporte necessário para a sustentabilidade da cooperativa, uma vez que a estrutura empresária e a dação de trabalho são os "serviços" que a cooperativa presta a seus integrantes. O associado utiliza, dessa maneira, o serviço social (ocupação) e a cooperativa lhe adianta um preço provisório por conta do resultado final.[13]

14. No que se refere às relações jurídicas verificáveis com os dependentes da cooperativa, é de anotar que, em muitos casos, as legislações comparadas têm limitado a faculdade de contratar trabalho subordinado por considerar que introduzir este tipo de vínculos desnaturalizava a razão de ser do trabalho associado em cooperativas. No caso argentino, se permite a contratação de dependentes para o caso de serviços técnicos necessários, trabalhos estacionais, sobrecargas etc.; na lei uruguaia, hoje derrogada, se limitava o número de dependentes dentro de certas condições.

15. Nas relações jurídicas que se estabelecem com terceiras pessoas (físicas ou jurídicas), ou seja, do ponto de vista externo, pode-se observar, no direito comparado, casos de legislações que limitam o objeto social das cooperativas, proibindo, por exemplo, as que intermediem mão-de-obra.

---

(13) GILETTA, ob. cit., p. 66.

Como se observará mais adiante, longe de seguir estas coordenadas, a nova legislação nacional é sumamente permissiva e liberal neste aspecto.

V. QUADRO DE DIREITOS, PRINCÍPIOS E VALORES FUNDAMENTAIS

V.1. O trabalho associado como síntese do direito a associar-se e a trabalhar

16. Os principais instrumentos internacionais sobre direitos econômicos, sociais e culturais reconhecem o direito ao trabalho como um dos direitos fundamentais da pessoa humana.

Após seu enunciado, na maioria dos casos, se detalham os direitos que completam e desenvolvem o direito ao trabalho, referindo a limitação da jornada, a suficiência salarial etc., e todos os que compõem o estatuto protetor do trabalho prestado em condições de subordinação. Não obstante, no caso de não se distinguir o tipo de relações jurídicas que emolduram a prestação do trabalho, ditos direitos podem ser de aplicação à generalidade do trabalho humano, dependente ou associado.

É o critério seguido pela lei nacional, quando aplica a normativa trabalhista ao trabalho associado, salvo o pagamento da indenização por despedida do sócio trabalhador.

A outra vertente que conforma o direito ao trabalho associado é o reconhecimento ao direito de associação.

17. As referências presentes no preâmbulo da Constituição da OIT e na Declaração da Filadélfia de que o trabalho não é uma mercancia, constituem os princípios fundamentais da "consciência jurídica universal", expressando bem o valor que merece, no presente histórico, o trabalho humano.

Contudo, deve anotar-se que o trabalho é uma "função social e não deve considerar-se um artigo de comércio" (Carta Internacional Americana de Garantias Sociais, artigo 2º.b) e que "toda pessoa tem o dever de trabalhar" (Declaração Americana dos Direitos e Deveres do Homem, artigo XXVII).

18. O direito ao trabalho é reconhecido pelo artigo 23º da Declaração Universal dos Direitos Humanos e no artigo 6º.1 do Pacto Internacional de Direitos Econômicos, Sociais e Culturais. O pano-

rama se completa, com o reconhecimento do direito de associação, consagrado no artigo XXII da Declaração Americana dos Direitos e Deveres do Homem.

19. No ordenamento da Organização Internacional do Trabalho, a já citada Recomendação n. 193 refere, no seu preâmbulo, à Declaração de Princípios e Direitos Fundamentais no Trabalho (1998) e aos convênios e recomendações relativas ao emprego e à formação profissional, assim como ao objetivo do trabalho decente, destacando, na sua parte dispositiva, o papel das cooperativas na transformação da economia informal num trabalho amparado pela legislação e plenamente integrado na corrente principal da vida econômica (artigo 9º).

V.2. Os princípios do trabalho associado e a Recomendação n. 193

20. Os princípios cooperativos constituem pautas mediante as quais estas entidades põem em prática seus valores. Se entende que são valores do cooperativismo a auto-ajuda, auto-responsabilidade, democracia, igualdade, eqüidade e solidariedade.

A Recomendação n. 193 reconhece uma série de princípios cooperativos, que os toma de um documento da Aliança Cooperativa Internacional. Concretamente, refere aos seguintes:

— *Adesão voluntária e aberta.*

— *Gestão democrática por parte dos sócios.*

— *Participação econômica dos sócios.*

— *Autonomia e independência.*

— *Educação, formação e informação.*

— *Cooperação entre cooperativas.*

— *Interesse pela comunidade.*

V.3. Direitos e princípios como ferramentas hermenêuticas para a decisão judicial

21. Os princípios descritos constituem critérios indispensáveis para a interpretação das normas jurídicas e da apreciação dos fatos ou do material fático para a decisão judicial.

Os princípios aparecem, assim, como um instrumento que auxilia o hermeneuta na seleção e interpretação das normas, coadjuvando na determinação do material sobre os fatos, junto a um conjunto de noções, conceitos técnicos, pareceres e modos de pensar, constitutivos do que se denomina "seletor doxológico".[14]

Trata-se, definitivamente, de integrar os princípios cooperativos no complexo de elementos interpretativos (regras de interpretação, ou seja, perspectivas, pontos de vista, raciocínios etc.); jurisprudências (conjunto de decisões hermenêuticas precedentes) e doutrinas (opiniões, teorias etc.).

22. A natureza bem peculiar do trabalho associado, seus fins, objetivos e princípios, longe de ser elementos extrajurídicos — e, por isso, irrelevantes desde o ponto de vista do direito positivo —, são, pelo contrário, elementos substantivos com relação aos caracteres definidores da figura jurídica "cooperativa".

Assim, a presença dos princípios cooperativos determina um tratamento jurídico construído a partir de certa priorização que o legislador tem feito desta figura contratual, seja pelos seus valores intrínsecos (solidariedade), seja por coadjuvar na superação de situações de informalidade ou exclusão. A ausência dos princípios cooperativos numa determinada situação fática denota, antes de tudo, a inconfessada pretensão de encobrir um trabalho dependente sob a forma de trabalho associado ou por alguma outra forma de evasão da legislação trabalhista e da seguridade social.

Por tudo isso, o quadro de valores e princípios cooperativos deve servir como critérios interpretativos no momento de determinar a normativa aplicável e de discernir o material fático probatório existente numa lide, para verificar se estamos diante de uma entidade cooperativa, ou perante uma fraude, simulação trabalhista ou uma simples hipossuficiência coletiva, pela falta de elementos caracterizadores, tais como a autogestão e autonomia.

VI. O NOVO REGIME JURÍDICO SOBRE TRABALHO ASSOCIADO (LEI N. 17.794, DE 22 DE JULHO DE 2004)

23. O marco jurídico geral para as sociedades cooperativas está dado no nosso direito pela Lei n. 10.761, de 15 de agosto de 1946. A norma prescreve: a) que a responsabilidade individual de cada sócio fica limitada ao montante de seu aporte (art. 2º); b) o capital social,

---

(14) CAPELLA, Juan Ramón. Elementos de análisis jurídico. Trotta, Madrid, 1999, p. 140.

número de sócios e prazo de duração são ilimitados (art. 3º); c) cada sócio terá um voto, com independência das partes sociais (art. 5º); e d) as sociedades cooperativas poderão associar-se entre elas (art. 14º).

No art. 1º define cooperativas de produção como aquelas que repartem seus rendimentos *pro rata* entre os sócios em razão do trabalho de cada um.

O marco jurídico argentino específico estava fixado pela Lei n. 13.481, de 23 de junho de 1966, derrogada recentemente pela Lei n. 17.794, objeto destes comentários.

VI.1. Principais modificações operadas no direito positivo

24. As mudanças produzidas no marco jurídico aplicável ao trabalho em cooperativas, têm a nosso juízo, dois objetivos básicos:[15]

a) outorgar maior raio de ação ao trabalho associado, possibilitando que opere e circule em setores para os quais, anteriormente, o seu acesso estava dificultado ou proibido, como nos casos dos serviços e da intermediação;

b) conceder um marco regulador ao fenômeno conhecido na Argentina como "recuperação de empresas pelos trabalhadores", que não é outra coisa que proporcionar alguns mecanismos para que os trabalhadores credores de uma empresa em processo de liquidação ou cessação de pagamentos, possam tornar-se responsáveis pelos bens e certa infra-estrutura, com o objetivo de manter o trabalho e, assim, não perder o emprego.

Por resultar um mecanismo complexo e de certa especificidade na nova normativa, este último aspecto ficará fora da análise do presente ensaio.

VI.2. Trabalho associado no setor serviços: o risco da abertura à intermediação do trabalho

25. O art. 1º da Lei n. 17.794 define as cooperativas de produção ou trabalho associado como aquelas que têm por objeto "proporcionar a seus associados postos de trabalho mediante seu esforço pessoal e direto, através de uma organização conjunta destinada a produzir bens ou serviços para terceiros, em qualquer setor da atividade econômica".

---

(15) Um terceiro objetivo, que o era privilegiar as sociedades cooperativas "em relação de outras formas empresariais" nos processos de terceirização operada pelo Estado — o que o projeto chamava "desestatização de atividades" —, ficou finalmente fora do texto aprovado.

O inciso segundo é, em parte, redundante, uma vez que se preocupa em dizer que se consideram incluídas na definição precedente as cooperativas que tenham por objeto a comercialização de produtos ou serviços, mas estabelece, em seguida, algumas condições a esta modalidade: "sempre que seus associados não tenham trabalhadores dependentes e o uso dos meios de produção de propriedade dos associados esteja afetado exclusivamente ao cumprimento do objeto da cooperativa, salvo autorização expressa desta última".

Convém deter-se nesta definição.

26. Resulta claramente evidente que se abre a possibilidade de participação do setor cooperativo nas atividades que antes lhe estavam vedadas, como no caso dos serviços. A nova lei torna possível que as cooperativas operem quase como intermediadoras de mão-de-obra, o que constitui uma desnaturalização da sua essência. Efetivamente, ao derrogar-se a exigência do artigo 1º.b da Lei n. 13.481, ou seja, de que "os meios de produção integrem o patrimônio social", permitiu-se que as cooperativas pudessem trabalhar no setor de serviços, uma vez que não mais teriam de ostentar a propriedade dos meios de produção. Permite-se que os meios de produção radiquem na empresa co-contratante, a verdadeira "auto-suficiente" da relação jurídica.

27. Mas, como as cooperativas de produção ou trabalho associado, não recolhem em nenhum caso, as contribuições previdenciárias patronais pelos seus sócios trabalhadores (art. 4º), este significativo benefício as torna especialmente aptas para competir com o resto do setor privado no universo de atividades econômicas, salvo nas expressamente excluídas (serviços financeiros e as que realizem a atividade reguladora de acordo ao estabelecido no artigo 2º da Lei n. 16.426, de 14 de outubro de 1993).

28. Facilita-se assim às cooperativas que operem no setor intermediação de produtos ou serviços, com uma única restrição de:

a) não contar com trabalhadores dependentes;

b) o uso dos meios de produção de propriedade dos associados, no caso que exista, deve estar afetado ao cumprimento do objeto da cooperativa, salvo autorização expressa desta última.

29. Centrando a análise da norma em seus aspectos substanciais, deve-se resgatar que o giro "copernicano" foi dado pela possibilidade de intermediar em produtos ou serviços e pela inexistência do requisito da propriedade dos meios produtivos.

Esta dupla circunstância permite — como já se expressou — que o trabalho associado se cumpra dentro da infra-estrutura empresarial de um terceiro, sob o manto dos processos de descentralização ou terceirização, sem que a cooperativa conte com outro patrimônio que o da energia de trabalho de seus associados. Dito com maior claridade, o trabalho associado poderá prestar-se como serviço de mão-de-obra, nominalmente solidário e auto-gestionado, edificante e decente, mas, na dura realidade, submetido aos desígnios da competência e dependente de uma assimétrica relação com a empresa "principal" (auto-suficiente).

Mais do que um trabalho associado, trata-se de um coletivo hipossuficiente.

A abertura à cooperativa de serviços de mão-de-obra pode apresentar uma série de variantes, todas elas desnaturalizadoras do sentido do trabalho associado, e, alguma delas, diretamente fraudulentas. Pode tratar-se, concretamente:

— de "cooperativas de serviços" que ofereçam a mão-de-obra de seus associados para ser empregada em uma organização empresarial de maior porte;

— de cooperativas que sejam subcontratadas nos processos de terceirização;

— em qualquer dos casos anteriores, podem encobrir relações de dependência com a empresa/cliente, e constituir-se num simples meio para o fraude e para a exploração mais obtusa.

30. Estas operações e práticas não são possíveis naqueles ordenamentos que proíbem o emprego da figura cooperativa na colocação de serviços de mão-de-obra à disposição de terceiros.

Assim ocorre na legislação comparada de países como Chile (art. 8º da Lei n. 19.832), Colômbia (art. 6º, Lei n. 79/88), Peru (art. 6º, Decreto Supremo n. 74/090), Panamá (art. 4º, inc. *b*, Lei n. 38/80) e Argentina (art. 1º, Dec. n. 2.015/94).

Neste último caso, o art. 40º da Lei n. 25.877/04 do Ordenamento do Trabalho, dispõe no seu inciso final que "as cooperativas de trabalho não poderão atuar como empresas de provisão de serviços eventuais, nem de temporada, nem de qualquer outro modo brindar serviços próprios das agências de colocação".

31. No Uruguai, a eliminação de um conjunto de limitações ou proibições que prescrevia a derrogada Lei n. 13.481, deixa passo a práticas sumamente comprometedoras da finalidade solidária e auto-gestionária, como as que em seu momento pretenderam efetuar-se

no setor da atividade pesqueira. Nesses casos, a "cooperativa de pescadores" subscrevia um contrato de locação de um barco e o verdadeiro empregador, proprietário do bem, se reservava o direito de comercializar e distribuir o produto, transferindo à cooperativa os riscos da exploração.[16]

32. A porta que deixa entreaberta a nova legislação pode dar margem à proliferação de cooperativas de mão-de-obra.

Será tarefa do jurista colocar sob suspeita estas entidades, por entender que seguramente, na sua prática, desnaturalizam o sentido do trabalho associado tão imbuído de valores e princípios de solidariedade, autogestão e autonomia. *A ausência destes indispensáveis caracteres do empreendimento associativo deve afastar a incidência do estatuto adotado pela Lei n. 17.794 por inadequação do tipo contratual empregado.* Porém, como por trás da equívoca formalidade utilizada se encontra o fato do trabalho humano, a questão a dirimir será retirar o véu formal para descobrir a entranha das relações jurídicas subjacentes.

Naturalmente a posição que se postula, supõe uma solução de princípio, como é a inadequação do tipo contratual cooperativo para ser empregado como subministradora ou intermediadora de mão-de-obra, sempre que se verifique uma renúncia aos princípios que inspiram o trabalho associado. Não estamos, portanto, diante de uma simples manobra de ocultação do trabalho dependente (embora possa dar-se na prática), que não comportaria maior novidade ao elenco do comportamento que é de esperar frente à motivação da evasão normativa. Trata-se de um fenômeno muito mais complexo, uma vez que a norma permite o uso do instrumento cooperativo para a intermediação, o que coloca uma série de problemas que se situam nos confins da disciplina e frente aos quais têm que extremar a capacidade analítica.

Definitivamente, e para dizê-lo de uma vez: sem necessidade de que constitua uma modalidade de simulação do trabalho dependente, sem ser preciso que se trate de um ocultamento, sem comportar uma manobra fraudulenta, o emprego do trabalho associado em cooperativas como serviço de subministro de mão-de-obra para terceiras empresas, significará uma desnaturalização dos princípios de autogestão e autonomia. Em conseqüência, a figura contratual "cooperativa" não será apta para ser empregada como subministradora de mão-de-obra e produzir os efeitos que prescreve a Lei n. 17.794. Porém, como o trabalho é um fato e como tal necessita uma

---

(16) RASO DELGUE, Juan. La contratación atípica del trabajo. FCU, 2003, p. 269.

proteção "especial" do ordenamento jurídico, a questão deve resolver-se com critérios de estrita dogmática trabalhista, atribuindo à figura do empregador — que não é outro que o co-contratante ou empresa cliente ou empresa principal — a imputação das obrigações emergentes da relação de trabalho.

33. Tratando-se de hipossuficiência coletiva ou de simulação de trabalho dependente, em ambos casos, será definitória a comparação de material fático surgido da realidade com o modelo ideal de trabalho associado configurado pelos princípios do cooperativismo acolhidos na Recomendação n. 193. Os valores e princípios cooperativos constituirão o material hermenêutico de referência iniludível para dirimir os casos de dúvida de falseamento ou simulação.

VI.3. Estatuto trabalhista e previdenciário do trabalho associado

34. A normativa vigente não modifica substancialmente outros aspectos do regime trabalhista instaurado pela legislação anterior.

As cooperativas deverão integrar-se com um mínimo de seis trabalhadores sócios (art. 2º, inciso primeiro), a remuneração eqüivaleria à que correspondesse ao ramo da atividade econômica onde gire a cooperativa (art. 3º) e serão de aplicação as normas de proteção da legislação trabalhista e previsão social, exceto a indenização por despedida (art. 4º).

Não haverá contribuições previdenciárias patronais por seus trabalhadores sócios (art. 4º), salvo no caso do aporte à seguridade social por enfermidade.

Os trabalhadores não sócios não poderão superar os 20% dos membros da cooperativa.

VII. CONCLUSÕES

35. A legislação em matéria de trabalho associado passa a ter a partir da Lei n. 17.794 uma amplitude quase absoluta, pois é inclusiva da produção de bens e serviços quase sem restrições.

A abertura do trabalho associado ao universo das atividades trabalhistas e os diversos setores da economia, se constrói a partir da eliminação do requisito da propriedade dos meios de produção no patrimônio social e a eliminação das restrições legais em matéria de intermediação.

As cooperativas de serviços de mão-de-obra aparecem como ameaças no horizonte graças à flexibilidade que permitem e a seus baixos custos trabalhistas e previdenciários. O trabalho associado passa a constituir-se assim em hipossuficiência coletiva.

36. Não obstante, os direitos fundamentais vinculados ao trabalho, e os princípios do trabalho associado, recepcionados na Constituição, nos Tratados Internacionais e na recente Recomendação n. 193 permitem sustentar que qualquer desnaturalização ou falseamento dos princípios cooperativos de solidariedade, autogestão e autonomia permitirão descartar o emprego desta figura jurídica para o simples serviço de mão-de-obra em condições de submetimento e hipossuficiência coletiva. Outro tanto sucede, com mais razão, no caso de utilização do trabalho associado para encobrir verdadeiras relações de dependência.

PARA UMA PROPOSTA DE ÉTICA COMPLEXA

Hélio Sarthou (*)

1. ÉTICA SIMPLES E ÉTICA COMPLEXA

Sem pretensão dogmática, apenas com caráter experimental aos fins deste trabalho, tomamos a ética geral como o equipamento espiritual do homem, que dá resposta de acordo a seu quadro axiológico pessoal, às sugestões da multirrealidade e às disjuntivas ou desafios abertos continuamente pelo cúmulo vital.

Trata-se da acumulação vivencial, intelectual e emocional do homem, com a qual confronta os desafios representados pela necessidade de decisão que importa o viver, com base numa escala de valores que lhe é própria.

Sobre esta base, nossa proposta é pensar o homem que exercita uma profissão ou ofício, neste caso a advocacia, como homem total não dividido, cuja conduta deve estar toda ela iluminada pela ética, não se admitindo um cristal moral para visualizar a conduta no aspecto profissional, distinta do social ou de outras relações individuais.

O exercício do direito implica uma coerência global. O reducionismo da definição ética a que propomos chamar ética simples, forma parte do utilitarismo ideológico que exclui da ação profissional o alcance ético global de luta para a vigência de um direito autêntico e a realização do valor Justiça. Com este amesquinhamento[1] da ética não estamos de acordo.

Essa luta maior se deixa liberada à vontade de quem quiser fazê-lo e não se integra como dever ético.

(*) Advogado e ex-Senador no Uruguai, tradução de Eduardo Pereira Gozalbo e revisão técnica de Luis Carlos Pinto Gastal, Juiz do Trabalho e de Antonia Mara Loguércio, Juíza do Trabalho.
(1) O autor usa a expressão *jibarización* (de *jíbaro, jíbara*, relativo a tribo indígena que reduzia cabeças) — NT.

Chamamos ética simples da profissão, neste caso do advogado, as pautas sobre o bem e o mal que dirigem a relação bilateral como uma prestação de serviço utilitário estabelecido entre o advogado e o ser humano assistido.

No geral tem-se abordado, e se aborda, a ética simples como se esgotara a ética total, que, a nosso juízo, deve alcançar o operador assessor de direito. Para nós, ao lado dessa ética que chamamos simples, que representa a conduta correta individualizada na assistência pessoal, existe uma ética complexa, a qual não toma o homem em seu rol meramente assistencial, privado, senão que exige a abertura simultânea de uma janela iniludível para um dever perante a sociedade global. Não como um elemento complementar, mas com uma condição essencial da ética do operador em direito.

A indiferença para o global de quem se refugia numa bolha individual, não pode fundar uma ética válida se aceitarmos, como nós fazemos, aquele primeiro axioma do imperativo categórico de *Kant*, quando exigia: "obra como se a máxima de tua ação deveria ser instituída por tua vontade na lei universal da natureza".

O egoísmo isolacionista e fracionário (do ego como patologia do eu, de acordo com *Marx* e Guevara), não pode ser base de nenhuma ética.

Com se vê, o tema tem a ver com uma definição mais profunda e substantiva, que é a responsabilidade ética social do homem do direito dentro do sistema. Também supõe resgatar um conceito, lamentavelmente já passado, histórico e especial do Século XX, que é o princípio imperativo da solidariedade humana como parte essencial da vida.

De algum modo a ética complexa deve implicar um resgate deste generoso ideal do dever da solidariedade, que inclui o dever para com o coletivo, e que promoveram as grandes ideologias sociopolíticas e engendraram, até em sua contradição dialética, a idéia de Justiça Social. A de compromisso na luta pela igualdade, documentada no chamado bloco de constitucionalidade sobre os direitos humanos, que ingressa em nosso sistema através da extensão do artigo 72 da Constituição.[2]

Como em tantos casos neste tempo da teologia do mercado — a que aludia *Barbagelata* —, para definir a ética do homem que opera o direito, é necessário afastar o retrocesso do pensamento universal que implicam o neoliberalismo e a globalização, que sepulta-

---

(2) Refere-se à Constituição da Nação uruguaia.

ram o humanismo e a solidariedade no holocausto do mercado e o suposto livre comércio. Tem que remontar essa mutação ideológica, o salve-se quem puder, o egoísmo cibernético enlatado na TV (televisão) e no PC (computador).

Geralmente o tema da ética do advogado tem ficado ancorado nas peripécias concretas da relação advogado-cliente, em conceitos valiosos como honestidade, verdade, honradez, lealdade e dever assistencial, ao redor do vínculo bilateral inerente à profissão. Essenciais mas não suficientes para a participação na operação justiça e o reconhecimento pleno dos direitos fundamentais.

Estamos propondo um salto ético para o social, como um fazer não só pela luta pelo direito no conflito concreto, senão para a defesa em geral da justiça-verdade e dos direitos fundamentais da pessoa, sem os quais não existe o direito.

Diferentemente do expressado, o freqüente é interpretar o homem profissional liberal como compartimentado e não como uma totalidade, não como um ser indivisível. Isso explica que se o considere respeitoso da ética na sua conduta individual com o assistido e que ao mesmo tempo se lhe admita em outro plano jurídico, posições ideológicas antagônicas com a defesa do direito e dos direitos essenciais da pessoa humana. Poderia ser o exemplo do profissional ético em seu fazer profissional no caso comum individual, mas que defende a lei de impunidade, poderia ser mais claramente a situação dos advogados colaboradores com a ditadura, entre outros casos.

Entendemos que a ética complexa não se fraciona. A interpretação que sustentamos pode merecer a pecha da pretendida politização e não faltará quem pretenda sustentar que pode considerar-se um desvio político-esquerdista. Pretende-se deste modo consagrar a incongruência de limitar a ética à chamada ética simples já examinada.

É bom sinalizar, entretanto, que o temido excesso do conteúdo político tem a ver com a partidarização, mas nunca com os conteúdos políticos dos direitos humanos, que constituem a base da sociedade e que de alguma maneira marcam nela traços característicos da politização, mas não da partidarização. Politização, etimologicamente, é derivada de *polis*, cidade em grego, ou seja, assuntos da *polis*, de algum modo das cidades — país.

2. A COMUTATIVIDADE DA ÉTICA COMPLEXA

É válido, ao nosso juízo, outro fundamento para esta amplificação da ética profissional. O direito é uma categoria cultural dentro da concepção antropológica da cultura sustentada por *Thurwald*.

AVANÇOS E POSSIBILIDADES DO DIREITO DO TRABALHO 171

Como categoria organizadora da sociedade, o direito tem um papel importante para cumprir, estruturando a organização social e os direitos dos que se encontram nela compreendidos. O utilizar o direito positivo como um exercício profissional privilegiado, ao qual só podem alcançar aqueles que se dotam da mesma capacitação, consagra uma exclusividade para cumprir determinado papel em uma sociedade.

Não cabe dúvida, que somos usufrutuários de um monopólio da atividade assessora do direito, cumpridas certas pautas de formação. Esse indubitável privilégio nos impõe como contribuição compensatória à sociedade o dever de defender um direito autêntico e um funcionamento justo da sociedade.

Os companheiros advogados da Associação de Advogados Laboralistas da Argentina deram um passo importante, com base na ética complexa a que aludimos, ao utilizar o método popular de protesto do panelaço[3] frente à Suprema Corte daquele país, reclamando a renúncia do Presidente, por razões de corrupção. Não é necessária a ação corporativa, ainda que natural, sendo possível segundo o caso a ação individual ou a coletiva.

Poderíamos dizer, em termos jurídicos, que entre o exercício da profissão do direito, que nos outorga a comunidade e o dever de defender a ordem jurídica e o sistema de direitos humanos, existe uma relação de comutatividade tácita com as características do artigo 1.250 do Código Civil, quando expressa: "... cada uma das partes se obriga a dar ou fazer uma coisa que se entende como equivalente ao que a outra deve dar ou fazer por sua vez". Entre exemplos possíveis, estamos sustentando em conseqüência um imperativo categórico ético para o laboralista enquanto a lutar para que os julgamentos não configurem, por sua duração, uma virtual denegação da justiça, para o penalista para não diminuir a idade da imputabilidade, para que os estabelecimentos carcerários não sejam uma pós-graduação do delito, para o constitucionalista, e obviamente o jurista de direitos humanos, a anulação da lei inconstitucional de impunidade, entre outros. E na atualidade, no ápice do direito, ajusta-se a ética complexa, à negativa a extraditar os violadores dos direitos humanos?

---

(3) Caceroleo — bater caçarolas, alusão às manifestações de todas as quintas-feiras durante alguns meses do ano de 2003 em que os advogados da AAL batiam panelas em frente à Suprema Corte, com a "palavra de ordem": *que se vayan todos!* (NT).

3. A IDÉIA DO BEM

Estamos baseando-nos para esta concepção de uma ética complexa, na integração preceptiva à mesma de ações macrojurídicas por parte do profissional liberal ligadas à idéia do bem em sentido aristotélico, como abstração, ou seja, o bom como valor para a comunidade.

Importa conceber um dever transcendente à relação pragmática dos interesses concretos da relação ou das pessoas, para pensar em termos de sociedade. Dizia *Aristóteles*, em sua Moral, diferenciando o bem como Idéia do bem disseminado nas coisas a que chama bem real: *"A idéia do bem é certa coisa separada, que subsiste por si isoladamente, enquanto que o bem comum e o real de que queremos falar, se encontra em tudo o que existe. Esse bem real não é o mesmo que esse outro que está separado das coisas. O que está separado e o que por sua natureza subsiste por si mesmo jamais pode encontrar-se em nenhum dos outros seres".*

Filosoficamente estamos nos baseando nesse ideal do bem dever e também no que disse *Robellato*, seguindo ao final *Marx* na interpretação de *Dussel*, com respeito à ética a que se vincula a idéia de valor: *"O valor pertence ao trabalho vivo porque esta é sua fonte criadora. É incorreto eticamente tudo que é contrário à dignidade da subjetividade e a corporalidade do trabalhador. Deste ponto de vista a pobreza e a miséria são realidade antiéticas".*

O homem de direito não pode ser mero expectador da violação dos direitos fundamentais, como o direito à vida que compromete a miséria e a fome, de que fala *Rebellato*, ou dos demais direitos humanos fundamentais.

Temos consciência das dificuldades desta ampliação ética, talvez por duas razões aparentemente antagônicas. A primeira vem por um personagem de *Malroux*, em L'Espoir, sobre a definição do intelectual perante as idéias absolutas do bem e do mal, onde diz: "... o intelectual em sentido amplo o é o profissional liberal — é o grande antimaniqueísta por definição, vale dizer, um grande resistente aos extremos do bem e do mal". É difícil ajustar a conduta à idéia de bem absoluto se se começa por resistir à identidade desses contrários éticos exacerbando a cultura dos matizes que fomenta a transação no ofício do advogado.

E a segunda é a divisão em compartimentos a que nos acostumaram: o direito contencioso na banca, a ideologia no partido, os direitos fundamentais na cátedra etc., mas nunca tudo em tudo.

Por último, introduzir a filosofia da conduta de um humanismo que supere os interesses concretos do assunto e imponha o imperativo categórico da luta pelo direito global e o consagrado no bloco da constitucionalidade como dever ético, pode-se entender como uma utopia.

Dizia *Hélder Câmara*: *"Caminhar só é possível, mas o bom peregrino sabe que o caminho é longo e requer companheiros"*.

Tempo virá, se queremos obter uma democracia inclusiva, no dizer de *Fotopaulus*, que a idéia da cidadania social imporá ao agente individual do direito nos Códigos de ética, a harmônica e simultânea responsabilidade, e a preceituação de defender um direito, uma sociedade antropocêntrica e justa, como contrapartida iniludível da assunção da profissionalização jurídica.

BIBLIOGRAFIA

Cuvillier, *Moral*, p. 80.

GUILLI, Mario y VÁZQUEZ, Cintia, *El hombre nuevo*, Buenos Aires, 2000, Ediciones Sexta Tesis, p. 47.

BARBAGELATA, Héctor Hugo, *El particularismo del Derecho del Trabajo*, Montevideo, 1995, FCU.

Aristóteles, *Moral*, Espasa Calpe, Colección Austral, Montevideo, p. 27.

REBELLATO, José Luis, *La encrucijada de la Ética*, Montevideo 1995, p. 160.

CRISE NOS ELEMENTOS ESTRUTURAIS DO ORDENAMENTO JUSTRABALHISTA ITALIANO: TENDÊNCIAS EVOLUTIVAS E ASPECTOS CRÍTICOS[*]

Giancarlo Perone (**)

1. Os ordenamentos singulares se inspiram em modelos próprios e historicamente diversos de regulamentação da atividade laborativa, e o observador atento não tem dificuldade em ver a marca que a específica tradição nacional imprimiu em alguns ordenamentos (o destaque encontra evidente confronto quando se comparam os sistemas justrabalhistas dos países europeus). Todavia, a estrutura de cada ordenamento submete-se a incidência de fatores sociais, econômicos e culturais em constante dinâmica.

O sinal evidente do dinamismo dos ordenamentos justrabalhistas colhe-se ao menos no caso italiano — naquela que, não sem um certo desconforto, se pode denominar de volubilidade legislativa. As leis se sucedem num ritmo veloz, com o objetivo de regular os múltiplos aspectos das atividades laborativas e de modificar, também com breve distância temporal, as disciplinas a estes fins introduzidas, sem que a mesma rápida e consistente série de modificações deixem antever ordens destinadas a uma vigência mais duradoura.

Não mudam, porém, somente as leis. Muda também, depois da evolução da sensibilidade social e dos paradigmas culturais e científicos, a interpretação de tais leis.

O conjunto das grandes transformações que caracterizaram estes últimos anos, como a crescente concorrência dos mercados abertos, a aplicação do progresso tecnológico, especialmente no campo da informática e das comunicações, o crescimento (e sobretudo a exigência de crescimento) das formações profissionais e das instruções gerais da força de trabalho, as variações na estrutura e na composição do mercado de trabalho devido ao ingresso maciço das mu-

---

[*] O presente é resultante de palestra proferida no Cetra-RS, em 3 de novembro de 2004.
(**) Professor Titular da Disciplina de Direito do Trabalho da Universidade de Roma II — Itália. Revisão de redação de Ana Paula Kottinsky Severino, Juíza do Trabalho em Rondônia.

lheres, dos jovens e de imigrantes, ao envelhecimento da população, às modificações das estruturas familiares, influem no desenvolvimento dos ordenamentos justrabalhistas, dentre os quais o italiano.

Colocar em foco os caracteres essenciais e constantes do sistema justrabalhista italiano sem deixar de evidenciar as tendências evolutivas que, especialmente nos anos recentes, induzem o próprio sistema a consideráveis transformações, que alguns entendem, em qualquer caso, como autêntica subversão.

2. Recentemente, como acontece nas sociedades avançadas do ocidente, iniciou-se na Itália um amplo e vivaz debate sobre a resistência dos fundamentos tradicionais do edifício justrabalhista, sujeitos à erosão de variados e insidiosos fatores de crise.

Tais fundamentos remontam à primeira revolução industrial, centralizada sobre as empresas orientadas para a produção de massa e sobre uma organização do trabalho onde resultavam predominantes as atividades manuais e de mera execução.

Os caracteres originários do ordenamento laboral nacional sobrevivem, ainda que com um pouco de fadiga.

3. O primeiro e essencial caracter é representado pela subordinação. O sistema justrabalhista é caracterizado pela basilar relevância de uma forma típica de atividade heterodiretiva, porque determinada na sua modalidade e controlada pelo beneficiário da prestação laborativa (empresário ou outro empregador diverso), atividade esta que resulta tendencialmente de duração indeterminada e precedida de um período de formação bastante breve, devendo o prestador executar um trabalho já predeterminado nos seus conteúdos profissionais e nas suas expectativas (geralmente reduzidas) de carreira: um trabalho destinado a ocupar a grande parte da jornada e da vida daquele que deva desenvolvê-lo.

A subordinação seguiu a evolução do direito do trabalho italiano, caracterizando-lhe a fisionomia.

Para os fins da determinação da complessiva identidade do direito do trabalho italiano, a importância da subordinação conserva validade indubitável, mas à condição de necessários aprofundamentos. Uma copiosa literatura, de fato, pontua as variações, profundas e múltiplas, que se manifestaram recentemente na área justrabalhista, como conseqüência das anteriormente acenadas transformações dos sistemas produtivos.

4. O resultado é que a relação de trabalho subordinado estável, a tempo pleno e indeterminado, está perdendo a sua posição central no direito do trabalho nacional, ou seja, já há algum tempo,

vem perdendo a sua característica de exclusividade. Novas tipologias surgidas entre o trabalho subordinado e o trabalho autônomo (o denominado trabalho para-subordinado) emergem, não sem contrastes e soluções legislativas contraditórias.

Primeiro na realidade social e depois em nível legislativo formam-se os denominados trabalhos atípicos, expressão que está a indicar relação de trabalho ainda que legislativamente prevista e disciplinada, todavia, de modo não completamente coincidente com o esquema originário da atividade subordinada repetidamente mencionada.

A ausência de alguns elementos daquele esquema, como a duração a tempo indeterminado da atividade laborativa e o horário pleno de trabalho, registram-se em vários tipos jurídicos que encontraram disciplina legislativa há algum tempo, mas que, em anos recentes, o legislador retomou com a intenção de favorecer sua difusão, atenuando a tutela e a rigidez na utilização da força de trabalho.

Outras tipologias laborativas, que na verdade não poderiam vangloriar-se de uma rica experiência na realidade social, encontraram, recentemente, consagração legislativa no espaço próprio da subordinação, mas com características e regulamentação peculiares: a referência se faz ao trabalho intermitente e ao trabalho repartido (Dec. Leg. n. 276/2003).

Ao referido provimento legislativo se deve uma posterior intervenção, desta vez fora da área do trabalho subordinado na empresa. Trata-se da introdução do contrato de fornecimento, por intermédio de sujeitos autorizados a tal objeto, de trabalho, seja a tempo determinado, seja a tempo indeterminado, com base em requisitos substanciais e procedimentos diversos nas duas hipóteses. O instituto, que vem a substituir o ab-rogado trabalho temporário ou interino já regulado pela Lei n. 196, de 1997, constitui uma discutível legitimação da exteriorização, com uma envergadura que faz duvidar da conservada identidade da tradicional construção do trabalho como trabalho na empresa.

5. O direito do trabalho italiano, todavia, ainda permanece, inobstante a recordada tendência expansiva e as variações sobre o tema da subordinação na mais recente normativa justrabalhista, antes de tudo disciplina própria do trabalho dependente, da qual foi minada a exclusividade, mas sem chegar a cancelar sua relevância primária.

A clareza da noção de trabalhador dependente, para uma parte da doutrina italiana, requer em primeiro lugar a consideração da condição social do trabalhador. Atrás da configuração do seu tipo legislativamente disciplinado, foi colocado em evidência um tipo social reconstruído com absorvida atenção ao quadro de suas relações sociais e econômicas. Assim a subordinação foi individuada, segundo uma concepção essencialmente sociológica, em termos de estranhamento do prestador de trabalho aos meios de produção e em termos de alienação em respeito à organização produtiva do trabalho e do seu resultado. A subordinação vem representada como inferioridade real do prestador em relação com o empregador e vem fundada sobre a debilidade contratual do primeiro, que do quadro ilustrado provém.

A reconstrução lógico-jurídica da subordinação, ao invés, assinala o surgimento da própria subordinação, independentemente do perfil sociológico do trabalhador, no nascimento da obrigação de trabalhar sobre a autoridade e segundo a direção de um empregador.

Esta corrente, largamente prevalente no pensamento jurídico e na vida judiciária italianos, considera insuficiente levar em conta somente perfis sociológicos e, fazendo abstração de outros aspectos, identifica a subordinação na complessiva situação de sujeição na qual o trabalhador venha a se encontrar, no âmbito da relação de trabalho, frente ao poder hierárquico da parte adversária. A subordinação, para esta construção, não é um fato social, mas sim um efeito jurídico da relação de emprego que se é instaurada: relação que vai reconduzida, como sua fonte, ao contrato entre empregador e prestador de trabalho.

6. Compactuo com a opinião daqueles que dão mérito à tradição justrabalhista italiana de ter valorizado o instrumento do contrato como esquema geral de enquadramento do trabalho subordinado (até última década do século passado, do singular trabalho privado, mas também do público, fora particulares exceções); e de ter conseqüentemente confiado à lógica contratual a composição do conflito de interesses imanente na relação de trabalho, que, por sua essência, é relação de troca, onde os interesses se colocam como antagônicos e conjugam os valores de quem, no trabalho, empenha a própria pessoa e as lógicas de mercado.

O contrato, de acordo com os juslaboristas italianos de mais alto escol, tem sido entendido como um instrumento de liberdade: de uma liberdade de difícil exercício para o trabalhador, pela típica razão social de preponderância da parte empregadora e da potencial unilateralidade da força reguladora que se encontra dentro da própria natureza da empresa.

A mais prestigiosa doutrina italiana deve ser cultuada na sua capacidade de subtrair-se à sedução de teorias que, como aquela institucionalista, aditando os pontos frágeis da reconstrução das relações de trabalho em modelo contratual, deixam deslizar as próprias relações numa fenda no fundo da qual não se sabe quanto o autoritarismo possa ser temperado por qualquer dose de paternalismo.

A perspectiva contratual não elidiu as exigências de proteção, satisfeitas através da adoção da técnica de norma inderrogável de fonte legal ou sindical, moldura que é imperativa no desenvolvimento da autonomia das partes individuais.

7. A autonomia contratual das partes da relação de trabalho, precisamente para salvaguardar a liberdade, a dignidade e a conforme do trabalho (art. 41 da Constituição Italiana), suporta os incisivos limites fixados pela normativa inderrogável colocada pelo legislador e pela autonomia coletiva.

Frente ao rigor e à extensão de tais limites, porém, alguns estudiosos desejavam uma revalorização da autonomia individual, a ser realizada em circunstâncias e segundo procedimentos, conforme a ótica dos sustentadores da valorização, apresentados como aqueles aptos a render tal exercício compatível com o princípio fundamental de proteção do trabalhador. E isto graças à presença e à obra de comissão controladora e sustento de terceiros imparciais e autoridades. Prevaleceu, todavia, a pura hostilidade manifestada contra qualquer repensar das fontes justrabalhistas que levassem à valorização do modelo da vontade assistida na função reguladora das relações de trabalho e ampliasse ao momento gerador a importância atribuída pelo ordenamento à própria vontade assistida na fase de disposição dos direitos adquiridos pelo trabalhador (art. 2.113, § 4º, do Código Civil Italiano).

O legislador renunciou a abrir a técnica de regulação justrabalhista que recuperasse espaço ao contrato individual, removendo as proibições que inibissem a adoção de condições em derrogação da lei e do contrato coletivo. A exigência de proteção do trabalhador contratante frágil não tolerou a alteração da tradicional hierarquia das fontes reguladoras das relações de trabalho, onde a realização do princípio da proteção, constitucionalmente tutelado, surgiu indissoluvelmente ligada à técnica da norma imperativa.

8. Na Itália, a contratualização do trabalho subordinado interessou-se também pela dimensão coletiva da regulação social do trabalho.

A autonomia coletiva, em conjunto com a lei, é o pilar da estrutura reguladora de tutela. Com a queda do sistema corporativo, a autonomia coletiva não é mais fonte pertencente ao sistema formal das fontes de direito objetivo. Porém, tal mudança não acarretou menor eficácia no desenvolvimento da função de mais importante instrumento regulador realizador daquela tutela compensatória da fragilidade contratual dos trabalhadores singulares, na qual consiste o próprio fim do direito do trabalho.

9. A autonomia coletiva, no caso italiano, revelou toda a variabilidade histórica da natureza e da eficácia dos seus atos. Afastando-se o reconhecimento jurídico dos sindicatos, a respectiva inclusão destes dentro da estrutura pública e a correlativa outorga de função normativa estatal ao sindicato único de categoria corporativo, foram recuperadas a liberdade sindical e a possibilidade de dar livre curso ao conflito dos interesses coletivos profissionais. Destaque-se que o sistema corporativo não aceitava o conflito, emanando toda uma disciplina que proibia o conflito coletivo, considerando a greve como um crime a ser punido. Assim, as poucas sentenças coletivas da magistratura trabalhista, poucas, funcionavam estrategicamente para limitar a liberdade de organização e de ação sindical.

Depois da queda do sistema corporativo, o direito sindical italiano desenvolveu-se segundo uma direção diametralmente oposta; ou seja, capitaneado pela liberdade e pela autonomia privada coletiva, expressões da livre vontade dos grupos profissionais na realização de seus próprios interesses de natureza privada, distintamente da sociedade em geral e do aparato do poder público, para os quais o principal é o interesse público.

O direito sindical, renascido das cinzas do direito corporativo cresceu sob o impulso prevalente da doutrina e da jurisprudência, ao invés do legislador, ao qual, se deve algumas importantes intervenções, como aquelas realizadas com a legislação de sustentação sindical contida no Estatuto dos Trabalhadores e com a disciplina da greve nos serviços públicos essenciais.

A defesa da natureza privada das organizações e dos meios de ação sindical significaram a defesa da liberdade, em uma lógica de pluralismo competitivo e, com freqüência, conflituoso; no qual os interesses — sejam aqueles individuais, sejam aqueles organizados — dos prestadores e dos empregadores, são entendidos como contrapostos, ainda que se procure sucessivas soluções de equilíbrio consensualmente alcançadas.

10. A vitalidade do fator contratualístico distingue os ordenamentos justrabalhistas europeus de modo mais exaustivo que a distinção proposta no primeiro congresso da Associação Internacional de Direito do Trabalho, de *Túlio Ascarelli* (realizado há mais de cinqüenta anos), na medida de classificação dos sistemas justrabalhistas, respectivamente, às famílias da *common law* ou da *civil law*.

A contraposição aos regimes totalitários europeus, que sobre o terreno laboral ocorreram instituições corporativas, a bem ver, tinha induzido a escolha por ordenamentos trabalhistas livres (realizadas pelos Estados que guiavam a vanguarda contraposta aos regimes totalitários), com o pertencimento de tais Estados à família da *common law*. Uma mais ampla perspectiva de pesquisa, porém, induz a redimensionar o valor de tal raciocínio, em vantagem da importância reconhecida nos ordenamentos singulares aos instrumentos contratuais como fonte de regulação das relações individuais e coletivas. A experiência dos sistemas justrabalhistas da Europa do Norte (que certamente não se coloca num ambiente jurídico de *common law*) confirma a decisiva relevância do fator contratual.

Sobre o plano coletivo, também na Itália, são evidentes os progressos das condições de trabalho obtidas com o uso construtivo do instrumento contratual, ao qual são devidos progressos que pertencem não somente ao plano de melhoramentos salariais e de outras condições de trabalho, mas também àqueles de direitos sindicais na empresa, assim como na gestão do mercado de trabalho. O contrato coletivo prestou-se a funcionar como instrumento de defesa e de promoção da ocupação, de gestão sindicalmente controlada da flexibilidade e da participação dos trabalhadores nos lucros da empresa.

11. A centralidade do fator contratualístico, na tradição justrabalhista italiana, não implica superar o primado da fonte heterônoma em vantagem da autonomia privada individual, nem mesmo nos seus mais recentes desenvolvimentos em relação aos quais em alguns setores da doutrina foi lançado um alarme similar.

Antes de tudo, não se confronta, senão em hipóteses limitadas e marginais, com um alargamento dos espaços reguladores confiados à autonomia individual das partes contratantes, também em detrimento da vontade coletiva. Esta mantém o papel de principal gestora da flexibilização, definindo as cláusulas dos contratos coletivos e, em muitos casos, as tipologias flexíveis às quais faz recurso, estabelecendo os limites quantitativos dos contratos atípicos utilizáveis na empresa, autorizando em derrogação de aspectos rígidos da legislação.

Deve-se adicionar que o direito do trabalho italiano reflete todas as tensões de uma sociedade industrial em transição, inclusive aquela de chegar (na crise das estruturas reguladoras tradicionais traçadas sobre situações típicas e em série) a um diferente equilíbrio entre disciplinas e tutelas de tais características e de exigências de consideração personalizada, em adesão às variações com que se apresentam novas figuras laborativas, sem abandonar a perspectiva de tutela à lógica de mercado.

12. O desenvolvimento da normativa de tutela, à qual fiz repetidos acenos, resulta fortemente caracterizado pela dinâmica do contexto social, econômico e político.

Para concentrar a atenção sob tempos bastante vizinhos, se deve sublinhar como a entrada em vigor da Constituição de 1948 tinha representado, de um lado, a plena recuperação da liberdade de organização e de ação sindical e, de outro lado, uma nova fase da disciplina da relação individual de trabalho, em comparação àquela assinalada pela incorporação desta última ao Código Civil de 1942.

No fundo do mais amplo fenômeno da constitucionalização do direito privado, que significou privilegiada tutela dos interesses dos sujeitos mais frágeis, a exemplo para os inquilinos e para os consumidores, frente à posição superior do poder contratual da parte contrária a constitucionalização do direito do trabalho constituiu a premissa de um caminho legislativo voltado, coerentemente, para os preceitos constitucionais, para ampliar e garantir a liberdade, a dignidade e a segurança do trabalhador, introduzindo normas incisivas na disciplina das relações de trabalho e, particularmente, nos poderes do empregador.

A Lei n. 300, de 20 de maio de 1970, chamada de Estatuto do Trabalhador, é uma resposta à inspiração do direito do trabalho acolhida pelo Código Civil. A finalidade da proteção do trabalhador como parte frágil da relação de trabalho, no Código Civil, estava subordinada às exigências de salvaguarda das necessidades produtivas das organizações empresariais.

No centro de uma fase de profunda transformação da normativa justrabalhista, que foi aberta com a Lei n. 604, de 1966 (sobre a disciplina da dispensa individual), e que se concluiu com a Lei n. 533, de 1973 (reforma do processo do trabalho), o Estatuto do Trabalhador distingue um momento absolutamente especial no desenvolvimento do direito do trabalho italiano, com reverberações também em outros países europeus, como a Espanha.

13. A legislação sucessiva ao Estatuto do Trabalhador surge em momento social e econômico caracterizado pela exigência de fazer frente ao andamento desfavorável da economia, nacional e internacional, e aos reflexos negativos sobre a ocupação e sobre a renda dos trabalhadores.

A fase legislativa, inaugurada na metade dos anos 70, é caracterizada por um critério, primeiramente conjuntural, direcionada a favorecer a defesa dos níveis de ocupação, através de formas de emprego flexível dos trabalhadores, e a conseguir — como de fato conseguiu — a redução da taxa de inflação, através da diminuição e em seguida da eliminação dos mecanismos de indexação salarial.

O critério legislativo preferiu, em seguida, ser mais amplo e estavelmente conexo com as transformações do sistema produtivo e do mercado de trabalho, perdendo a originária conotação conjuntural. O critério focou-se no acompanhamento da racionalização e no desenvolvimento do mercado de trabalho por meio de uma estável flexibilização da disciplina produtiva vista como muito rígida.

A autonomia coletiva tornou-se o canal privilegiado da flexibilização das condições de trabalho e da ocupação, com força na coordenação entre legislação e contratação coletiva, favorecida por um clima de concórdia e de concerto entre forças e instituições políticas, bem como por confederações sindicais mais representativas no plano nacional.

14. O panorama justrabalhista detalhado deixa transparecer pontos críticos que merecem atenção particular. Antes de examiná-los, porém, imperioso recordar como vem assumindo uma importância crescente na Itália, com a lenta mas segura afirmação da dimensão social comunitária, aquele que por fim se pode denominar de Direito do Trabalho da União Européia.

Elaborado sobre a base de normas dos tratados e proveniente de fontes comunitárias derivadas (regulamentos, diretivas e também de decisões e recomendações, bem como de decisões da Corte de Justiça Européia, fonte *extra ordinem* efetivamente de primária relevância), o direito do trabalho comunitário, há muito tempo, angariou competência exclusiva em setores como aqueles da livre circulação dos trabalhadores no território europeu e da seguridade social dos trabalhadores imigrantes, assim como tem, progressivamente, angariado para si outros setores importantes (dispensas coletivas, tutela dos direitos dos trabalhadores em caso de transferência da empresa, segurança e salubridade do ambiente de trabalho, informação e consulta aos representantes dos trabalhadores, horário de trabalho, igualdade de tratamento entre trabalhadores e trabalhadoras, configuração das sociedades e participação de representantes dos trabalhadores nos seus órgãos, garantias em caso de insolvência dos empregadores e tutela dos trabalhos atípicos).

Restam ainda fora da intervenção do poder normativo comunitário aspectos importantes do direito do trabalho. Porém, é necessário considerar o impacto que poderia ter a inserção de matérias trabalhistas na Constituição Européia, cuja difícil gestação está em vias de finalização, salvo possíveis graves incidentes de percurso devido a uma eventual rejeição popular nas consultas referendárias que ocorrerão nos Estados-membros. Assim, também é necessário considerar as conseqüências, em termos de possível atenuação da intensidade da intervenção do poder normativo comunitário, derivante do alargamento da União a países com condições econômicas e sociais e tradições políticas heterogêneas em comparação com o atual *Standard* comunitário.

Em todos os casos, o fator comunitário jogará, ainda, um papel de primeiro plano nas soluções que as problemáticas emergentes receberão sobre o terreno nacional.

15. Passando a uma rápida resenha nos mencionados pontos críticos do hodierno direito do trabalho italiano, temos como primeiro ponto a subordinação, a qual constitui o seu ponto cardinal.

A separação entre trabalho subordinado e trabalho autônomo, em nível conceitual e regulador, sobrevém mais incerta e se presta a práticas simulatórias, na medida em que este segundo tomou emprestado do primeiro o possível caráter da continuidade da colaboração e da estável inserção na organização produtiva de outrem, como acontece no denominado "lavoro parassubordinado" ou "co.co.co" (colaboração continuada e coordenada). De outro lado, as situações que, ao oposto, não recaem em uma símile área fraudulenta exigem e progressivamente obtêm uma tutela sobre o plano da relação de trabalho e sobre o plano da previdência social.

Tutela ainda inferior a respeito daquela da subordinação, o que confirma a necessidade de poder servir-se de eficazes critérios distintivos na identificação dos casos concretos.

Uma tentativa de readquirir margens de certeza foi realizada pelo legislador, introduzindo com o citado Decreto n. 276, de 2003 a certificação dos contratos de trabalho.

Trata-se de um filtro de natureza administrativa que, sem retirar do juiz a prerrogativa de avaliação final, é direcionada a verificar e assegurar a utilização que as partes interessadas façam do tipo jurídico.

A circunstância da determinação dos certificadores não ter valor irreversível fez circular um ceticismo quanto à utilidade do novo instituto. Pode-se retomar uma maior fidúcia, porém, se tomamos em conta a provável persuasão das determinações e das argumentações dos certificadores, dotados que são de prestígio e de importância sobre o plano científico e social, enquanto provenientes do mundo universitário, sindical e da administração pública institucionalmente investida para cuidar dos interesses do trabalho.

Fidúcia acrescida da reflexão sobre os critérios e elementos que o legislador manejou para chegar a tal figura jurídica. Estes elementos são elaborados à luz do inventário e do exame acurado dos precedentes jurisprudenciais sobre matéria e da normativa sindical; e são de resto socorridos pela natureza e pela força de normas de lei particulares sobre a interpretação dos contratos (na espécie, aqueles de trabalho). As normas têm como destinatários diretos os certificadores e indiretos os juízes, devido à homogeneidade do *iter* argumentativo que deve ser seguido por aqueles e por estes.

16. Outros aspectos críticos referem-se ao momento coletivo do fator contratual. Esses são vistos por setores da doutrina, por forças políticas e pelos sindicatos, na temida redução do papel das organizações e da contratação sindical, em conseqüência do propósito declarado em sede governamental de abandonar o método de concertamento entre instituições e forças sociais. O propósito se traduziu de outra parte na ruptura com uma das maiores Confederações (CGIL), mas não com as outras. Todas, porém, sentem diminuir sua influência sobre a linha de conduta política e sobre as escolhas legislativas.

Nem mesmo parecem significativas, de acordo com tais reclamações, algumas modificações legislativas em senso redutor dos espaços que o legislador tinha reservado — e, em geral, continua a reservar — ao contrato coletivo, a fim de que especifiquem, mas também eventualmente derroguem, disposições legislativas de tutela, assinaladamente no campo do trabalho atípico.

No fundo, ao contrário, resulta o problema da perda de representatividade das organizações sindicais, particularmente junto às gerações jovens e às novas profissões. Uma perda que na aparência não pode ser contida com o artifício, utilizado no passado, do privilégio acordado por via legal para as organizações sindicais historicamente mais representativas.

Um sindicato legislativo-dependente, no decorrer do tempo, não consegue esconder a própria fragilidade escorado em proteção oferecida pelo Estado e se coloca sobre uma estrada que vai em sentido oposto àquela da realização da potencialidade contida em uma autonomia coletiva fundada sobre um reconhecimento e sob o consenso dos associados.

17. Entre os pontos críticos, se deve enumerar a difusão do trabalho negro ou submerso (informal), especialmente em setores como aqueles do trabalho doméstico, agrícola, na construção civil, no artesanato e em determinadas zonas do território nacional. O fenômeno interessa particularmente aos imigrantes, e aqui a ausência de regularização nem sempre depende do propósito do empre-

AVANÇOS E POSSIBILIDADES DO DIREITO DO TRABALHO   185

gador de subtrair-se ao custo do trabalho formal, mas pode derivar-se dos limites e freios legislativos e administrativos aos fluxos migratórios.

Vigilância e repressão, na legislação sobre a matéria, se alternam ao incentivo de uma nova emersão e na formalização de situações laborativas irregulares, através de facilitações fiscais e contributivas temporárias e reduções das tarifas salariais estabelecidas nos contratos coletivos: evidentemente, com a cooperação dos sindicatos na estratégia assim traçada.

Os resultados, complessivamente, não parecem muito alentadores. As estatísticas continuam a indicar a preocupante consistência do fenômeno, e os sucessos das estratégias de luta, inclusive aquelas mais modernas e não simplesmente repressivas, são concentrados em algumas áreas geográficas.

Além do problema do trabalho irregular, um ponto de crise agudo é aquele referente à organização jurídica e ao funcionamento do mercado de trabalho como um todo.

Como é verificado na generalidade das sociedades industriais avançadas ou pós-industriais, o ordenamento justrabalhista encontra dificuldades de se colocar, além de direito do (relação de) trabalho, como garantia do direito ao trabalho.

Ocorreram, de fato, consideráveis modificações legislativas, às quais se devem, a liberalização, e, depois, o desmantelamento do sistema de monopólio estatal da função de inserção ao trabalho, universalmente criticada por causa da sua grande burocracia, assim como pela sua ineficiência.

O ponto central da questão resta sendo o de melhorar o funcionamento do mercado de trabalho colocando acento não somente sobre a proteção do trabalhador desocupado, mas também criando efetivas condições de acesso aos jovens, mulheres, imigrados, portadores de deficiências, com uma multiplicidade de intervenções que não excluam uma modulação das tutelas das condições de trabalho.

18. Não encontramos a disciplina da dispensa individual entre as problemáticas mais discutidas na Itália na presente fase do direito do trabalho, contrariamente ao verificado a pouco tempo atrás.

O art. 18 do Estatuto dos Trabalhadores prevê a reintegração ao posto de trabalho, e não somente o ressarcimento, para os trabalhadores ilegitimamente dispensados pelos empregadores de médio e grande porte (com mais de 15 empregados). Num primeiro momento a Confederação das Indústrias da Itália, que havia pedido a modificação do referido artigo, procurou abafar o assunto, depois retirou-o da pauta de negociação com os sindicatos dos trabalhadores e com o Governo (que, porém, não se deu conta do novo dado). Depois de tais acontecimentos não está mais em primeiro plano o projeto governamental de emendar a norma.

Destaque-se, em todo caso, que nunca foi colocado em discussão o princípio da necessária justificação da dispensa individual, sancionado pela recordada Lei n. 604, de 1966 e reforçado pela Lei n. 108, de 1990, mas o debate prendia-se somente às conseqüências da declarada ilegitimidade da própria dispensa.

Resta, por isto, o duplo regime sancionador das dispensas individuais ilegítimas: a tutela real, ou seja, a reintegração no posto de trabalho para os dependentes dos empregadores com mais de 15 dependentes e a tutela econômica, indenizatória, para os outros, os quais constituem a grande maioria da força de trabalho.

19. A representação esboçada a partir das características salientes e das mais notáveis tendências contemporâneas do ordenamento italiano mostra como a solução dos seus problemas está ligada à capacidade de integrar-se positivamente e com criatividade institucional no processo histórico de modernização da economia e da sociedade, e da conseqüente transformação do trabalho, sem abdicar da vocação de tutela da pessoa que trabalha.

Os interesses do trabalho restam no centro da sociedade italiana, independentemente das modificações das fórmulas políticas do Governo. As alternâncias das maiorias parlamentares, a bem ver, provocam modificações mais na atmosfera do que na substância da política do direito do trabalho.

Não pretendo, certamente, negar que modificações advenham, nem sustentar que se resolvam em simples retoques do que já existe. Nego-me a considerar, ao contrário, que se assista a modificações que se possam efetivamente denominar de revolucionárias (ou contra-revolucionárias), se revolução é a modificação radical da ordem existente e dos princípios que a regem.

20. Pergunto-me, a este ponto: o que pode significar, para um observador brasileiro, o quadro que procurei delinear sumariamente? E qual é a mensagem essencial que ele, observador, pode obter?

Primeiramente, defendo que o sistema justrabalhista deve ser considerado na sua incessante dinamicidade, sem perder de vista os poucos e essenciais fatores constitutivos. Contudo, não devemos endeusar soluções positivas contingentes e, ainda mais, embalsamar conceitualmente aquilo que é inexoravelmente morto, supondo que assim permaneça eterno.

O referimento se faz à roupagem que, na Itália, as organizações e a ação sindical receberam no período corporativo. As vestes de uma senhora, bonita ou feia que fosse (e não sou apaixonado por ela), de qualquer modo desaparecida e em cujo posto é necessário considerar o vigor assim assegurado à autonomia coletiva, de um regime de recuperação da plena liberdade, que prosseguiu sua estrada sem muita intromissão legislativa.

Esta roupagem, como é notável, ocupou a atenção do direito do trabalho brasileiro, obrigado a exercitar-se — oficialmente — com os modelos sobre os quais a roupa foi talhada por alfaiates corporativistas certamente capazes, mas não mais em moda. E não mais por caprichosa orientação desta, mas porque aquela roupa se é definitivamente demonstrada de feitura inidônea a acompanhar o desenvolvimento do corpo normativo laboral.

Portanto, é hora de tomar em consideração as soluções corporativas como achados históricos, e não como possibilidades inseridas em um contexto decididamente diferente, que opõe crise de rejeição, ainda que se pense em passar verniz de novo nas inserções com cores políticas diferentes, até mesmo opostas, em comparação com aquelas da origem.

Outro sinal deduzido do quadro que ilustrei pode revelar-se aquele inerente à influência exercitada pelo desenvolvimento da estrutura das fontes sobre a evolução do direito do trabalho.

A evidente relevância das funções assumidas pela autonomia coletiva, até a uma tendencial equiparação entre fonte legal e fonte contratual, apesar da natureza negocial dos atos que promanam desta última, em uma perspectiva de participação e controle social sobre o mercado e sobre a relação de trabalho, levaram a autonomia coletiva a dar uma indispensável atenção ao interesse geral, sem porém sacrificar a sua liberdade.

A experiência do direito do trabalho italiano pós-corporativo é muito rica. E o retorno das idéias e correntes de pensamentos que sobreviveram ao regime merece uma boa possibilidade de análise aqui no outro lado do oceano, uma vez que tais idéias e correntes aqui aportaram por intermédio de imigrantes italianos, que aqui chegaram por motivações sociais e políticas, com o que se pode fazer uma análise sem condicionamentos culturais impróprios. Vale dizer, encoraja a navegar a vela aberta sob o vento da liberdade, sem temor de naufragar se o timão é guiado por uma bússola orientada pela defesa da dignidade da pessoa do trabalhador, fator ainda de ordem ética do progresso civil dos povos; e a rota seja estudada calculando as atracaduras sucessivas de uma navegação sustentada pelos mais modernos instrumentos e engenhos idôneos a garantir que não se perca a direção, não nos destruamos nas rochas ou nos encalhemos em mar raso, nem nos aventuremos irresponsavelmente em mares muito tempestuosos.

QUAIS SÚMULAS?

Luiz Alberto de Vargas e Ricardo Carvalho Fraga (*)

1. SENTENÇA E ACÓRDÃO

Uma sentença, proferida por um juiz de primeiro grau, e uma decisão, de um tribunal, certamente, têm finalidades sociais bem distintas, as quais ainda não estão perfeitamente delimitadas entre nós.[1] As conseqüências processuais de tais indefinições atingem o próprio direito de recorrer da parte, sendo mesmo fator de insegurança jurídica.

A possibilidade de revisão das decisões judiciais é uma das características mais relevantes de nosso sistema processual. Tal ponto é bem ressaltado pela doutrina, ao justificar a existência do duplo grau de jurisdição como uma garantia do devido processo legal, evitando a possibilidade de abuso de poder por parte do juiz.[2] Ainda que exista controvérsia quanto a ser ou não tal garantia expressamente prevista na Constituição Federal, em geral a lei assegura a possibilidade de recurso contra toda decisão judicial, constituindo exceções decisões irrecorríveis.

A segurança jurídica justifica, assim, a situação, a princípio paradoxal, de que se exigir duas decisões de um mesmo Poder, que

---

(*) Juízes do Trabalho no Rio Grande do Sul.

(1) Em outro trabalho, procuramos apresentar evidências de que uma decisão de Tribunal atende a finalidades bem distintas das de uma decisão de primeiro grau: "O *acórdão analisa apenas alguns aspectos da sentença, talvez os mais relevantes, socialmente, ou seja, aqueles que foram objeto do recurso, salvo os recursos de ofício, os quais já são questionados nos debates constitucionais sobre reformas do Poder Judiciário. Esses pontos destacados pelas partes tendem a ser repetidos em todos os recursos. O trabalho de segunda instância, assim, torna-se muito mais importante quanto à fixação de orientação jurisprudencial sobre pontos que as partes transformaram, por força da repetição, em matéria de interesse geral do que seria a simples revisão, caso a caso, dos aspectos tornados controvertidos em cada sentença* ("Fatos e Jurisprudência", inserido na coletânea Direito do Trabalho Necessário, coordenadora Maria Madalena Telesca, Porto Alegre, Editora Livraria do Advogado, 2002, p. 51).

(2) NERY JÚNIOR, Nelson. Teoria Geral dos Recursos, 4ª ed., São Paulo, Revista dos Tribunais, 1997, p. 35.

podem ser contraditórias ou redundantes. Conforme *Manoel Antonio Teixeira Filho*, é a *"consciência da falibilidade"* do julgador, inerente à natureza humana, *"a causa essencial e remota de haver-se permitido — e em alguns casos tornado obrigatório — o reexame dos pronunciamentos judiciais"*.[3]

2. A MOTIVAÇÃO DAS DECISÕES JUDICIAIS

Destaca-se sobremaneira o papel que a instância revisora possui no controle de que as decisões judiciais efetivamente cumpram sua função social, anulando as sentenças que importem em negativa da prestação jurisdicional ou da tutela judicial efetiva, como no caso das decisões não fundamentadas ou que não atendam satisfatoriamente a matéria versada nos autos.

A exigência de fundamentação da sentença, portanto, tem um caráter instrumental, de clarificação das razões de decidir, a serviço da melhor prestação jurisdicional. Tal mister, destinado essencialmente à sociedade, não se confunde com um suposto dever de atender todos os reclamos — mesmo os pouco razoáveis — das partes, pois a motivação decisional serve ao processo — e não aos caprichos particulares.

Mais recentemente, a motivação de uma decisão judicial foi melhor estudada. *Maria Thereza Gonçalves Pero* salienta que a explicitação dos motivos tem funções *"extraprocessual"* e *"endoprocessual"*.[4] Quanto a esta segunda, serve para viabilizar/facilitar a utilização dos recursos pelas partes, ainda inconformadas. Quanto à primeira, serve para a verificação/confirmação da independência judicial. [5]

Na prática, entretanto, a pretexto de se assegurar a tutela judicial efetiva, não são poucos os recursos ou embargos de declaração que, na realidade, não buscam a explicitação da fundamentação

---

(3) TEIXEIRA FILHO, Manoel Antonio, *Sistema dos recursos trabalhistas*. LTr, São Paulo, p. 24.

(4) GONÇALVES, Maria Thereza, *A Motivação da Sentença Civil*, São Paulo: Saraiva, 2001, p. 62 e 69 especialmente.

(5) Exigem melhor estudo, inclusive histórico, que foge aos objetivos das presentes linhas, certos dispositivos existentes na legislação do Uruguai. O art. 466 dispunha que as *"leis e doutrinas aplicáveis"* deveriam ser mencionadas nos julgamentos. Após, o art. 197 do Código Geral do Processo estabelece que *"as razões jurídicas por cujo mérito se aplica o direito* devem ser expostas". *Eduardo Couture* apontava que chegava a caracterizar *"nulidade formal"* a sentença que deixava de *"acrescentar novos fundamentos à de primeira (art. 738)"* (ob. cit., p. 304).

decisional, mas apenas representam a inconformidade da parte com uma sentença desfavorável. Tais manifestações apenas expressam uma evidente intolerância intelectual, como se a única racionalidade possível a ser acolhida pelo julgamento fosse aquela que coincide com as teses expostas pela parte recorrente. Confunde-se negativa de prestação jurisdicional com o não-acolhimento das alegações da parte.

Infelizmente, muitos acórdãos terminam por incentivar o comportamento intolerante da parte, já que, inexplicavelmente, passam a exigir do julgador de primeiro grau a manifestação explícita a respeito de TODOS os argumentos apresentados pelas partes, mesmo que claramente incongruentes com a razão de decidir adotada pela sentença.

O acórdão, ao acolher a intolerância intelectual da parte vencida, em verdade, talvez esteja expressando uma ânsia não confessada do julgador do segundo grau em "refazer" integralmente o decidido, como que nulificando o trabalho da instância revisada.

Como já se disse em outro trabalho, *"a revisão de uma sentença parte, ou deve partir de um trabalho já realizado pela primeira instância, que enfrentou o exame da prova, delineou as questões jurídicas em debate, encontrou uma razão de decidir e se posicionou sobre os valores em conflito. O acórdão não é, ou não deveria ser, o refazimento de tal trabalho, mas exatamente a revisão de alguns pontos de um trabalho jurídico já existente".*[6]

Eduardo Couture lembra que a segunda instância *"é somente um meio de controle"*, ou seja, *"em nosso direito, esta solução é apoiada por um conjunto de circunstâncias especiais que tornam muito clara a tese de que a segunda instância não supõe uma renovação do debate e da prova".* [7] Hoje, na América Latina, apenas na República Dominicana, como regra, se produz, inclusive, nova instrução na segunda instância.

A finalidade da exigência de motivação das decisões judiciais não é *"convencer"* as partes ou a outros, profissionais do Direito ou leigos.[8] A exposição exaustiva de todos os argumentos, além de impossível, pode ter pequena contribuição, conforme o caso. A fina-

---

(6) "Fatos e Jurisprudência", ob. cit., p 51.

(7) COUTURE, Eduardo, *Fundamentos do Direito Processual Civil*, Campinas: Red Livros, p. 281.

(8) Neste sentido, observação de um dos signatários, lembrando SUPIOT, TESHEINER, Alain, José Maria da Rosa e outros, no texto "Ouvir e/ou Falar", incluído em *Direito do Trabalho Necessário*, obra já citada, p. 59, e *Direito e Castelos*, São Paulo: LTr, 2002, p. 25.

lidade, prende-se, como já se tem exposto, nestas linhas, ao necessário desenvolvimento do processo e ao controle da atuação do julgador.

No Brasil, o mesmo estudo mencionado antes, da professora em São Paulo, *Maria Thereza Gonçalves Pero*, aponta a *"falta de suficientes elementos normativos"* para que se perceba toda esta questão e inclusive *"qual seria o conteúdo mínimo necessário para que se considere uma sentença suficientemente motivada"*.[9]

O comportamento da parte descontente com a decisão recorrida necessita ser canalizado de modo a permitir o prosseguimento do debate. Tal exigência, de qualquer modo, não pode ser tão exagerada. Não se pode imaginar, tampouco, que o trabalho de um novo julgamento seja tão simples. As falas anteriores, do julgamento recorrido e das partes desde o início do processo, podem ter pontos de intersecção, nítidos ou não. Dois entendimentos do Tribunal Superior do Trabalho revelam a delicadeza do tema. Trata-se das OJ n. 90 da SDI-II do TST[10] e OJ n. 340 da SDI-I do TST[11]. As datas recentes de suas edições ainda não permitem que se vislumbre nitidamente o alcance que lhes será dado.

O tema, por certo, apresenta grandes dificuldades, exatamente pela maleabilidade do conceito de *"suficiente motivação"*. Porém, deve-se ter presente que a suficiência em questão atende a critérios objetivos, em prol do esclarecimento processual da verdade — e não em função de critérios subjetivos dos litigantes.

3. SEGURANÇA JURÍDICA X CELERIDADE PROCESSUAL

A discussão da relação sentença-acórdão também tem um vertente na acesa polêmica entre a segurança jurídica e a celeridade processual.

---

(9) Ob. cit., p. 71.

(10) SDI-II do TST: 90. Recurso ordinário. Apelo que não ataca os fundamentos da decisão recorrida. Não-conhecimento. Art. 514, II, do CPC. *(Inserido em 27.05.2002)* Não se conhece de recurso ordinário para o TST, pela ausência do requisito de admissibilidade inscrito no art. 514, II, do CPC, quando as razões do recorrente não impugnam os fundamentos da decisão recorrida, nos termos em que fora proposta.

(11) SDI-I do TST: 340. Efeito devolutivo. Profundidade. Recurso ordinário. Art. 515, § 1º, do CPC. Aplicação. DJ 22.6.04 — Parágrafo único do art. 168 do Regimento Interno do TST. O efeito devolutivo em profundidade do Recurso Ordinário, que se extrai do § 1º do art. 515 do CPC, transfere automaticamente ao Tribunal a apreciação de fundamento da defesa não examinado pela sentença, ainda que não renovado em contra-razões. Não se aplica, todavia, ao caso de pedido não apreciado na sentença.

Tal polêmica ganha, nos dias de hoje, novos contornos, na esteira dos debates do projeto de Reforma do Judiciário, em discussão no Congresso Nacional. Não são poucas as vozes que, com razão, apontam o excesso de recursos como uma das causas da morosidade do Poder Judiciário, preconizando uma valorização das decisões de instâncias inferiores, impondo-se limites mais estritos ao poder de recorrer das partes.[12]

É curioso e preocupante constatar-se que os órgãos públicos são, de longe, os litigantes mais freqüentes nos tribunais superiores. Seus recursos são interpostos à exaustão. Talvez, bem mais recentemente, já exista alguma mínima reversão deste quadro.[13]

Paralelamente a este debate e, muitas vezes, confundindo-se com este, está a antiga polêmica a respeito da conveniência de uma uniformização jurisprudencial relativamente a questões amplamente já debatidas em sucessivos processos, tendo se consolidado uma posição predominante, pelo menos nas instâncias superiores. Tradicionalmente em tais casos, os Tribunais têm adotado as Súmulas de Jurisprudência, sinalizando à sociedade o provável resultado de demandas repetitivas, algo que, sem dúvida, contribui para o aumento da segurança jurídica.[14]

Sempre se questiona até que ponto as Súmulas de Jurisprudência são um fator de inibição da criatividade jurisprudencial, já que induzem ao juiz de primeiro grau à (in)cômoda posição de meramente chancelar a jurisprudência dominante, abdicando de apreciar aspectos novos ou apresentar argumentos distintos, que, eventualmente, levariam a uma revisão do próprio entendimento consolidado. Ademais, há a delicada questão a respeito de se a independência judicial ficaria ou não comprometida pela excessiva proliferação de súmulas jurisprudenciais.[15]

---

(12) Entre as quais, a Associação dos Magistrados do Brasil, valendo o registro de seu *site* (www.amb.com.br).

(13) Várias já são as súmulas administrativas da AGU, Advocacia-Geral da União, contrárias à interposição de recursos desnecessários ou mesmo inúteis, como se verifica na consulta ao *site* deste Órgão, em 14 de novembro de 2004 (https://www.agu.gov.br/Base_jur/sumulas/sumulas.htm).

(14) O incremento da segurança jurídica com uma maior previsibilidade das decisões judiciais tem sido insistentemente apresentado, até mesmo como uma suposta necessidade, única e premente, para a criação de um ambiente mais favorável aos negócios. Por isto, o Documento 319 do Banco Mundial tem sido criticado por inúmeras Associações de Juízes em nosso País. Trata-se do estudo, de autoria de *Maria Dokolias*, de junho de 1996, sob o título *O Setor Judiciário na América Latina e no Caribe — elementos para reforma*, Washington.

(15) O elevado número de Enunciados e Orientações Jurisprudenciais do TST, buscando regrar tudo, pode terminar por não regrar nada. Na verdade, há de se preservar

4. ACÓRDÃO E SÚMULA

Um Acórdão e uma "Súmula de Jurisprudência" também têm finalidades diversas.

A edição de uma Súmula deveria ser vista como algo positivo, na medida em que representasse a unificação da jurisprudência. Do ponto de vista social, poderia significar algum aprendizado coletivo. Seria uma manifestação dos profissionais do Direito, sinalizando para a sociedade como um todo.

Esta visão positiva das funções sociais desempenhadas pelas súmulas de jurisprudência, entretanto, somente se mantém quando esta não se encerra em um formulismo esterilizador que impeça novos avanços, próprios da evolução da vida social. Esta é bem mais complexa do que podem expressar as fórmulas jurídicas. Nem tudo pode/ deve transformar-se em súmula, não apenas porque cada caso individual merece ser apreciado pelo Poder Judiciário em sua singularidade, mas porque, *"no mundo social, as repetições são mais raras"* do que nas ciências naturais. [16]

Traz-se à baila, com alguma freqüência, o exemplo dos Estados Unidos como paradigma de aplicação de precedentes jurisprudenciais. Sabe-se, no entanto, que a situação é bem outra, ao contrário do que se afirma certas vezes. Os *"precedentes"* utilizados naquele País têm sido pouco estudados entre nós. *Francisco Rossal de Araújo* lembrou a diferença entre o mérito, *"holding"*, e as motivações, *"dicta"*. Apenas os primeiros têm maior relevância para o julgamento dos casos posteriores.[17]

Ronald Dworkin lembra que os juristas britânicos e norte-americanos falam da doutrina do precedente, mas *"estabelecem, contudo, uma distinção entre aquilo que poderíamos chamar de doutrina estrita e doutrina atenuada do precedente"*. Mais adiante, esclarece que *"doutrina atenuada do precedente exige que o juiz atribua algum*

---

a compreensão sobre a necessidade de serem forjadas decisões que sejam seguidas, simplesmente pela qualidade de seus argumentos e intensidade do debate que lhe foi anterior.

(16) FAJERSTEIN, Fany, "A Causa e a Greve: um Problema de Epistemologia Jurídica", *in* "Democracia e Direito do Trabalho", coordenador Luiz Alberto de Vargas, São Paulo: LTr, 1995, p. 112. A autora, Juíza do Trabalho em Campinas, fazia tal observação ao justificar seu voto vencido, relativamente à morte de trabalhador em manifestação de encerramento de movimento grevista de motoristas em sua cidade. Argumentava, pois, que o "*fato*" — aquela manifestação reprimida com violência — já estava para além daqueles considerandos na legislação sobre a greve, eis que inclusive posterior a esta.

(17) ARAÚJO, Francisco Rossal de, "O Efeito Vinculante das Súmulas. Um Perigo para a Democracia?", *in Revista ANAMATRA*, n. 26, p. 44.

peso a decisões anteriores sobre o mesmo problema, e que ele deve segui-las a menos que as considere erradas o bastante para suplantar a presunção inicial em seu favor".[18]

Assim, mesmo nos EUA, de nenhuma maneira, a conveniência da estabilização jurisprudencial pode justificar o estancamento do avanço doutrinário ou a asfixia da criatividade jurisprudencial.

Em acirrado debate sobre escolha dos integrantes da Suprema Corte dos EUA, *Miguel Beltrán de Felipe* chegou a expressar que "*la petrificación que implica el originalismo no es legítima ni desde el punto de vista social ni desde el puramente interpretativo*".[19]

De fato, já no mesmo dia da edição de alguma súmula, eventualmente, algum profissional do direito pode vislumbrar a possibilidade de novos avanços, a partir da observação mais atenta dos fatos sociais. Algum professor ou estudioso mais cuidadoso pode perceber alguma peculiaridade, antes inexistente, inclusive porque os fatos sociais não se repetem exatamente do mesmo modo. Algum jurisdicionado mais exigente e/ou criativo pode deparar-se, por vontade sua ou não, com uma situação, efetivamente, já diversa.

Existem, ainda, situações nas quais o debate, ainda que seja mais acirrado na sociedade, ainda é incipiente, na jurisprudência e inclusive na doutrina. Pode-se afirmar que, somente através do debate processual e também através da dialética comunicação entre Judiciário e sociedade, que se estabelece em função do processo judicial, é que se criam as melhores condições de compreender e aprimorar o direito.

Alfredo Buzaid salientou que a jurisprudência é o direito vivo, proclamando "*a norma jurídica concreta que atuou quando surgiu o conflito de interesses*". [20]

A consolidação da jurisprudência somente é possível após inúmeros julgamentos sobre casos com alguma semelhança. Acrescenta-se, se isto já não estava implícito, que não se trata de um

---

(18) DWORKIN, Ronald, *O Império do Direito*, São Paulo: Martins Fontes, 1999, p. 31.

(19) FELIPE, Miguel Beltrán de, *Originalismo e interpretación — Dworkin vs. Bork: una polémica constitucional*, Madrid: Civitas, p. 91. Em páginas anteriores, o autor resume as idéias do "originalismo" como aquelas que expressam que "*la Constituición tiene un significado para el cual no hace falta recurrir a funtes extra constitucioales*", p. 45. Dito de outro modo, buscam negar a validade da "*jurisprudência de valores*" sustentada por *Dworkin*, entre outros, acreditando que o texto original solucionou todas as possíveis controversas.

(20) BUZAID, Alfredo, "Uniformização da Jurisprudência", Porto Alegre: *Revista Ajuris*, número 34, 1985, p. 190.

julgamento em abstrato. Aqui, não se está na esfera de elaboração de uma lei, necessariamente genérica. *Luiz Flávio D'Urso* aponta esta distinção entre lei e julgamento judicial.[21]

Temos, assim, idealmente a súmula como a síntese de um trabalho coletivo realizado por todos os operadores do Direito, a partir da experiência concreta em um razoável número de casos similares durante um tempo igualmente razoável.

Parece pouco defensável uma súmula que cause surpresa àqueles que acompanham a jurisprudência, pois, em tal caso, não se trataria de uma uniformização de jurisprudência, propriamente dita, que necessariamente lhe seria anterior.[22] Nesta situação, talvez, todo o debate, profundo ou não, estaria ocorrendo, se isto for viável, na única e iluminada sessão que encontraria o rumo a ser seguido nas demais decisões.

A inovação jurisprudencial nas instâncias ordinárias pode ser justificada pelas necessidades de criação adaptativa às mudanças sociais. *Zagrebelsky* fala sobre a contínua tensão, no trabalho do juiz, entre a necessidade de salvaguardar, o quanto possível, a continuidade dos *standards* decisionais e as exigências de adequação da jurisprudência ao novo, o que feito através de uma *"contínua e interpretativa recriação, sob a pressão dos casos"*. Segundo ele, somente esta força que, nos seus diversos tempos, dá vida à Constituição como documento de normas escritas, impede que esta seja facilmente posta fora do jogo.[23]

É de lembrar-se *Mauro Cappelletti* quando afirma que o controle dos juízes, pelas partes, se concretiza no julgamento de cada

---

(21) Conforme *Luiz Flávio Borges D'Urso* "a súmula cria uma decisão normativa que se caracteriza como erga omnes ante a obrigatoriedade de outros julgamentos, significando que uma decisão superior se transforma em força de norma constitucional. No fundo, como se pode concluir, o Poder Judiciário adquire a posição de Poder Legislativo, função que não foi legitimada pelo povo, única entidade que, nas democracias, tem o poder de transferir seu poder para seus representantes. E, ao usurpar funções que integram outro Poder, o Judiciário, por meio da súmula vinculante, não deixa de contribuir para a ruptura de regras constitucionais, logo ele que deveria ser o guardião do Estado democrático de Direito" ("A reforma do Judiciário deve instituir a Súmula vinculante?", artigo publicado na Folha de São Paulo, 17.7.2004, p. A3).

(22) A Súmula n. 291 do TST, que versa sobre indenização de horas extras suprimidas, é um exemplo paradigmático de uma súmula "surpreendente", já que, a despeito de seus méritos, baseou-se em escassas decisões de instâncias inferiores. Ademais, o anterior Enunciado n. 76, sobre o mesmo tema, muito mais visivelmente decorria de alguma interpretação dos textos legais, entre os quais o art. 468 da CLT.

(23) ZAGREBELSKI, Gustavo. "A Justiça Constitucional — Natureza e limites do uso judiciário da Constituição", especialmente, p. 40, 41 e 47, tradução livre de Anderson Vichinkeski Teixeira, mestrando PUC/RS.

caso. Neste sentido, *Mauro Cappelletti* lembra que os juízes devem estar *"conectados"* com seu tempo e sociedade e que sendo o processo judicial participativo, aí, os juízes exercem seu papel *"sobre e dentro de limites dos interesses e da controvérsia das partes"*, havendo, neste momento, um *"contato do Judiciário com os reais problemas, desejos e aspirações da sociedade"*. [24] Por isso, a uniformização jurisprudencial não pode, seja a pretexto de segurança jurídica, seja a pretexto de celeridade processual, sufocar a criatividade jurisprudencial que emana da primeira instância, principalmente, porque estará a negar a própria dinâmica da vida social.

5. CELERIDADE COM EVENTUAL PREJUÍZO DA PRESTAÇÃO JURISDICIONAL

Já se buscou assinalar os aspectos positivos da unificação jurisprudencial. Esta pode contribuir para o aprimoramento das regras sociais, suas compreensões por todos e conseqüentes cumprimentos. Os valores "segurança" e "certeza" estariam preservados. A própria celeridade do Poder Judiciário estaria sendo reforçada.

Não se acredita, todavia, que a celeridade deva ser o ânimo primeiro e mais relevante para que se busque a uniformização da jurisprudência. Se assim procedêssemos, estaríamos, na verdade, abreviando o debate jurídico e, talvez, também, toda troca de idéias que lhe é paralela na sociedade.

Quando a força "vinculante" de uma súmula é alçada a fator determinante de sua observação, talvez, se esteja revelando que esta não é resultado de um debate anterior que tenha sido capaz de obter um mínimo de consenso. Uma súmula, mesmo que não vinculante, deveria ter a força resultante de quanto profundo foi o embate anterior de idéias. Se todos opinaram e tiveram seus argumentos considerados e rebatidos, provavelmente, estejam próximos do convencimento ou, do mínimo, da aceitação do entendimento predominante. No mínimo, todos reconheceriam alguma razoabilidade no resultado final de tal embate.

Não é abreviando ou simplificando os embates das idéias que se aperfeiçoará o funcionamento do Poder Judiciário. Neste sentido, é extremamente perigosa certa Proposta de "Comissão de Efetivi-

---

(24) CAPPELLETTI, Mauro. "Repudiando Montesquieu? A expansão e a legitimidade da justiça constitucional", in *Revista do Tribunal Regional Federal* 4ª, n. 40, 2001, p. 42.

dade" da AMB, Associação dos Magistrados Brasileiros, no sentido de que se *"5. permite o indeferimento da inicial com julgamento de mérito, quando o pedido estiver em confronto com súmula do STF, dos Tribunais Superiores ou do Tribunal a quem o recurso será interposto;"* ...[25]

A proposição antes mencionada terminou sendo apresentada como o Projeto de Lei n. 3.577, de 2004, do Deputado Federal Maurício Rands. Teve o acréscimo de que seja dada *"ciência à parte contrária."* Tramita, pois, no Congresso Nacional, e se constitui em tentativa busca da celeridade em nítido prejuízo da própria prestação jurisdicional, ferindo já o próprio acesso ao Judiciário.[26]

6. ACÓRDÃO E AÇÃO RESCISÓRIA

Expressamos em outro momento, bastante anterior, que as ações rescisórias, de modo incipiente, mas já visível, passavam a ser utilizadas com finalidades distintas das previstas originalmente.[27] Mecanismo excepcional, destinado a corrigir decisões judiciais claramente contrárias à literalidade da lei, entre outros, a ação rescisória não pode ser desvirtuada a ponto de servir como instrumento de disciplina judiciária. Como exemplo de tais exageros, comentávamos que chegou a existir proposição de que os *"fundamentos"* contrários à lei federal pudessem ensejar ação rescisória.[28]

O balizamento jurisprudencial em relação à ação rescisória deve ser necessariamente o contido na clara redação da Súmula n. 343 do STF, pela qual *"não cabe ação rescisória por ofensa à literal disposição de lei quando a decisão rescindenda se tiver baseado em texto legal de interpretação controvertida nos tribunais"*.[29]

---

(25) O texto de tal proposição foi consultado no *site* www.amb.com.br em 12 de outubro de 2004.

(26) Tal projeto encontra-se apensado ao PL n. 3.804/93, na CCJ da Câmara, com Parecer do relator, Paulo Magalhães, pela aprovação, conforme dados do Boletim AMB Informa, número 66, de 30 de setembro de 2004, p. 3.

(27) VARGAS, Luiz Alberto de. Coordenador, *Democracia e Direito do Trabalho*, São Paulo: LTr, 1995, p. 115, capítulo sob o título "Ação Rescisória, Violação Literal de Lei, Limites Objetivos".

(28) Ob. cit., p. 119, referindo-se ao art. 191 do Anteprojeto de Código de Processo do Trabalho, elaborado por Comissão do Tribunal Superior do Trabalho.

(29) Bem clara igualmente era a Súmula n. 134 do extinto TFR: *"Não cabe ação rescisória por violação de literal disposição de lei se, ao tempo em que foi prolatada a sentença rescindenda, a interpretação era controvertida nos tribunais, embora posteriormente se tenha fixado favoravelmente à pretensão do autor".*

O TST, entretanto, a despeito da clareza da súmula do Supremo Tribunal Federal, o TST, a pretexto de assegurar a disciplina judiciária, tem passado ao largo da mesma, exigindo das instâncias inferiores uma submissão a orientações sumulares, que ele mesmo tem dificuldade em praticar em suas decisões. Em dois relevantes temas, o TST não passou a acompanhar integralmente a as decisões do STF. Um deles é o relativo à base de cálculo do adicional de insalubridade, havendo, apenas recentemente, alguma diminuição da distância entre os entendimentos das duas Cortes, com a *"restauração"* do Enunciado 17 do TST, ao final de 2003.[30] Outro é o relativo às conseqüências da aposentadoria quanto à questionada *"extinção"* do contrato de trabalho, existindo inclusive liminares do STF, em Ações Diretas de Inconstitucionalidade.

Quanto às ações rescisórias, as súmulas e, no caso do TST, as Orientações Jurisprudenciais, de suas Sessões Especializadas, tem expressiva relevância.[31]

Muito significativa é a OJ n. 77[32] que procura delimitar o que pode ser considerado *"controverso"* ou não. Como se conclui de sua leitura, tal orientação jurisprudencial pretendeu que todas as orientações do TST consolidadas em Súmula ou OJ tornassem, com efeito automático, superados todos os entendimentos adotados em contrário. A partir dali, as decisões das instâncias inferiores passariam a ser atacáveis por meio de ação rescisória, se não as seguissem. Isso equivale a dizer que a inclusão de entendimento de Orientação Jurisprudencial constituiria um "decreto de irrazoabilidade" de toda a jurisprudência em contrário que se produzisse no País. E, portanto, o TST se permitia modificar/cassar sentenças transitadas em julgado que contrariassem suas orientações jurisprudenciais, ainda que estas não sejam do seu Pleno, mas somente de uma Sessão Especializada, SDI-1.

---

(30) O STF decidiu que a base de cálculo não pode ser o salário mínimo, já há bastante tempo, em 1998, conforme RE n. 236.96/MG — 1ª T. — Min. Sepúlveda Pertence, *in* DJU 20.11.1998, *in* LTr 62/1621.

(31) No tema do Recurso de Revista, a relevância do tema talvez seja ainda mais visível. Refira-se ao estudo de DUTRA, Milton Varela, *Revista TRT* da Quarta Região, Porto Alegre: número 30, p. 43, logo após a alteração do art. 896 da CLT, pela Lei n. 9.756, de 1998. Ali, estão mencionados os estudos, nem sempre convergentes, dos Juízes do Trabalho Cláudio Brandão, Bahia, Moreira de Luca, São Paulo, e Manoel Antonio Teixeira Filho, Paraná.

(32) SDI-II do TST n. 77: Ação rescisória. Aplicação do Enunciado n. 83 do TST. Matéria controvertida. Limite temporal. Data de inserção em Orientação Jurisprudencial do TST. (Inserido em 13.3.2002). A data da inclusão da matéria discutida na ação rescisória, na Orientação Jurisprudencial do TST, é o divisor de águas quanto a ser, ou não, controvertida nos Tribunais a interpretação dos dispositivos legais citados na ação rescisória.

Tal compreensão terminou por ser revogada, quanto aos seus efeitos e conseqüências, pela posterior OJ n. 118[33], que retomou o trilho do Enunciado n. 343 do STF, restringindo a possibilidade de ação rescisória à violação de lei — e não de súmula. De toda sorte, pode-se imaginar, exagerando os argumentos e esquecendo uma interpretação mais sistemática, que durante quase todo ano de 2002 e boa parte de 2003 toda decisão contrária a um Enunciado ou Orientação Jurisprudencial do TST poderia ter sido alvo de ação rescisória, ainda que não afrontasse diretamente algum dispositivo legal.

O Enunciado n. 83 do TST, por outro lado, com redação nova em 2003, passou a não admitir que resistam à ação rescisória os julgamentos em matéria controversa, quando tratarem de tema constitucional.[34] Assim, em matéria constitucional, o TST reconhece a suas próprias decisões, um caráter vinculante que o próprio STF não atribui a seus próprios acórdãos.[35]

Assinale-se, para não assustar o leitor mais preocupado, que, todavia, a Súmula n. 343 do STF permanece inalterada e não tem esta ressalva. Toda matéria controversa na jurisprudência pode resistir à ação rescisória.

A combinação destes entendimentos jurisprudenciais antes mencionados, OJ n. 77 e Enunciado n. 83, ambos do TST, se adotados em sua literalidade, sem a observação do pensamento do STF, levaria a que as decisões de VTs e TRTs deveriam prever antecipadamente qual viria a ser o entendimento do TST, tratando-se de matéria constitucional. Repita-se, tais decisões deveriam buscar adivinhar o posicionamento futuro da mais alta corte trabalhista, sob pena de serem alvo fácil de ações rescisórias.

7. CELERIDADE COM PRESERVAÇÃO DA PRESTAÇÃO JURISDICIONAL

Diversa é a situação do art. 557 do CPC, com redação de 1998. Ali, o relator poderá negar seguimento ao recurso se perceber ser

---

(33) SDI-II do TST n. 118. Ação rescisória. Expressão "lei" do art. 485, V, do CPC. Indicação de contrariedade à súmula ou orientação jurisprudencial do TST. Descabimento. DJ 11.8.2003 — Parágrafo único do art. 168 do Regimento Interno do TST. Não prospera pedido de rescisão fundado no art. 485, inciso V, do CPC, com indicação de contrariedade a súmula, uma vez que a jurisprudência consolidada dos tribunais não corresponde ao conceito de lei.

(34) Muitos têm argumentado ser duvidosa a utilidade de que os Tribunais Superiores, exceto o STF, editem súmulas de jurisprudência em matéria constitucional.

(35) O Juiz do TRT do Rio de Janeiro, José Nascimento Araújo Neto, aponta que a idéia de súmula vinculante "colide com o controle difuso da constitucionalidade das leis, típico do nosso sistema", Boletim da Amatra do Rio de Janeiro, "No Mérito", número 32, janeiro/agosto de 2004, p. 14.

"manifestamente inadmissível, improcedente, prejudicado ou em confronto com súmula ou com jurisprudência dominante do respectivo tribunal, do Supremo Tribunal Superior ou de Tribunal Superior". Tem-se, já, de algum modo, a súmula impeditiva de recurso.

Nesta situação do art. 557, existe, sim, uma apreciação judicial do caso e confrontação deste com a jurisprudência dominante. Nem o juiz viu-se constrangido a aplicar um entendimento que não seja o seu e tampouco deixou de fazer o exame sobre a possível existência de peculiaridades novas no caso, o que levaria para uma decisão diversa das súmulas existentes.

Neste caso, não se percebe alguma decisão judicial com ausência de motivação. Esta crítica não pode ser lançada à utilização desta nova norma. Medite-se sobre certa cautela, existente no próprio texto legal. No parágrafo primeiro, na hipótese inversa, ou seja, provimento ao recurso quando a decisão recorrida for colidente com a súmula, foi utilizada a palavra *"poderá"*. Até o momento, não vingou alguma tese sobre eventual direito adquirido da parte que teria a vantagem com a aplicação destas normas, como lembra *Silvio Nazareno Costa*.[36]

Igualmente inovadora e positiva é a disposição, mais recente, do § 3º do art. 515 do CPC. Agora, *"Nos casos de extinção do processo sem julgamento do mérito (art. 267), o tribunal pode julgar desde logo a lide, se a causa versar questão exclusivamente de direito e estiver em condições de imediato julgamento (Parágrafo acrescido pela Lei n. 10.352, de 26.12.2001)".*

Não se percebe, também aqui, em tese, nenhuma insuficiente prestação jurisdicional. O primeiro grau já teve apreciado o caso, ainda que sobre certos limites. O segundo grau, estará apreciando-o por inteiro, neste segundo momento. Não se acompanha a injustificada resistência à aplicação mais ampla possível desta norma.[37]

Recorde-se que na Reforma do Poder Judiciário, em um dos Sub-Relatórios, que antecederam o Relatório do então Deputado Federal Aloysio Nunes Ferreira, de autoria do Deputado Federal José

---

(36) COSTA, Silvio Nazareno. *Súmula Vinculante e Reforma do Judiciário*, Rio de Janeiro: Forense, 2002, p. 168.

(37) Em Seminário realizado pela AMATRA-RS, Associação dos Magistrados do Trabalho no Rio Grande do Sul, no primeiro semestre de 2004, teve-se conhecimento dos estudos do Juiz de Minas Gerais, Luis Ronan Neves Koury, sendo lembrado, entre outros, o texto de *Estêvão Mallet*, na Revista LTr, número 67-02/137, os quais saúdam esta inovação legislativa.

Roberto Batoquio, constou que *"ao reformar decisão o tribunal deve resolver o mérito, mesmo que a decisão recorrida se tenha omitido sobre as alegações das partes ou seja nula, ressalvada a necessidade de produzir-se prova".*

8. CONSIDERAÇÕES GERAIS

Repete-se que o julgamento de primeiro grau e o realizado pelos tribunais têm funções diversas. Cada um tem um relevante papel a cumprir. A preservação e aprimoramento de ambos são necessários.

Bem diverso é o tema da unificação de jurisprudência. Ainda outra é a função da própria lei.

Neste quadro, a criação jurisprudencial concentrada nas instâncias superiores arrosta o sério risco da extrapolação dos limites constitucionais dos poderes do Judiciário,[38] uma vez que o juiz torna-se um legislador sem controle legislativo e um julgador sem revisão judicial. Tais riscos estão presentes em todas os mecanismos de controle concentrado de constitucionalidade e, especialmente, em caso de adoção do instituto da Súmula Vinculante.

Sebastião Vieira Caixeta, Procurador do Trabalho da 10ª Região, salienta que *"a jurisdição política constitucional vem sendo paulatinamente transferida da base para o ápice do Poder Judiciário",* caracterizando um *"quadro concentrador",* com *"vasta repercussão sobre a organização judiciária brasileira e o acesso ao Judiciário".*[39]

Equivocadamente se associa a Súmula Vinculante à idéia de agilização do processo, quando esta não representa um efetivo instrumento de aperfeiçoamento do processo. Comparando-se a proposta à da instituição de uma Súmula Impeditiva de Recurso[40], verifica-se que esta última além de mais eficiente do ponto de vista da agilização processual, não oferece qualquer dano à independência e à criatividade jurisprudenciais.

---

(38) MACIEL, Cláudio Baldino, na condição de Presidente da AMB, Associação dos Magistrados Brasileiros, manifestou-se neste sentido, Folha de São Paulo, 11 de julho de 2004, havendo notas também no *site* desta Associação www.amb.com.br.

(39) Revista do Tribunal Regional do Trabalho da 10ª Região, Brasília: número 12, 2004, pp. 98/125, aqui, referidas as páginas 120, 121 e 122.

(40) Proposta apresentada pela AMB e ANAMATRA à Reforma do Judiciário. Os sites destas Associações são, respectivamente, www.amb.com.br e www.anamatra.org.br A AJURIS, na verdade, talvez tenha sido a primeira associação a apresentar tal proposição (www.ajuris.org.br).

A insistência dos Tribunais Superiores com a proposta de Súmula Vinculante somente pode ser compreendida porque, em realidade, muito mais do que um expediente de pacificação da jurisprudência ou de agilização do processo judicial, constitui-se em mecanismo de concentração de poder na cúpula do Poder Judiciário.

Entre nós, *Lenio Luiz Streck* salientou os riscos das decisões que se limitem a citar esta ou aquela súmula, *"descontextualizadas"*. Ter-se-iam, nestes casos, decisões que *"embora fundamentadas, não são suficientemente justificadas"* porque *"não são agregados aos ementários jurisprudenciais os imprescindíveis suportes fáticos"*. [41]

Retornando aos ensinamentos do Presidente do Tribunal Constitucional da Itália, *Zagrebelski*, afirma-se a relevância de bem observar *"as exigências do caso na interpretação do direito"*. O mesmo estudioso do direito constitucional atual, acrescenta que tais exames *"não excluem, por completo, a possibilidade que, em determinados momentos históricos, existam movimentos individuais da jurisprudência, de rompimento com o seu contexto geral, e que mereçam o mais alto apreço e respeito. A independência material garantida aos juízes permite que a sua adesão ao contexto espiritual geral em que operam deva ser voluntária, mas não imposta. Tal adesão é considerada livre do ponto de vista subjetivo e ocorrerá de acordo com as condições que cada juiz entender de colocar a si mesmo"*.[42]

Assim, pode-se dizer que, na função de sintetizar a jurisprudência proveniente das instâncias inferiores, os Tribunais têm a difícil missão de executar tal tarefa sem restringir demasiadamente o espaço decisional dos juízes de primeiro grau, nem consolidar orientações tão rígidas que inviabilizem sua adaptação às constantes mutações da vida social.

Estaríamos, no primeiro caso, diante de uma restrição à independência judicial. No segundo, diante de uma decisão que, pelo decurso do tempo, tornar-se-ia socialmente ineficaz. Em ambos os casos, o jurisdicionado seria o grande prejudicado.

Antes de saber-se da força vinculante ou não das súmulas, impõe-se bem identificar quais súmulas são desejadas, pela sociedade, e, dentre estas, quais são possíveis, em razão do embate jurídico efetivamente existente.

---

(41) STRECK, Lenio Luiz. *Súmulas no Direito Brasileiro — Eficácia, Poder e Função*, Porto Alegre: Livraria Editora do Advogado, 1998, p. 274 e 275.

(42) ZAGREBELSKI, Gustavo, no texto antes citado, p. 42 e 47. Outro estudo do mesmo autor é "Derecho Dúctil", cujo título em italiano é "Diritto Mitte", o qual propiciou intenso debate na lista via internet da ANAMATRA no ano de 2003, entre outros.

O PAPEL DA ASSISTÊNCIA JUDICIÁRIA PARA A EFICÁCIA DOS DIREITOS SOCIAIS

Luiz Alberto de Vargas e Ricardo Carvalho Fraga (*)

INTRODUÇÃO[(1)]

Objetiva o presente trabalho enfatizar a importância do livre acesso ao Poder Judiciário, como uma das mais importantes garantias de efetivação dos direitos sociais, prevista, inclusive, na Constituição da República.

Busca-se, ao mesmo tempo, refletir sobre as limitações que as normas atuais e uma interpretação pouco compatível com as garantias constitucionais impõem ao livre acesso ao Judiciário Trabalhista, especialmente no que concerne à inexistência de honorários sucumbenciais e às restrições à ampla concessão da Assistência Judiciária Gratuita.

DIREITOS SOCIAIS: A LUTA PELA EFICÁCIA

Assiste-se, em nossos dias, a crescente expansão e consolidação dos direitos humanos, consagrados nas Constituições dos países do todo mundo, fruto de um processo evolutivo civilizatório,

---

(*) Juízes do Trabalho, ambos, sendo o primeiro *Doutorando* perante a Universidade Pombeu Fabra, Barcelona.

(1) Quando da realização deste trabalho, publicado por primeira vez na Revista HS, Porto Alegre, número 230, de fevereiro de 2.003, ainda não havia sido publicado o texto de *Jorge Luiz Souto Maior*, mesma Revista, número 232, de abril de 2.003. Neste estudo, o referido Juiz do Trabalho diz que "por todos estes argumentos, é forçoso concluir que já passou da hora do Judiciário Trabalhista reformular o entendimento, inconstitucional, diga-se de passagem, de que na Justiça do Trabalho só incide o princípio da sucumbência quando o reclamante estiver assistido por sindicato ...". Tal incoerência ficou ainda mais visível quando da Instrução Normativa n. 27, de 16 de fevereiro de 2005 do TST. Ali foram dispostas as normas procedimentais em decorrência da EC n. 45 e no seu artigo quinto consta que os honorários advocatícios são devidos pela mera sucumbência "exceto nas lides decorrentes da relação de emprego".

que crescentemente consolidou a compreensão de que a finalidade precípua das instituições sociais deve ser garantida a todos os cidadãos a livre fruição dos direitos humanos.

A todo ser humano tem sido, cada vez mais, reconhecido o direito de exigir dos Estados a efetivação de um conjunto de medidas que, em última análise, assegurem a eficácia dos direitos fundamentais formalmente reconhecidos nos tratados internacionais e nos ordenamentos jurídicos nacionais. O variado espectro de direitos reconhecidos alcança desde os chamados direitos políticos clássicos (direito à vida, à liberdade, à integridade física, inviolabilidade do domicílio etc.), passando pelos direitos de participação (a votar e ser votado, direito de reunião e de associação etc.) e chegando aos direitos sociais (direitos individuais e coletivos dos trabalhadores, direitos do consumidor, direitos à proteção social etc.).[2] Em conceito cada vez mais aceito, o progresso de um país deve ser medido, não pela riqueza que acumula, mas pela apropriação do conjunto dos direitos humanos por parte da maioria da população.[3]

Tais avanços não foram logrados pacificamente, mas em meio à intensa luta, teórica e prática, em que contendem versões bastante distintas a respeito do papel do Estado e das políticas públicas que visam promover a igualdade. Ante o fato incontestável de que não se garante à maior parte da população mundial condições mínimas de existência digna, todo o debate a respeito de direitos humanos pode parecer inconsistente e acadêmico, desligado de uma dura realidade que parece desconhecer as boas intenções dos teóricos.

Tal debate, entretanto, não é, absolutamente, em vão. Muito percorreu-se até consolidar-se o entendimento sobre a aplicabilidade direta das normas constitucionais, especialmente as que contêm direitos fundamentais.[4] Da mesma forma a vinculação dos particulares às normas de ordem pública enfrentou a dura oposição dos liberais, tributários de uma longa tradição que associa os direitos humanos apenas aos conceitos negativos da liberdade.[5] Por fim, relati-

---

(2) Os autores costumam classificar os direitos humanos em três gerações ou dimensões. De todo modo, conforme a Declaração de Viena, 1993, os direitos humanos são "universais, indivisíveis, interdependentes e inter-relacionados".

(3) A esse respeito, é interessante constatar-se a importância cada vez maior do chamado Índice de Desenvolvimento Humano (IDH), que procura medir o progresso dos países através do acesso dos cidadãos aos serviços básicos, como educação, saúde, habitação, etc.

(4) ENTERRÍA, Eduardo García de. *La Constitución como norma y el Tribunal Constitucional*, Civitas, Madrid, 1985, p. 20.

(5) A idéia da eficácia dos direitos constitucionais frente aos particulares deriva da doutrina alemã (*"Drittwirung"* ou eficácia horizontal). ALEXY, Robert. "Teoría de los derechos fundamentales". Centro de Estudios Constitucionales, Madrid, 1997, p. 513.

vamente aos direitos sociais, por muito tempo, negou-se aos mesmos o *status* de direitos fundamentais.[6] Além disso, por serem promocionais da igualdade, foi preciso vencer a resistência a considerá-los "verdadeiros direitos", mais do que simples recomendações ao Administrador Público.[7]

A Constituição brasileira consagrou extensa gama de direitos sociais, a princípio, elencados nos arts. 6º e 7º e, mais adiante, desenvolvidos por normas inequívocas, como, por exemplo, o direito à saúde e à educação. Tais normas podem ser exemplificadas como o "direito de todos e dever do Estado" (arts. 196 e 205) ou o conjunto de artigos destinados a sustentar o direito à previdência social (arts. 201 e 202). Da mesma forma, há uma série de direitos trabalhistas, em geral contidos no art. 7º da Carta Magna, onde consta, por exemplo, a proteção contra a despedida imotivada, o direito ao seguro-desemprego, a igualdade entre trabalhadores urbanos e rurais, o direito ao salário mínimo, o direito da gestante à licença-maternidade, direito à duração de trabalho não superior a oito horas diárias ou quarenta e quatro semanais etc.

Não foram poucas as vozes que se levantaram contra o caráter detalhado da Carta Constitucional, especialmente no que tange aos direitos sociais. Por outro lado, malgrado o contido no § 1º do art. 5º da Constituição Federal, que assegura efetividade imediata às normas constitucionais, persiste a oposição à aplicação direta dos di-

---

(6) "Os direitos sociais englobam, de um lado, o direito ao trabalho e os diferentes direitos do trabalhador assalariado; de outro lado, o direito à seguridade social (saúde, previdência e assistência social), o direito à educação; e, de modo geral, como geral, "o direito de toda pessoa a um nível de vida adequado para si próprio e sua família, inclusive à alimentação, vestimenta e moradia adequadas, assim como a uma melhoria contínua de suas condições de vida" (Pacto Internacional sobre Direitos Econômicos, Sociais e Culturais de 1966, art. 11) (...) Tal como na Constituição mexicana de 1917, os direitos trabalhistas e previdenciários são elevados ao nível constitucional de direitos fundamentais (art. 157 e ss). (COMPARATO, Fábio Konder. *A afirmação histórica dos Direitos Humanos*. Saraiva, São Paulo, 2001, pp. 62 e 201).

(7) Para o pensamento kelseniano, "não há direito subjetivo em relação a uma pessoa sem o correspondente dever jurídico de outra". Para *Ferrajoli*, no entanto, nada autoriza concluir que tecnicamente os direitos sociais não possam ser garantidos do mesmo modo que os demais direitos, a pretexto de que todos os atos requeridos para sua satisfação seriam inevitavelmente discricionais, não formalizáveis e não suscetíveis de controle e coerções jurisdicionais. Deve-se buscar as razões da não efetividade dos direitos sociais, portanto, no âmbito da vontade política — e não da impossibilidade técnico-jurídica". (FERRAJOLI, Luigi. *Derechos y garantías, la ley del más debil*. 1999, Editorial Trotta, Madrid, p. 109). A esse respeito, também, COMPARATO, Fábio Konder. "O papel do juiz na efetivação dos Direitos Humanos", *in* — "AJD ASSOCIAÇÃO JUÍZES PARA A DEMOCRACIA. Direitos Humanos — visões contemporâneas". AJD, 2001, São Paulo, p. 25.

reitos trabalhistas contido no art. 7º da Carta de 1988. Da mesma forma, em diversas ocasiões, propôs-se a revogação do art. 7º ou, pelo menos, a mitigação dos direitos ali contidos através do procedimento de negociação coletiva.

Tal fato apenas demonstra que a implementação dos direitos sociais ainda é um processo em curso, em que as mesmas forças que resistiram ao seu reconhecimento constitucional, hoje se opõem à sua efetivação.[8]

Neste trabalho procura-se analisar outra faceta da mesma oposição, aos direitos sociais; porém, esta de natureza prática, ou seja, a inviabilização do exercício do direito através das restrições ao livre acesso do cidadão ao Poder Judiciário.[9]

É necessário, para tanto, antes de tudo, situar o livre acesso ao Judiciário como uma das mais importantes garantias dos direitos fundamentais.

AS GARANTIAS DOS DIREITOS FUNDAMENTAIS

A efetividade do processo constitui, ele mesmo, um direito fundamental, "posto que dela depende a própria garantia de proteção judiciária, o que faz com que os meios de tutela devam ser adequados e hábeis para de fato pacificar os conflitos e realizar a justiça".[10]

Conforme *Juarez Freitas*, da adoção, entre nós, do sistema de jurisdição única (cláusula pétrea da Constituição Federal brasileira) decorre o "amplo e irrenunciável direito de acesso à tutela jurisdicional como uma espécie de contrapartida lógica a ser profundamente

---

(8) Conforme *Bobbio*, o problema maior não é tanto a elaboração e a enunciação dos Direitos Sociais, hoje, mais o de sua efetivação: "O importante não é fundamentar os direitos do homem, mas protegê-los". BOBBIO, Norberto. *A Era dos Direitos*, Editora Campus, Rio de Janeiro, 1992, p. 37.

(9) A partir do pós-guerra, "a consagração constitucional dos novos direitos econômicos e sociais e sua expansão paralela à do Estado do Bem-Estar transformou o direito ao acesso efetivo à justiça num direito charneira, um direito cuja denegação acarretaria a de todos os demais. Uma vez destituídos os mecanismos que fizessem impor o seu respeito, os novos direitos sociais e econômicos passariam a meras declarações políticas, de conteúdo e função mistificadores" (SOUZA SANTOS, Boaventura. *O Acesso à Justiça, in* Associação dos Magistrados Brasileiros, *Justiça: promessas e realidade*, Editora Nova Fronteira, Rio de Janeiro, 1996, p. 406).

(10) SAMPAIO SILVA, Clarissa. "A efetividade do processo como um direito fundamental: o papel das tutelas cautelar e antecipatória" *in* GUERA FILHO, Willes Santiago (coordenador), *Dos Direitos Humanos aos Direitos Fundamentais*, Livraria do Advogado, Porto Alegre, 1997, p. 184.

respeitada, devendo ser proclamado este outro vetor decisivo no processo de interpretação constitucional: na dúvida, prefira-se a exegese que amplie o acesso ao Judiciário (...)".[11]

Embora não se possa reduzir toda a efetividade dos direitos fundamentais — e dos direitos sociais em particular — à sua judiciabilidade[12], não resta dúvida de que incumbe ao Estado, através do Poder Judiciário, tutelar os interesses protegidos contidos nas normas legais, assegurando sua efetiva realização.

Tal tutela, conforme *Albuquerque Rocha*, se faz através da *garantia*, ou seja, da "técnica destinada a realizar, na prática, o direito, no caso de sua violação".[13] O próprio direito material está indissoluvelmente associado aos meios de sua instrumentalização e às garantias de eficiência dos mesmos.[14] É a própria Declaração dos Direi-

---

(11) FREITAS, Juarez. *O intérprete e o poder de dar vida à Constituição*, Malheiros, São Paulo, 2001, p. 235.

(12) A esse respeito, Comparato, ob. cit., p. 58.

(13) ALBUQUERQUE ROCHA, José. *Estudos sobre o Poder Judiciário*, Malheiros Editores, São Paulo, p. 60. Assim, "a ordem jurídica realiza sua tarefa de proteger os interesses existentes na sociedade de dois modos essenciais. Inicialmente, o ordenamento jurídico cumpre sua missão de tutela dos interesses, escolhendo na massa indiferenciada desses interesses aqueles que, segundo o sistema de valores correspondentes às forças sociais dominantes em um dado momento histórico, são considerados os mais convenientes à estabilidade e à reprodução de uma dada forma de organização social. O ordenamento jurídico concretiza essa forma inicial de proteção dos interesses através das normas que *atribuem* direitos (poderes, faculdades, pretensões) aos seus titulares e impõe os correspondentes deveres aos que são obrigados a satisfazê-los. É a fase que poderíamos chamar de *reconhecimento* dos interesses. Na generalidade dos casos, as pessoas aceitam as normas jurídicas atributivas de direitos e deveres como pautas de suas condutas. No entanto, ocorrem situações em que os indivíduos deixam de observar as normas de direito, violando, portanto, os interesses por elas reconhecidos e protegidos e, por conseqüência, provocando aquilo que a sociologia jurídica chama de conflito de interesses jurídicos. O fenômeno dos conflitos de interesses é comum nas soiedades onde predomina o sistema de apropriação privada da riqueza socialmente produzida por ser gerador de competição econômica entre os agentes socais, sem dúvida, uma das principais causas dos conflitos. Eclodindo o conflito, o mero reconhecimento dos interesses pela lei ou pela Constituição não é suficiente para restaurá-los já que a simples proclamação dos direitos pelas normas não tem o poder mágico de assegurar sua concreta realização. Diante disso, aparece a necessidade de inventar uma nova técnica capaz de tornar certa a realização concreta dos direitos na eventualidade de sua lesão. A essa nova técnica destinada a realizar, na prática, o direito, no caso de sua violação dá-se o nome de *garantia*. Assim, a garantia é o nome técnico que se dá ao mecanismo finalizado à restauração do direito nos casos de sua lesão ou ameaça de lesão. (...) Resumindo tudo, pode-se dizer que a garantia é o instrumental idôneo a assegurar a observância coativa das normas atributivas de direitos violados ou ameaçados de violação", (ALBUQUERQUE ROCHA, ob. cit. p. 59-60).

(14) CARDOSO, Luciane. "Acesso à Justiça no Brasil: do movimento de acesso à Justiça" in *Anais do X Encontro Regional dos Magistrados do Trabalho do Rio Grande do Sul*, HS Editora, Porto Alegre, 1996, p. 28.

tos Humanos e do Cidadão, em seu art. 16, proclama: "Toda sociedade na qual a garantia dos direitos não é assegurada, nem a separação dos poderes determinada, não tem Constituição".

Para *Canotilho*, "garantia" é o meio processual (judicial, administrativo ou mesmo material) adequado para a defesa dos direitos.[15] Há de se distinguir as garantias formais das instrumentais ou processuais. Conforme *Vicente Grecco*, os *garantias formais* são "aquelas que, sem definir o conteúdo do direito, asseguram a ordem jurídica, os princípios da juridicidade, evitando, o arbítrio, balizando a distribuição dos direitos em geral (por exemplo, o princípio da legalidade — *Ninguém será obrigado a fazer ou deixar de fazer alguma coisa senão em virtude de lei* — ou o da isonomia ou igualdade — *Todos são iguais perante a lei*). Já as *garantias instrumentais ou processuais* são "as disposições que visam assegurar a efetividade dos direitos materiais e das garantias normais, cercando, por sua vez, sua aplicação de garantias; sendo exemplos, as garantias do processo, como o da ampla defesa, a instrução contraditória etc. [16]

Assim, a garantia de proteção judicial constitui a "garantia das garantias constitucionais" e esta "há de ser eficaz, sob pena de haver denegação de jurisdição".[17] As garantias judiciais surgem a partir do instituto inglês do *habeas corpus* (1679), usado para proteger a liberdade de locomoção, tornando-se a matriz de todas as garantias posteriores, criadas para a proteção de outras liberdades fundamentais.[18]

Em se tratando de tratando de direitos fundamentais, estes merecem, nos ordenamentos jurídicos em geral, uma garantia reforçada.[19] Conforme *Marc Carrillo*, a força normativa das normas constitucionais que asseguram direitos fundamentais e liberdades públicas é plena, pois é exigível diretamente ante juízes e tribunais.[20]

---

(15) CANOTILHO, J. J. Gomes. *Constituição da República Portuguesa Anotada*, Coimbra Editora, 2ª edição, 1984).

(16) Vicente Grecco Filho, *Tutela Constitucional das Liberdades*, São Paulo, Saraiva, 1989, p. 39. citado em ALMEIDA, Fernando Barcellos de. *Teoria Geral dos Direitos Humanos*, Sergio Antônio Fabris Editor, Porto Alegre, 1996, p. 36.

(17) SAMPAIO SILVA, Clarissa, ob. cit., p. 183.

(18) COMPARATO, ob. cit., p. 84.

(19) Assim, por exemplo, na Espanha, o art. 7 da Lei Orgânica do Poder Judiciário estabelece que os direitos e liberdades fundamentais previstos no Capítulo II del Título I da Constituicão "vinculan, en su integridad, a todos los jueces y Tribunales y están garantizados bajo la tutela efectiva de los mismos".

(20) "La fuerza normativa de la Constitución es plena cuando se proyecta sobre los derechos fundamentales y libertades públicas; ya no es um simple punto de referencia o parâmetro de interpretación de las leyes, sino que sin perjuicio de ello la Constitución es la *norma normarum* directamente exigible ante los jueces yu tribunales". (CARRILLO, Marc. "La tutela de los derechos fundamentales por los Tribunales ordinarios". Boletín Oficial del Estado-Centro de Estudios Constitucionales, Madrid, 1995, p. 33).

Tal garantia reforçada não contempla apenas as garantias formais, mas deve se estender também às garantias processuais ou instrumentais. Entre estas destaca-se a de permitir ao cidadão o livre acesso ao Poder Judiciário.

O LIVRE ACESSO AO JUDICIÁRIO COMO GARANTIA PROCESSUAL

Conforme *Cappelletti*, "o acesso não é apenas um direito social fundamental, crescentemente reconhecido; ele é, também, necessariamente, o ponto central da moderna processualística. Seu estudo pressupõe um alargamento e aprofundamento dos objetivos e métodos da moderna ciência jurídica".[21]

O livre acesso implica tanto que o sistema judiciário seja igualmente acessível a todos quanto que produza resultados, individual ou coletivamente, justos.[22] Assim, a preocupação central deverá ser, não tanto com as garantias processuais clássicas, que assegurem a possibilidade formal de acesso ao Judiciário, mas sim a criação de instrumentos que permitam que as partes estejam, mais do que em igualdade jurídica, mas também em igualdade técnica e econômica.[23]

Seguindo o pensamento de *Cappelletti*, o acesso à Justiça constitui, hoje, um movimento mundial, que pode, graficamente, se resumir em três fases (ou ondas) distintas[24]:

— a primeira onda, preocupou-se com a assistência judiciária para os pobres;

— a segunda onda representou a mudança das regras tradicionais do processo civil para a tutela dos interesses coletivos e difusos;

---

(21) CAPPELLETTI, M. e GARTH, B. *Acesso à Justiça.* Sérgio Antônio Fabris Editor, Porto Alegre, 1998, p.13.
(22) "A problemática do acesso à Justiça não pode ser estudada nos acanhados limites do acesso aos órgãos judiciais já existentes. Não se trata apenas de possibilitar o acesso à Justiça enquanto instituição estatal, e, sim de viabilizar o acesso à ordem jurídica justa (WATANABE, Kazuo. "Acesso à Justiça e Sociedade Moderna", *in Participação e Processo*, p.128, Revista dos Tribunais, 1988). "Não tem acesso à justiça aquele que sequer consegue fazer-se ouvir em juízo, como também todos os que, pelas mazelas do processo, recebem uma justiça tardia ou alguma injustiça de qualquer ordem" (DINAMARCO, Cândido Rangel. *A reforma do Código de Processo Civil.* São Paulo, Malheiros, 1995).
(23) GRINOVER, Ada Pellegrini. *As garantias constitucionais do direito de ação*, Revista dos Tribunais, São Paulo, 1973, p. 13-4.
(24) CAPPELLETTI, ob. cit.

— a terceira onda seria a etapa das reformas dos códigos existentes em função da necessidade de um enfoque de justiça mais efetiva.

Por sua vez, *Boaventura Souza Santos* aponta três tipos de obstáculos à Justiça: econômicos, sociais e culturais.[25]

Relativamente aos obstáculos sociais e culturais, releva destacar que, modernamente, tem se entendido da insuficiência da tradicional assistência judiciária, que se limita ao apoio judiciário[26], assim entendido o patrocínio gratuito e a dispensa das despesas processuais, mas abrange hoje "toda a assistência jurídica pré-processual, a começar pela informação, com a correlata tomada de consciência, passando pela orientação jurídica (complementada, quando necessário, por outros tipos de orientação), pelo encaminhamento aos órgãos competentes e culminando finalmente, na assistência judiciária propriamente dita".[27]

Quanto aos obstáculos econômicos, conforme *Boaventura Souza Santos*, estes atingem aos desfavorecidos de forma tripla:

a) nas sociedades capitalistas em geral os custos da litigação são muito elevados;

b) a relação entre o valor da causa e o custo da litigação aumenta à medida que baixa o valor da causa;

c) a lentidão dos processos facilmente se converte em um custo econômico adicional e este é proporcionalmente mais gravoso para os cidadãos de menos recursos.[28]

Interessa, dentro dos limites deste trabalho, analisar apenas os obstáculos econômicos (ou os fatos relativos à primeira onda do movimento do livre acesso, como diz *Cappelletti*). Ou seja, partir da constatação de que, "em face das diferenças fundamentais entre os homens, a que se reúne o custo da demanda", nem sempre o exercí-

---

(25) SOUZA Santos, ob. cit., p. 406.

(26) Nos termos da Constituição Portuguesa, "apoio judiciário compreende a dispensa, total ou parcial, de preparos e do pagamento de custas, ou o seu deferimento, assim como do pagamento dos serviços de advogado ou solicitador" (art. 15º, n. I).

(27) "Conquanto a assistência *judiciária* deva ser havida como atividade dinamizada perante o Poder Judiciário, a assistência *jurídica,* ligada à tutela de direitos subjetivos de variados matizes, porta fronteiras acentuamente dilargadas, compreendendo, ainda, atividades técnico-jurídicas nos campos da prevenção, da informação, da consultoria, do aconselhamento, do procuratório extrajudicial, e dos atos notariais. (PEÑA DE MORAIS, Humberto. "Democratização do acesso à Justiça. Assistência Jurídica e Defensoria Pública", in *Associação dos Magistrados Brasileiros, Justiça: promessas e realidade,* Editora Nova Fronteira, Rio de Janeiro, 1996, p. 356).

(28) SOUZA SANTOS, ob. cit., p. 407.

cio do direito de ação "se oferece acessível ao alcance do corpo social, máxime dos despossuídos de recursos financeiros, senão através de órgãos instituídos e mantidos pelo Estado, no desempenho do dever-função de atribuir a cada qual o que lhe pertence".[29] A despeito da importância da assistência jurídica integral, como previsto na Constituição Federal (art. 6º, LXXIV), limitar-nos-emos, doravante, à assistência judiciária.

A ASSISTÊNCIA JUDICIÁRIA — ENTENDIMENTO MODERNO

Embora a assistência judiciária aos necessitados existisse desde a Idade Média, foi no século XX que esta se elevou à garantia constitucional em inúmeros países, tornando-se importante instrumento de viabilização e democratização do acesso ao Judiciário.[30]

No Brasil, ao tempo que tiveram vigência as leis portuguesas, o instituto da assistência judiciária era aplicado como previsto nas Ordenações Filipinas. Sucessivas legislações nacionais trataram da matéria até chegarmos à Constituição Federal de 1946, que, em seu art. 141, § 35 estabeleceu que "o poder público, na forma que a lei estabelecer, concederá assistência judiciária aos necessitados".[31] Chama-se atenção para o contido no art. 514 da Consolidação das Leis do Trabalho, de 1943, que atribui aos sindicatos a obrigação de manter serviços de assistência judiciária para seus associados, assim como os arts. 782 e 789, § 7º, que tratam da justiça gratuita.

Ainda em vigor, a Lei Federal de 05.02.1950 assegura assistência judiciária ao necessitado, assim considerado "aquele cuja si-

---

(29) PEÑA DE MORAIS, ob. cit., p. 334.

(30) Constituição Portuguesa, de 02.4.1976, art. 20; Constituição Espanhola, de 31.10.1978, art. 119; Constituição da República Italiana, 1948, art. 24); Constituição Uruguaia, de 24.8.1966, art. 254; Constituição Paraguaia, maio/92, art. 17; Lei Fundamental do Suriname, de 31.10.1987, art. 12; Japão, 3.11.1946, art. 37; Constituição da Coréia, de 12.7.1948, art. 12; Constituição das Filipinas, de 15.10.1986, art. III seção 11; Constituição da Guiné-Bissau, art. 30; Constituição de Cabo Verde, 12.1.1981, art. 29º; Constituição de Zâmbia, 1967;

(Embora sem o *status* constitucional", o instituto da assistência jurídica aos necessitados é acolhido na Inglaterra (*Legal Aid Act*, de 1974), Suíça, Malta, Suécia, Estados Unidos, México, Panamá, Cuba, Austrália e Nova Zelândia (PEÑA DE MORAIS, ob. cit., p. 336-351).

(31) Uma evolução histórica do instituto da assistência judiciária no Brasil em RIBEIRO LOPES, Maurício Antônio. "Garantia de Acesso à Justiça: Assistência Judiciária e seu Perfil Constitucional", capítulo na obra *Garantias Constitucionais do Processo Civil*, Editora Revista dos Tribunais, 1999, p. 77-86.

tuação econômica não lhe permita pagar as custas do processo e os honorários de advogado, sem prejuízo do sustento próprio ou da família" (art. 2º).

Chega-se à Constituição de 1988, que dispõe no art. 5º, LXXIV, que "o Estado prestará assistência jurídica integral e gratuita aos que comprovarem insuficiência de recursos". Já o art. 134, ao tratar da Defensoria Pública, atribui a esta a "orientação jurídica e a defesa, em todos os graus dos necessitados, na forma do art. 5º, LXXIV".

Dois pontos, aqui, merecem ser destacados: primeiro, a norma do art. 5º constitui-se uma garantia constitucional prevista no capítulo dos direitos individuais, verdadeiro "direito subjetivo público", que se fundamenta nos princípios da solidariedade social e da isonomia, ambos agasalhados pela Carta Magna.[32] Segundo, o texto constitucional destaca a assistência jurídica integral, claramente situando-se em um conceito mais moderno que, como já se fez referência, não se limita ao simples apoio judiciário. Terceiro, o legislador constitucional, não apenas instituiu a garantia, mas também atribuiu a determinado órgão estatal a missão de torná-la efetiva. Mais ainda, constituiu a assistência judiciária em "atividade estatal essencial ao exercício da função jurisdicional".[33]

Apesar da clara intenção do legislador de assegurar a efetiva assistência jurídica a todo cidadão brasileiro, é notória a insuficiência e o desaparelhamento material das poucas Defensorias Públicas criadas nos Estados da Federação, frustrando-se a expectativa social criada a partir da Carta de 1988.

Reconhecendo tal situação deficitária, o próprio Supremo Tribunal Federal, ao examinar esta demora no atendimento no disposto no art. 134 da Carta Magna, sendo Relator o Ministro Sepúlveda Pertence, manifestou-se no sentido da subsistência do art. 68 do Código de Processo Penal, pelo qual "Quando o titular de direito à reparação do dano for pobre (art. 32, §§ 1º e 2º), a execução da sentença condenatória (art. 63) ou a ação civil (art. 64) será promovida a seu requerimento, pelo Ministério Público".[34]

---
(32) RIBEIRO LOPES, ob. cit., p. 68.
(33) RIBEIRO LOPES, ob. cit., p. 48.
(34) "A alternativa radical da jurisdição constitucional ortodoxa entre a constitucionalidade plena e a declaração de inconstitucionalidade ou revogação por inconstitucionalidade da lei com fulminante eficácia *ex tunc* faz abstração da evidência de que a implementação de uma nova ordem constitucional não é um fato instantâneo, mas um processo, no qual a possibilidade de realização da norma da Constituição — ainda quando teoricamente não se cuide de preceito de eficácia limitada — subordina-se

Tratou-se no julgamento da alta Corte de reconhecer as dificuldades da realidade, não para negar o texto constitucional, para buscar e lograr dar-lhe eficácia, de qualquer modo, ainda que não da maneira desejada, diante da relevância do tema.[35]

A solução que parece melhor atender aos ditames constitucionais, portanto, não é a interpretação conformista de assegurar-se a assistência judiciária apenas onde esta é possível ante as deficiências materiais dos órgãos criados por lei para assegurá-la ao cidadão hipossuficiente, mas, ao contrário, uma visão ampliativa, pela qual o Estado — e não apenas determinado órgão estatal — é responsável pela sua implementação.

A ASSISTÊNCIA JUDICIÁRIA NA JUSTIÇA DO TRABALHO

Persiste, na Justiça do Trabalho, ainda que represente hoje a mais importante via de acesso judicial da população carente de seus direitos básicos, um modelo de assistência judiciária ultrapassada, em que vige o contido na Lei n. 5.584/70 — um retrocesso mesmo em relação à Lei n. 1.060/50. O jurisdicionado trabalhista, vale dizer o empregado, é um discriminado em relação aos de outros ramos do poder judiciário.

As normas processuais trabalhistas, com base em concepção superada do processo trabalhista — como se este fosse simples, elementar e destituído de maiores indagações jurídicas — e a pretexto de manutenção do *jus postulandi*, não prevêem a sucumbência e, em decorrência, parte-se do pressuposto que a parte vencida (na esmagadora maioria das vezes um empregador inadimplente) somente deve pagar os honorários advocatícios da parte adversa em situações excepcionais, que são aquelas ainda previstas na Lei n. 5.584 com as pequenas modificações introduzidas pela nova redação do art. 789 da CLT:

---

muitas vezes a alterações da realidade fáctica que a viabilizou. No contexto da Constituição de 1988, a atribuição anteriormente dada ao Ministério Público pelo art. 68 do C. Pr. Penal — constituindo modalidade de assistência judiciária — deve reputar-se transferida para a Defensoria Pública: essa porém, para esse fim, só se pode considerar existente, onde e quando organizada, de direito e de fato, nos moldes do art. 134 da própria Constituição e da lei complementar por ela ordenada: até que — na União ou em cada Estado considerado — se implemente essa condição de viabilização da cogitada transferência constitucional de atribuições, o art. 68 do C. Pr. Penal será considerado ainda vigente: é o caso do Estado de São Paulo, como decidiu o Plenário no RE n. 135.328" (Acórdão Recurso Extraordinário n. 147.776-SP, Primeira Turma, Revista Trimestral de Jurisprudência, volume 175, janeiro de 2001, p. 310).

(35) Esta situação foi comentada por um dos signatários em texto sobre o discutível conceito de "reserva do possível", in *Direito e Castelos*, Editora LTr, 2002, p. 9.

a) trabalhador que perceba salário igual ou inferior a cinco salários mínimos ou que declare, sob responsabilidade, não possuir, em razão de encargos próprios e familiares, condições econômicas de prover à demanda; [36]

b) a assistência judiciária é prestada pelo Sindicato da categoria profissional a que pertence o trabalhador, sendo que os honorários pagos pelo vencido revertem em favor do sindicato assistente.

O processo do trabalho tornou-se complexo e as chances do empregado prescindir de advogado *(jus postulandi)* são pequenas. Resulta que, para obter advogado que patrocine sua causa, em geral o empregado que não se enquadre nas restritivas hipóteses da lei, ou tem condições de antecipar parte dos honorários do advogado antes do ajuizamento de ação ou se compromete a pagar um percentual bem superior ao valor de mercado a título de honorários a final.

Além da flagrante injustiça, há de se considerar também uma severa restrição ao direito de ação, uma vez que boa parte das causas de pequeno valor terminam por não chegar ao Judiciário, por não encontrarem os trabalhadores necessitados advogados que queiram defendê-las. O mesmo ocorre com causas com poucas chances de vitória, o que implica empobrecimento das matérias levadas a juízo, com prejuízo à criação jurisprudencial. Por fim, cria-se também evidente desequilíbrio processual, pois, ao passo que os advogados dos trabalhadores são mal remunerados e pouco motivados, as empresas, ao contrário, contam com profissionais muito qualificados e bem pagos, recebendo assessoramento de escritórios bem equipados. Tais disparidades desde muito têm sido analisadas, entre outros, por *Roberto Aguiar*.[37]

A inexistência de sucumbência no processo do trabalho resulta, assim, em graves prejuízos ao trabalhador.

Procura-se justificar a persistência de tal lacuna supostamente para evitar que o empregado carente deixe de exercer seu direito de ação por temer que, ao final do processo, seja obrigado a pagar honorários advocatícios do empregador.[38] Em realidade, como já

---

(36) Redação atual do art. 789 da CLT, modificado pela Lei n. 10.288 de 20.9.2001.

(37) AGUIAR, Roberto A. R. *A Crise da Advocacia no Brasil — diagnóstico e perspectivas*, Editora Alfa Omega, São Paulo, 1991.

(38) Na verdade, desta maneira, se está quase que anulando ou desfazendo os avanços mais gerais quanto aos direitos sociais, já comentados. Ao se negar a efetividade de uma prestação de assistência judiciária, deixa-se o trabalhador de mãos amarradas, apenas visualizando, ao longe, o belo quadro que lhe é mostrado apenas parcialmente

se disse, na prática, as hipóteses em que o empregado é totalmente vencido no processo trabalhista são pequenas e não representariam fator de restrição ao ajuizamento de demandas. Por outro lado, bastaria que se estendesse, com a amplitude desejada pelo legislador constitucional, o direito à assistência judiciária ao jurisdicionado trabalhista para que tal problema fosse solucionado.[39]

Em realidade, a previsão legal atinge uma minoria de processos ajuizados. A norma legal restringe a assistência judiciária aos sindicatos, o que, por si só, representa uma verdadeira restrição a escolha do advogado. Além disso, nem todos trabalhadores estão amparados por sindicatos representativos ou preparados.

A idéia de que o trabalho de assistência judiciária prestado pelos sindicatos pudesse ser complementado por escritório de serviços jurídicos gratuitos (consultoria pública, faculdades de direito etc.) mostra-se incorreta, na medida que tais escritórios, enfrentam conhecida escassez de recursos, advogados menos preparados, com menor experiência e pouco motivados (já que não há sequer pagamento dos serviços prestados). Ademais, inexiste atuação da Defensoria Pública em processos trabalhistas.

As críticas doutrinárias existem já de há muito. Para citar apenas dois autores, cujas palavras, por sua agudeza de raciocínio, merecem integral transcrição.

Mozart Victor Russomano propondo uma retomada do que se entendia por assistência judiciária, assinalava que:

> "Tudo repousa, em nosso juízo, em graves equívocos: a) a assistência devida pelo sindicato não deveria ter sido definida como "assistência judiciária". Embora tornada obrigatória, é *serviço* assistencial decorrente da natureza de suas finalidades; b) em nenhum caso se pode admitir que o trabalhador

---

ou retirado do alcance da mão. Medite-se que situação semelhante ocorre no processo civil, quando a Lei n. 10.444 viabiliza a expressiva agilização do procedimento de execução mas, contraditoriamente, sinaliza que, na hipótese de a sentença ser reformada, pode haver "responsabilidade do exequente", art. 588 do CPC, assim alterado.

(39) Nesse sentido, é interessante observar a tendência moderna de estender a assistência judiciária para além da necessidade econômica, criando-se o conceito do "hipossuficiente jurídico". "Aos necessitados tradicionais, que eram — ainda são, os carentes de recursos econômicos, acrescentaram-se os carentes de recursos jurídicos. E, assim, a assistência judiciária aos economicamente fracos foi estendida aos hipossuficientes jurídicos. O primeiro passo nesse sentido foi dado para a defesa penal, quando se tratasse de acusado revel, independentemente de sua capacidade econômica" (PEÑA DE MORAIS, ob. cit., p. 357).

pobre não tenha direito de escolher seu defensor em juízo; c) o recebimento, pelo Sindicato, dos honorários advocatícios é surpreendente e desvirtua sua posição social em face do trabalhador." [40]

Valentin Carrion argumentava que a Lei n. 5.584, art. 14, não pode ser utilizada para que se restrinja a anterior Lei n. 1.060, de modo que o sindicato passe a ter a exclusividade da assistência a ser prestada:

"... a) porque o texto não diz (como poderia parecer) que na Justiça do Trabalho a assistência "só será prestada pelo sindicato"; b) porque uma interpretação limitadora que se deixe levar pela primeira impressão gramatical que transmite o texto, contraria o processo histórico brasileiro; este é no sentido de seu aperfeiçoamento. *Pontes de Miranda* afirma mesmo que "a escolha de advogado pela parte marca a evolução da justiça gratuita no Brasil" (Comentários ao CPC, 39, art. 67); viola ainda os postulados igualitários; significa retrocesso no próprio direito processual comum brasileiro; falta-lhe visão da grandeza da Justiça e da missão do Advogado; c) porque, perquirindo-se a finalidade da lei, não há vantagem na discriminação contra o necessitado trabalhista, em cotejo com o necessitado do processo comum; seja o advogado do sindicato ou seja o advogado escolhido pelo trabalhador, os honorários serão pagos pelo adversário vencido; d) porque é inconsistente o argumento de que na Justiça do Trabalho o advogado é desnecessário mesmo que se queira conservar o direito da parte postular. E, além do mais, seria como dispensar-se assistência médica dizendo-se que o doente pode automedicar-se sozinho; e) porque se deixariam sem assistência judiciária: os trabalhadores das cidades onde não há sede do sindicato e existe Junta de Conciliação e Julgamento (os promotores nesses casos não tem atribuições); os trabalhadores de sindicatos que não possam organizar a assistência; os servidores públicos estaduais e municipais que não tenham categoria que os represente; as domésticas e seus patrões; as hipóteses em que o advogado do sindicato está impedido; o pequeno empreiteiro; o cliente deste; o pequeno empregador arruinado; certos humildes reclamados (tão hipossuficientes quanto seus reclamantes); o traba-

---

(40) RUSSOMANO, Mozart Victor. *Comentários à Consolidação das Leis do Trabalho.* 10ª edição, Rio de Janeiro, Forense, 1983, p. 851-2.

lhador que discorde da orientação adotada pelo sindicato. O remédio não será permitir a aplicação da L. n. 1.060 a estes casos apenas, mas reconhecer francamente a coexistência das duas, sem limitações".[41]

O ilustre jurista, salienta que a "defesa dos pobres deve ser igual à de seu adversário", conforme *Gaetano Franceschini, Il Patrocinio*, Milano, 1903, e lembra estudo na Revista LTr 42/1208, sob o título "Assistência Judiciária". Em proposta de ação mais imediata, chegou a expressar que não pode esperar mais para atender os mandamentos constitucionais. A "complicada rede de cargos públicos de chefias e superchefias (art. 134 CF)" pode tardar mas nosso desejo de cumprir a Constituição, utilizando inclusive "a vontade dos bacharéis que se dispõem, sem grandes sacrifício" tal como já ocorre com os peritos inscritos em cada Unidade Judiciária.

Tudo se passa, ademais, como se tal interpretação restritiva da Lei n. 5.584 fosse compatível com os mandamentos constitucionais que garantem a assistência jurídica integral a todo cidadão carente de recursos.

Infelizmente, tanto o Tribunal Superior do Trabalho através dos Enunciados ns. 219 e 329,[42] como o Tribunal Regional do Trabalho da Quarta Região, através de seu Enunciado n. 20,[43] têm interpretado o direito à assistência judiciária de forma bastante restritiva e desconectada com as normas constitucionais, constituindo-se tais interpretações jurisprudenciais como, talvez, um dos mais importantes obstáculos atuais ao livre acesso ao Judiciário Trabalhista.

---

(41) CARRION, Valentim. *Comentários à Consolidação das Leis do Trabalho*. Editora Revista dos Tribunais, São Paulo, 16ª ed., p. 560-2.
(42) Enunciado n. 219 do TST: Honorários advocatícios. Hipótese de cabimento. Na Justiça do Trabalho, a condenação em honorários advocatícios, nunca superiores a 15%, não decorre pura e simplesmente da sucumbência, devendo a parte estar assistida por sindicato da categoria profissional e comprovar a percepção de salário inferior ao dobro do mínimo legal, ou encontrar-se em situação econômica que não lhe permita demandar sem prejuízo do próprio sustento ou da respectiva família".
Enunciado n. 329 do TST: "Honorários advocatícios. Art. 133 da Constituição da República de 1988. Mesmo após a promulgação da Constituição da República de 1988, permanece válido o entendimento consubstanciado no Enunciado n. 219 do Tribunal Superior do Trabalho".
(43) Enunciado n. 20 do TRT-4ª Região: "Na Justiça do Trabalho, somente a assistência judiciária prestada pelo sindicato representante da categoria a que pertence o trabalhador necessitado enseja o direito à percepção de honorários advocatícios, nos termos da Lei n. 5.584/70, artigos 14 a 16, no percentual nunca superior a 15%".

Na verdade ao se dificultar a assistência judiciária completa, suficiente e eficaz se está aceitando grave violação ao direito de acesso e ao direito de ação do trabalhador brasileiro.

Clama-se por reforma imediata.

CONCLUSÕES

O grande avanço constitucional relativamente aos Direitos Sociais exige que se tenham instrumentos que o consolidem. A assistência judiciária, na área trabalhista, tem tido interpretação mais restrita do que nas demais esferas. Neste momento, acredita-se ser possível e necessário certa retomada dos debates já travados para que obtenham novos aperfeiçoamentos da democracia, no âmbito do acesso do trabalhador ao Poder Judiciário. Por ora, apresentamos estas conclusões, mais gerais, para o melhor embate:

1. Os direitos sociais de natureza trabalhista, constituem importante parcela dos direitos humanos ou fundamentais, agasalhados principalmente no art. 7º de nossa Constituição Federal e, como tal, merecem ser considerados "verdadeiros direitos" e, devem gozar de proteção especial.

2. Na proteção especial que o sistema jurídico deve assegurar aos direitos fundamentais deve estar contemplada a existência de garantias que assegurem a todo cidadão exigir do Estado a efetividade do direito previsto em lei.

3. Um dos pilares do sistema de garantias é o livre acesso do cidadão ao Poder Judiciário, constituindo-se este ponto central da moderna processualística.

4. O livre acesso compreende, não apenas o "acesso à Justiça enquanto instituição estatal, mas viabilizar o acesso à ordem jurídica justa" (*Kazuo Watanabe*).

5. Tendo em conta a desigualdade social, mormente a existente em nosso país, um dos fatores mais relevantes de limitação do livre acesso ao Poder Judiciário é de natureza econômica, seja na forma de custas, honorários advocatícios, despesas processuais (peritos etc.)

6. Tanto a Constituição Brasileira, como normas ordinárias, prevêem um conjunto de medidas destinadas a assegurar o acesso do hipossuficiente à assistência jurídica ampla.

7. Na Justiça do Trabalho, entretanto, apesar dos insistentes alertas da doutrina e de parte da jurisprudência, persiste entendimento que leva à severa restrição ao livre acesso ao Poder Judiciário Trabalhista dos trabalhadores sem recursos econômicos para custear advogado. Tal fato, hoje, um dos mais graves desrespeitos ao direito fundamental de ação do trabalhador brasileiro.

8. A sistemática atual de assistência judiciária é insuficiente, incompleta e insatisfatória, clamando-se por sua imediata reforma.

HORA-ATIVIDADE: UM DEBATE SOBRE O QUE É LEGAL E O QUE É REAL

Luiz Alberto de Vargas e Paulo Luiz Schmidt(*)

É uma verdade simples e bastante conhecida que uma significativa parte do trabalho do professor é desempenhada fora da sala de aula, especialmente em preparação das classes ou na avaliação dos alunos. Entretanto, passa despercebida de nossa legislação, que estipula o salário do professor apenas por aula ministrada, ou seja, por hora-aula.

É fato que nossas leis são antigas e não acompanharam as crescentes exigências que, presentemente, pedem aos professores um grau de preparação e dedicação desconhecido ao tempo em que o magistério, no mais das vezes, era apenas uma atividade diletante e complementar, e não uma complexa profissão, como ocorre nos dias de hoje. Para esse divórcio também contribuíram a pedagogia, então incipiente, bem assim os conteúdos menos exigentes e diversificados da época, que não demandavam maior tempo de preparação ou requeriam técnica ou método apurado de ensino. De fato, a concorrência intensa que se estabeleceu entre os estabelecimentos de ensino terminaram por pressionar consideravelmente o professor, seja pelo número de alunos por classe (o que exige, por óbvio, maior trabalho tanto na exposição das aulas como na avaliação dos alunos), seja pelas demandas patronais de que o professor está cada vez mais qualificado (ainda que nem sempre o empregador desempenhe a sua parte nos programas de qualificação). Além disso, o próprio mercado profissional cobra do professor atualização e aperfeiçoamento incessantes, o que, por sua vez, implica a revisão permanente dos métodos e planos de trabalho. Apesar de modificações substanciais, a lei não acompanhou tais mudanças e, pelo texto frio da lei, continua-se a pensar que a exposição das aulas se faz sem preparação prévia, que as avaliações dos alunos são orais e dentro do horário das classes ou que inexiste plano de estudos ou necessidade de constante atualização e aperfeiçoamento.

(*) Juízes do Trabalho no Rio Grande do Sul.

Conforme *Emílio Gonçalves,* em princípio a função docente compreende as seguintes tarefas afeitas ao professor, em decorrência do exercício do magistério:

1. regência das aulas, de acordo com os horários escolares;

2. organização dos programas da disciplina ou disciplinas a cargo do professor e o planejamento do curso e das aulas;

3. escrituração dos diários de classe;

4. correção dos trabalhos escolares;

5. correção das provas de verificação da aprendizagem e a atribuição das respectivas notas;

6. realização dos exames, correção das provas e a atribuição das respectivas notas;

7. participação nas bancas examinadoras;

8. comparecimento às reuniões do Conselho de Professores, de Departamentos, de Conselhos Departamentais, de Congregação e outras reuniões de caráter pedagógico, assim como a participação nas respectivas atividades e deliberações.

Ocorre que existem ainda muitas outras atividades que são exigidas do professor e que, em geral, não estão previstas originalmente no contrato de trabalho, quais sejam: entrevistas com pais de alunos; obrigação de participar de eventos culturais, recreativos e/ou desportivos; compromisso de produzir artigos científicos ou participar de simpósios ou cursos de formação, entre outras. Tais atividades, ainda que veladamente obrigatórias, são consideradas pelos empregadores como instrutivas ou meramente benéficas ao professor, o que se constitui em evidente equívoco. Como obrigações acessórias impostas ao profissional, dele demandam tempo que é subtraído da sua vida privada. E, como tempo extra despendido em favor do empregador, deve ser objeto de contraprestação extraordinária.

Já em relação às atividades tipicamente docentes, mas não desempenhadas nem na sala de aula nem no horário das classes, tradicionalmente tem sido entendido que não conferem ao professor um *plus* salarial, já que estão compreendidas na remuneração contratualmente ajustada.

Assim, a compreensão da atividade do professor como integral e abrangente, ensejando o pagamento diferenciado do horário despendido fora das salas de aula, indica uma tendência inevitável a uma revisão de conceito já superado pela realidade. Tal interpretação, desajustada com os tempos atuais, constitui verdadeira injustiça, pois transfere ao trabalhador toda a responsabilidade pela sua formação imprescindível ao desempenho de sua atividade, dele exigindo esforço e tempo de trabalho não retribuídos pelo empregador. Hoje, quando já não são incomuns classes com excesso de alunos, considerar que o trabalho de correção de dezenas de provas de alunos esteja contemplado na hora-aula contratada é não perceber uma grave injustiça, para dizer o mínimo. De outro lado, se considerarmos que, no mais das vezes, a periodicidade e a forma das avaliações (mensais e/ou dissertativas) é imposição da escola empregadora, fica ainda mais evidente que urge uma mudança de postura da classe empregadora, não só para corrigir essa distorção que já se mostra histórica, mas para dar coerência ao discurso da preocupação com a qualidade de ensino, que não pode ser debitada ao esforço de apenas uma das partes do processo ensino-aprendizagem.

A situação torna-se ainda mais clara quando ocorre, *v. g.*, o aumento de alunos na classe ou, por determinação, o professor é transferido de disciplina, fatos que exigirão maior tempo extraclasse na preparação de aulas e avaliações. Ambas as hipóteses se afeiçoam e são passíveis de enquadramento ao conteúdo do art. 468 da CLT (que estabelece o princípio da inalterabilidade dos contratos individuais de trabalho), à medida que resta tipificada a alteração contratual unilateral e lesiva ao empregado, passível, portanto, de ressarcimento.

Assim, a compreensão da atividade do professor como integral e abrangente, ensejando o pagamento diferenciado do horário despendido fora das salas de aula, indica uma tendência inevitável a uma revisão de conceito já superado pela realidade e reconhecido há pelo menos duas décadas pelas principais universidades privadas no nosso Estado e País. Parece absolutamente correto que se fale em hora-atividade, em contraposição à hora-aula, de forma a diferenciar perfeitamente as atividades desempenhadas pelo professor, de modo a implementar o elementar direito de que todo o tempo laborado pelo empregado em favor do empregador deve ser por ele retribuído. Neste sentido, é relevante destacar importante modificação legislativa ocorrida a partir da edição da Lei de Diretrizes e Bases, art. 67, inciso V, que assim dispõe:

> "Os sistemas de ensino promoverão a valorização dos profissionais da educação, assegurando-lhes, inclusive, nos termos dos estatutos e dos planos de carreira do magistério público:
>
> (...) V — período reservado a estudos, planejamento e avaliação, incluído na carga de trabalho; ..."

A exigência de período da carga horária reservado àquelas atividades tradicionalmente realizadas "em casa", passou a suscitar um importante debate dentro do Judiciário Trabalhista, mesmo que ainda tardio, cujos resultados já produziram enfoques e conclusões inovadoras, visualizados na nova jurisprudência que surge sobre este antigo e importante tema.

Já existem decisões judiciais, especialmente no TRT da 4ª Região, que entendem que, a partir da LDBN, existe base legal para o professor exigir das instituições de ensino a remuneração das horas-atividade, como na recente decisão sintetizada na ementa: "Professora. Horas-atividade. Considerando a existência de norma prevendo expressamente outras atividades além de ministrar aulas, elencadas no art. 13 da Lei n. 9.394/96 (LDB), tem-se que não há como ignorar o direito à remuneração pelo trabalho prestado, sob pena de impingir ao professor a obrigação de trabalho gratuito. Assim, o tempo despendido na preparação de aulas, correção de provas e atividades correlatas deve ter a remuneração calculada na forma do § 2º do art. 322 da CLT, aplicável analogicamente. Provimento negado" (Acórdão 00574.002/00-6, TRT-4ª, 8ªTurma, Rel. Cleusa Regina Halfen, publicado em 7.10.2002).

A complexidade temática que envolve o direito à remuneração da hora-atividade tem proporcionado manifestações e decisões baseadas em abordagens das mais diversas, apontando, no entanto, para uma nítida convergência, qual seja: a de assegurar a remuneração do trabalho realizado, como reitera a Ementa: "Professor. Jornada de trabalho. Hora-Atividade. A remuneração do professor por hora-aula não abrange aquelas tarefas inerentes à função. Reconhecido direito dos substituídos terem 15% de sua carga horária destinada à preparação de aulas, avaliação e planejamento. Apelo parcialmente provido" (Proc.TRT-4ª, RO-01125.751/99-1, Rel. Juíza Maria Helena Mallmann Sulzbach, 26.9.2002).

É prematuro, contudo, é prematuro chegar a uma conclusão a respeito, haja vista que a jurisprudência de nossos Tribunais ainda não se firmou num ou noutro sentido, mesmo porque a demanda de ações reclamatórias trabalhistas que versam sobre o tema da hora-atividade nas escolas privadas ainda é bastante pequena. De todo modo, é necessário que o caminho seja trilhado, seja pela via de ação judicial, pela modificação legislativa ou pela desejável via da negociação coletiva, encontrando-se, ao fim e ao cabo, uma solução para remediar a injustiça que persiste até o momento: o trabalho gratuito do professor fora da sala de aula.

PANORAMA DA FLEXIBILIZAÇÃO LABORAL

Luiz Alberto de Vargas (*)

INTRODUÇÃO

Pretende-se apresentar, de maneira resumida e geral, um panorama das principais mudanças legislativas ocorridas no âmbito da regulação das relações individuais de trabalho, em cinco países da Europa (França, Alemanha, Inglaterra, Itália e Espanha) nos últimos anos. Como é sabido, a Europa ocidental constitui berço e baluarte do chamado Estado de Bem-Estar Social, que se constituiu, basicamente, sobre a promessa de integração dos trabalhadores à sociedade industrial por meio de dois instrumentos fundamentais: os serviços públicos e um estatuto do trabalho (constituído por normas de proteção mínima dentro da relação de trabalho — o Direito do Trabalho) e a proteção através do seguro social.

A análise jurídica dos câmbios legislativos que sucedem a chamada "crise da sociedade fordista" constatará que, apesar da evidente diversidade que cada país apresenta no desenvolvimento de suas políticas públicas, existe uma notável identidade de soluções encontradas, a ponto de podermos falar de características gerais, que revelam uma tendência de decréscimo dos níveis de proteção, sendo um dos pontos mais preocupantes o deslocamento de importante parcela dos contratos de trabalho para formas de trabalho menos protegidas, num processo de precarização laboral (também chamado como flexibilização laboral ou reestruturação produtiva).

Toma-se, como ponto de partida, a existência generalizada, de uma relação de trabalho típica, por tempo indefinido, a tempo completo, legalmente protegida pela lei e por normas coletivas. Sobre tal relação típica se pretende mapear as modificações introduzidas pelas políticas públicas pós-anos setenta, que implicaram, basicamente, no reconhecimento (e incentivo) de novas formas de trabalho denominadas atípicas, como o trabalho temporário, trabalho autônomo, trabalho a tempo parcial etc.

(*) Juiz do Trabalho no Rio Grande do Sul.

Para tanto, seguimos o esquema de análise de *Jorge Matoso*, que procura identificar a presença de novas formas de insegurança na relação de trabalho a descompromissos (omissivos ou comissivos) do Estado em seu dever histórico de proteção ao assalariado. Se utiliza como principal fonte o estudo publicado pela Universidad Ramon Llull, em 1995, que reuniu especialistas de vários países europeus e que está publicado no livro *"Crisis del Estado de bienestar y derecho social"*.

Por razões de espaço e tempo, concentramo-nos apenas nas modificações nas relações de trabalho, pondo de lado modificações igualmente importantes no âmbito da proteção social conferida pelas normas previdenciárias.

AS NOVAS INSEGURANÇAS

Profundas mudanças legislativas ocorridas a partir da década de 70 alteraram profundamente os equilíbrios que ao longo do tempo constituíam a nota mais marcante dos chamados Estados de Bem-Estar Social. Estas mudanças implicaram em retrocessos nos níveis de proteção social e também propiciaram a aparição das chamadas "novas inseguranças" no mundo do trabalho. A tônica desse processo consiste em um retrocesso do Estado em suas funções regulatórias (de institucionalização de garantias legais em favor dos trabalhadores) e, assim, em um "retorno à livre disposição pelas partes de suas condições contratuais" *(recontractualización)*.[1]

Para exemplificar o fenômeno, restringimos a análise a apenas alguns países (Alemanha, França, Itália, Inglaterra e Espanha), mas, se pode, com certeza, afirmar que tal retrocesso representa uma tendência de caráter quase universal. Em todos os países analisados, se observa um notável incremento na insegurança nas relações de trabalho, que, por sua vez, é fonte de instabilidade social e política.

Conforme *Matoso*,[2] a insegurança no trabalho assume cinco aspectos principais: insegurança no mercado laboral, insegurança

---

(1) "La desregulación puede ser pensada como un proceso de re-contractualización en aquellas áreas de política de trabajo que cubría el Estado de Bienestar. Lógicamente, el régimen contractual es más función de la negociación y del poder del mercado, que de un régimen protector estatutario que incluye el derecho necesario. De lo que se deduce que, por si misma, la re-contractualización favorecerá a los que tienen ese poder, y discriminará a los que no lo tienen" (MÜCKENBERGER, Ulrich *in* MARZAL, 1997, p. 152).

(2) MATOSO, p. 77.

no emprego, insegurança na renda, insegurança na contratação e insegurança na representação do trabalho. Todas estas inseguranças se caracterizam por uma abdicação, omissiva ou comissiva, do Estado em suas funções protetivas do assalariado.

A *insegurança no mercado laboral* consiste na incerteza de pertencer ou não ao mercado de trabalho e é resultante do excesso de oferta de mão-de-obra, assim como do incremento das desigualdades frente ao desemprego.

O fenômeno do desemprego não é um produto da natureza, mas o efeito de determinadas políticas públicas que se podem caracterizar como portadoras de um déficit de atuação estatal, pois permitem uma alto nível de desocupação como decorrência do abandono do pleno emprego como prioridade de governo.

Por outro lado, pode-se também notar uma crescente desigualdade no interior do desemprego, pois determinados setores por ele mais duramente atingidos (jovens, mulheres, idosos, trabalhadores menos qualificados), apresentam maiores dificuldades para ingressar ou retornar ao mercado de trabalho.

A *insegurança no emprego* centra-se na introdução, em praticamente todos os países avançados, de facilidades para as demissões. Assim, em um processo de aproximação da legislação comunitária, extinguiu-se a autorização administrativa para demissões individuais e se reduziram consideravelmente as possibilidades de controle judicial sobre os motivos dos empregadores para realizar as demissões. Como se sabe, a proteção contra a despedida imotivada é uma das peças-chave do sistema protetivo, uma vez que a instabilidade no emprego (e o risco de perder o emprego por mero exercício da vontade patronal) torna o empregado bastante mais vulnerável em sua relação com o empregador. Ademais, passou-se a admitir a contratação a título precário (eventuais ou temporais), passando esse coletivo um número percentual expressivo da massa assalariada (especialmente em Espanha). Houve, em praticamente todos os países, uma redução significativa dos postos de trabalho estáveis, ao mesmo tempo que proliferaram as modalidades chamadas "atípicas", em muitos casos, legalmente fomentadas por políticas públicas específicas, a pretexto de combater o desemprego: trabalho temporário, por tempo determinado, eventual, por tempo parcial, a domicílio, de aprendizagem, para estágio ou autônomo. Merece especial ênfase o aumento da terceirização e da contratação de trabalhadores autônomos, dois aspectos de um mesmo fenômeno de externalização dos custos e dos riscos da atividade empresarial.

Observa-se, paralelamente, uma jurisprudência cada vez mais restritiva no reconhecimento da existência da relação empregatícia. Acresça-se, ainda, o efeito fracionador sobre o mundo do trabalho que implicam as tendências empresariais à desconcentração e ao fortalecimento do setor terciário. A adoção de políticas de fomento a pequenas empresas é outro fator de desproteção na relação de emprego. A título de resumo, se pode dizer que, sob a justificação de redução dos custos laborais, a política flexibilizadora/precarizadora optou resolutamente pela destruição do paradigma do trabalho fixo e a tempo completo, por meio da introdução de uma enorme gama de trabalhos atípicos e por crescentes facilidades para o empresário romper injustificadamente o contrato de trabalho.

A *insegurança na renda* é conseqüência das inseguranças anteriores que geram uma maior variabilidade e instabilidade dos salários, que se tornam mais suscetíveis à situação econômica. Adotam-se sistemas flexíveis de pagamento, tornando os salários mais dependentes da situação de cada empresa e se assiste o retorno de antigas formas remuneratórias (como o salário por peça produzida).

Desconectam-se, ao mesmo tempo, os reajustes salariais de mecanismos indexatórios (custo de vida e/ou produtividade). As políticas orientadas à moderação salarial responsabilizam os aumentos salariais por aumentos da inflação. Constata-se uma estagnação das contribuições social e fiscal das empresas, ao mesmo tempo em que ocorrem transferências de parte da carga aos trabalhadores. Mais uma vez aqui, mais que uma "imposição dos fatos", estamos diante de políticas deliberadas de transferência de renda em favor das empresas, de fragilização dos mecanismos de sustento das negociações coletivas centralizadas, de desmonte dos mecanismos legais de reajuste indexados à inflação e de redução das contribuições sociais.

A *insegurança na contratação* caracteriza-se por um notável desgaste da contratação coletiva em favor de uma maior individualização das condições de trabalho.

Aqui, a política de desmontagem dos sistemas de negociação centralizada leva a uma quebra de expectativas de um futuro mais estável por parte dos trabalhadores, sejam considerados individualmente sejam considerados como integrantes de uma categoria profissional. Mais importante, representa uma quebra de um compromisso geral de preservação e ampliação de melhores condições de trabalho para todos, já que a desativação de um mecanismo solidário de extensão a categorias mais débeis das conquistas obtidas em negociações centralizadas por organizações sindicais nacionais.

A possibilidade de alteração unilateral das condições essenciais de trabalho a pretexto de permitir a reestruturação das empresas a novas exigências produtivas condicionadas por um mercado mais competitivo são uma constante nas políticas de trabalho em todos países. Em troca de promessas de manutenção do emprego, admite-se a negociação de jornada de trabalho e de salário. Os salários podem ser reduzidos e os limites à jornada de trabalho se tornam "flutuantes" — admite-se a contratação por jornada anual, divisão da jornada por dois ou mais empregados, trabalhos intermitentes, trabalho a tempo parcial não voluntário etc.) ou evanescentes (como o contrato de "jornada zero" ou seja, a obrigação de permanecer em plantões, à disposição do empregador, sem qualquer remuneração garantida).

As políticas de reestruturação produtiva tomam aspectos algo dramáticos quando, em momento de profunda crise, se admite, sob a forma de reconversão, profundas alterações produtivas, com redução drástica de pessoal, tudo com decisivo apoio estatal, incluída substancial aportação de recursos públicos.

Concomitantemente com o retorno de fórmulas de retribuição salarial individualizada, promove-se uma revalorização do poder de comando empresarial, com incentivos individualizados à produtividade e à qualidade do trabalho prestado.

A insegurança na representação verifica-se no debilitamento da organização dos trabalhadores, colocados na defensiva pelo processo conjunto de insegurança, com reflexo evidente na diminuição dos níveis de sindicalização.

AS CONSEQÜÊNCIAS DAS POLÍTICAS FLEXIBILIZATÓRIAS

Para este estudo, interessa mais a insegurança específica no emprego, em especial no que implica a proliferação de contratos atípicos e seu impacto sobre o mercado laboral. A conseqüência mais grave da insegurança no contrato de trabalho é a real possibilidade de configuração de um mercado de trabalho dual e os riscos próprios de uma "sociedade dual criada por uma divisão social articulada com a divisão do trabalho".[3] Ou, mais claramente, uma divisão dos trabalhadores entre os que possuem um estatuto convencional — que tende a substituir o estatuto legal — e os débeis que mantêm somente um "estatuto mínimo", afastado do contrato de trabalho e sustentado pelo Estado, em uma situação chamada por alguns como "balcanização do trabalho".

---

(3) SUPIOT, Alan *in* MARZAL, 1997, p. 31.

Esta situação, ao menos em Espanha, foi sobremaneira agravada pela reforma de 1984, que permitiu, através dos contratos temporários de fomento ao emprego, a contratação por tempo determinado mesmo em atividades permanentes.[4]

Huguet Roig, em pormenorizado estudo sobre a segmentação do mercado laboral espanhol, conclui que este apresenta uma "clara estrutura dual ligada em grande medida à distinção temporários-fixos. A simples modificação da lei poderia não importar, em si mesma, uma superação de tal dualidade, uma vez que o enfrentamento temporários-fixos poderia não ser mais que *"uma máscara que cubre una segmentación más profunda, que no podría ser atacada con una mera reforma de la normativa contractual".*[5]

Esta dualidade é constatável mesmo no âmbito de uma mesma empresa, podendo conviver, lado a lado, trabalhadores fixos com trabalhadores temporários.

Dois aspectos de suas conclusões são particularmente relevantes: a) aspectos como idade, nível educativo, sexo, estado civil ou comportamento de mobilidade são cruciais para pertencer a uma ou outra porção do mercado dualizado; b) a desproporcional presença de jovens e mulheres com estudos superiores no segmento secundário (precário) *"no es imputable a una mayor apreciación por las características de los puestos de ese segmento, pero apunta, por el contrario, a que se debe a la existencia de barreras en el aceso al segmento de mayores salarios".*[6]

A insegurança no trabalho atípico caracteriza-se por sua precariedade, maior limitação de direitos vinculados ao contrato, menores possibilidades de progressão profissional, menor remuneração,

---

(4) Conforme HUGUET ROIG, p. 121, "la sustitución del empleo fijo por empleo temporal se produjo de forma sistemática de 1984 hasta 1992, con independencia de la coyuntura cíclica. Sin embargo, a partir de ese año, la evolución de los trabajadores fijos y temporales parece acomodarse al tipo de respuesta cíclica que se presume en teoría. *Bentolila y Dolado* (1993) sugieren que la destrucción del empleo fijo puede racionalizarse considerando que las empresas, que al inicio del periodo recesivo que comienza en el tercer trimestre de 1990 disponían de liquidez suficiente, intentaban alcanzar su tasa de temporalidad deseada, por lo que utilizaron sus excedentes para hacer frente a los costes de despido de trabajadores fijos redundantes". A este respecto, MALO OCAÑA Y TOHARÍA CORTÉS, P. 128, aunque no resulta posible cuantificar, en el estado actual de conocimientos, qué parte de la temporalidad responde a una necesidad empresarial de puestos de trabajo inestables, consideran "probable que la generalización del uso de contratos temporales hay llevado a que algunas necesidades permanentes se estén cubriendo con trabajadores que tienen contratos temporales".
(5) HUGUET ROIG, p. 248.
(6) HUGUET ROIG, p. 249.

baixa qualificação, piores condições de trabalho, menores possibilidades de acesso à previdência social, comparativamente aos trabalhos típicos. E possível, ainda, associá-lo a postos de trabalho de deficiente cobertura por convênios coletivos e à baixa taxa de sindicalização. O pequeno poder de mobilização e de pressão política dos trabalhadores situados nos grupos marginados na relação laboral é motivo pelo qual também sejam prejudicados na repartição de recursos públicos, especialmente previdenciários.[7]

Assim, como resumo, se pode dizer que, como a maior parte das proteções está associada a uma forma específica de trabalho (trabalho por conta alheia) e somente se aplicam a uma "relação típica de emprego",[8] que exige um tempo mínimo de trabalho na empresa, estes são potencialmente excluídos de significativa parte do regime protetivo.

CONCLUSÕES

1) O nível de precarização laboral atingido chegou a um ponto de insuportabilidade social que explica uma clara tendência reversiva nos últimos anos. Nota-se, em todos os países europeus — e marcadamente na política da comunidade européia uma crescente preocupação com a criação de postos de trabalho de qualidade (estáveis e suficientemente remunerados) — e não mais a idéia simplista de que "criar qualquer emprego é melhor que nenhum ...".

2) As duas tarefas mais urgentes, dado o risco de dualização social decorrente da dualização laboral, parecem resumir-se na "proposta *Supiot":* a) nenhum contrato sem estatuto, ou seja, todo trabalho realizado no mercado de trabalho deve inscrever-se em um sistema de solidariedade, quer dizer, deve ser portador de direitos e deveres frente à coletividade. Uma das preocupações centrais consiste em assegurar aos trabalhadores em modalidades atípicas direitos sociais equivalentes aos trabalhadores típicos; b) nenhum estatuto sem saída, ou seja, garantir a mobilidade de um estatuto ao outro, de modo a evitar que o trabalhador fique encerrado em um deles. A formação profissional permanente é um dos pontos básicos, assim como uma especial atenção aos riscos de que a dualização do mer-

---

(7) MÜCKENBERGER, Ulrich *in* MARZAL, 1997, p. 151.
(8) "El modelo de referencia para la "relación estandarizada de empleo" es el empleo continuo, de larga duración, a pleno tiempo, en un centro de trabajo grande o al menos de tamaño medio, y que requiere un alto nivel de capacidades" (*idem*, p. 158).

cado laboral venha a penalizar coletivos específicos (como as mulheres), que podem ficar presas a determinadas modalidades de trabalho (como por exemplo, o trabalho a tempo parcial).

BIBLIOGRAFIA REFERIDA

HUGUET ROIG, Ana. 1999. *Segmentación en el mercado de trabajo español. Consejo Económico y Social*, Madrid.

MALO OCAÑA, Miguel Ángel. 1999. *Costes de despido y creación de empleo. Ministerio de Trabajo y Asuntos Sociales*. Madrid.

MARZAL, Antonio (Ed). AAVV. 1997. *Crisis del estado de bienestar y derecho social*. J. M. Bosch — ESADE, Barcelona.